Ian McDermott & Joseph O'Connor
NLP für die Management-Praxis
Finden Sie heraus, was anderen wichtig ist, und
Sie besitzen den Schlüssel zum Erfolg!
Ein Praxiskurs

Ian McDermott & Joseph O'Connor

NLP für die Management-Praxis

Finden Sie heraus, was anderen wichtig ist, und Sie besitzen den Schlüssel zum Erfolg!

Ein Praxiskurs

Aus dem Englischen von
Michael H. Koulen

Junfermann Verlag • Paderborn
1999

Copyright © der deutschen Ausgabe: Junfermannsche Verlagsbuchhandlung, Paderborn
1999
© Ian McDermott and Joseph O'Connor 1996
Originaltitel: Practical NLP for Managers
Published by Gower Publishing Limited
Übersetzung aus dem Englischen: Michael H. Koulen
Covergestaltung: Petra Friedrich

Satz: La Corde Noire – Peter Marwitz, Kiel

Die Deutsche Bibliothek – CIP-Einheitsaufnahme
McDermott, Ian:
NLP für die Management-Praxis: Finden Sie heraus, was anderen wichtig ist, und Sie besitzen den Schlüssel zum Erfolg. Ein Praxiskurs / Ian McDermott; Joseph O'Connor. [Übers.: Michael H. Koulen]. – Paderborn: Junfermann, 1999.
        Einheitssacht.: Practical NLP for Managers <dt.>
        ISBN 3-87387-386-9

ISBN 3-87387-386-9

Inhalt

Vorwort

„Das einzige Anlagekapital von Microsoft ist der Einfallsreichtum unserer Mitarbeiter." – *Fred Moody,*
The New York Times Magazine 25.8.1991

D ie Mitarbeiter sind die wichtigste Ressource jedes Unternehmens. Was heißt das praktisch? Sämtliche Ideen, Pläne und Produkte entstehen zuerst in der menschlichen Vorstellungskraft. Kann man Imagination managen? Und wenn ja, wie? Müssen wir vielleicht über die Begrenzungen des herkömmlichen Begriffs von Managen hinausgehen? Das vorliegende Buch möchte diese Fragen in praktischer Weise untersuchen.

Jenseits des Managens?

Müssen wir immer mehr und immer angestrengter managen? Nein. Management ist ein Mittel zum Zweck, einem Zweck mit meßbaren Leistungen und Ergebnissen. Menschen produzieren Ergebnisse – man arbeitet gemeinsam mit anderen für Ziele, die man für erstrebenswert hält. Im Ansturm der tagtäglichen Probleme können diese Ziele schon mal aus dem Blickfeld verschwinden. Wer bis zu den Knien in Krokodilen watet, vergißt schnell, daß er eigentlich den Sumpf trockenlegen wollte. Ein harter Tag im Kampf gegen die Krokodile macht einen jedenfalls sehr müde; vielleicht muß der Kampf sein, doch er läßt einen seltsam unbefriedigt. Wir sagen „Jenseits des Managens" statt „Jenseits des Managements", um zu unterstreichen, daß das Managen etwas ist, was wir jeden Tag tun. Managen – ein Riesenthema, und dieses Buch möchte einige Aspekte beleuchten. Beim Management geht es meistens um Probleme – was schiefläuft und wie man es korrigiert. Und so gibt es einen ständigen Fluß neuer Managementideen, die sich mit dem Lösen von Problemen befassen. Manchmal funktionieren die neuen Managementansätze und manchmal nicht. Gelegentlich scheint es, als würden Veränderungen nur um der Veränderung willen vorgenommen. Viele neue Managementansätze werden in der Praxis mit Skepsis aufgenommen, und zwar zu Recht. Erwarten doch die Promotoren solcher Initiativen häufig, daß jeder im Unternehmen der neuen Praxis folgt – sie selbst ausgenommen. Zum Schluß sind Qualitätsstandards oft nichts anderes als die hervorragende Dokumentation der im übrigen unveränderten Problemzusammenhänge.

Unser Buch möchte keinen neuen Managementansatz vorschlagen, sondern einige zentrale Prinzipien untersuchen. Was ist allen Managementsystemen gemeinsam? Die Menschen. 70 Prozent aller Managementaufgaben haben mit Menschen zu tun. Dabei handelt es sich um Vorgesetzte, Kollegen, das Team, Kunden und – müssen wir es aussprechen – Sie selbst. Ein Manager ist kein Automat mit Aufgaben und Funktionen, sondern eine reale Person mit Hoffnungen und Gefühlen. Managementtechniken, die diese Humanqualitäten nicht berücksichtigen, werden scheitern, und zwar eher früher als später. Jede gute Idee ist nur so gut wie ihre Umsetzung; real wird sie in der Praxis der Mitarbeiter. Hauptaufgabe im täglichen Geschäft des Managers ist es, Menschen dazu zu motivieren, bestimmte Ziele zu erreichen.

Ein Managementsystem, das die Gefühle und Hoffnungen der Menschen nicht berücksichtigt, wird nicht funktionieren. Diese These findet weithin Zustimmung, doch nur selten wird sie verwirklicht. Es fehlt eine Methode, um Ziele und Strukturen des Unternehmensmanagements mit den Human Skills zu vereinbaren. Doch erst die Kombination der beiden Aspekte würde es erlauben, erfolgreich mit den verschiedenen Arten von Menschen, die doch die eigentliche Arbeit machen müssen, umgehen zu können. Dieses Buch möchte eine solche Methode liefern. Strukturen ohne Menschen sind seelenlos, während das strukturlose Sich-Kümmern um die Menschen früher oder später in warmes, konturloses Chaos übergeht.

Dies ist ein praktisches Buch, aber keine Vorschrift. Sie selbst sind der Experte in Ihrem Job. In Zeiten des rapiden wirtschaftlichen Wandels möchten wir Ihnen Optionen vorschlagen, wie Sie das erreichen können, was Ihnen vorschwebt. Die Entwicklungen der 90er Jahre drängen die Organisationen zu immer weiteren strukturellen Transformationen, um die Anpassung an die sich schnell verändernden globalen Märkte zu schaffen. Ein Ergebnis hiervon ist, daß die Organisationen flacher geworden sind und schneller auf die Bedürfnisse der Kunden eingehen können. Die Informationstechnologie hat alles enorm beschleunigt und neue Möglichkeiten eröffnet. Ein Prozeß des Empowerments hat den Menschen auf allen

Stufen des Unternehmens neue Entscheidungskompetenzen, neue Verantwortung und neue Rechenschaftspflichten gebracht. Die Lernende Organisation ist das neue Unternehmensmodell. Damit Unternehmen lernen können, müssen es die Menschen darin auch.

Es könnte nun den Anschein haben, als ob damit der schon schwierigen Aufgabe des Managers eine weitere Dimension von Komplexität hinzugefügt werden sollte. Was bedeuten derartige Veränderungen für die tägliche Praxis? Lassen Sie uns drei Ebenen betrachten:

➤ Erstens: die Ebene der Organisation. Neue Unternehmensstrukturen verlangen nach neuen Weisen zu denken bzw. nach neuen mentalen Modellen. Doch durch den bloßen Austausch einer Denkweise mit einer anderen kommt man nicht weiter als bis zur nächsten Veränderung der Unternehmensstruktur. Dies ist zu kurzsichtig. Worauf es ankommt und was wir in diesem Buch vorstellen wollen, ist eine Denkweise, die eine Ebene höher steht als irgendeine spezielle Organisationsstruktur: eine Denkweise, die flexibel genug ist, um für jedes Managementsystem zu gelten – gerade so, wie die mathematischen Regeln des Addierens bei jeder möglichen Additionsaufgabe angewendet werden können.

➤ Zweitens: der Umgang mit den Menschen. Hier treffen Managementtheorien auf die Praxis (und bleiben manchmal nur zweiter Sieger). Entscheidungen, Motivation, Lob, klare Kommunikation und Coaching sind alles Managementaufgaben. Jedes praxisorientierte Managementbuch muß sich mit diesen sogenannten weichen Themen befassen (die allerdings, wenn vernachlässigt, zu sehr harten Problemen werden können).

➤ Drittens: Sie – der Manager. Wie verwirklichen Sie sich selbst in Ihrer Arbeit? Wer sich nicht selbst managen kann, wird auch andere nicht managen können. Es gehört zu Ihren Managementaufgaben, in Ihrer eigenen Person ein Vorbild und Modell für Ihre Mitarbeiter zu sein. Leadership beginnt damit, sich selbst zu führen. Dieses Buch bezieht Sie also mit ein. Wie wir aus der Physik wissen, daß der Beobachter ein Teil der zu beobachtenden Welt ist, so ist der Manager ein Teil der Organisation. Die Zeiten sind vorbei, als man Management isoliert betrachtete als etwas, das man mit anderen macht.

Was hat nun Neurolinguistisches Programmieren oder NLP mit Management zu tun? NLP untersucht die Strukturen unseres subjektiven Erlebens. Es geht darum, wie wir unsere Welt erzeugen – unser persönliches Erleben dessen, wer wir sind, was wir tun und wie wir andere wahrnehmen. Wie denken wir? Wie lernen wir? Wodurch fühlen wir uns gestreßt? Wie kommunizieren wir? Jede Aktivität, die in Beziehung zu anderen steht, hat etwas mit NLP zu tun. Wie der Begriff verrät, geht es im NLP um Sprache: wie Sprache unsere Gedanken und Aktionen beeinflußt. Sprache wird verwendet, um zu kommunizieren, zu beeinflussen und zu motivieren. NLP beschäftigt sich also auch mit Einflußnahme. Und die Fragen, die sich das NLP stellt, werden sodann auf ganz spezifische Weise beantwortet – durch das Modellieren erfolgreicher Performer. Man hat bereits zahlreiche herausragende Kommunikatoren, Manager, Verkäufer und Lehrer studiert und die ihnen gemeinsamen Patterns bzw. Muster herausgefunden. Sie selbst können diese Muster erlernen und in Ihrem Leben anwenden, um das zu erreichen, was Ihnen wichtig ist.

Wir möchten jedoch vom NLP nicht in abstrakter Form sprechen. Da wären wir nicht besser beraten als ein Verkäufer, der den Kunden mit den zahllosen phantastischen Eigenschaften seines Produkts langweilt. Sie als Leser suchen etwas Praktisches. Wir wollen NLP daher stets nur im Kontext der Managementpraxis vorstellen.

Die Arbeit mit diesem Buch

Der Wert, den dieses Buch für Sie haben wird, hängt ebensosehr davon ab, was Sie mitbringen, wie davon, was wir hineingesteckt haben. Es hat elf Kapitel. Das erste bereitet die Szene vor und bietet einen Überblick über wirtschaftliche Trends, von denen wir annehmen, daß sie sich im Verlauf der nächsten Jahre noch beschleunigen werden. Es untersucht, wie sich Organisationen unter dem Druck technologischer Entwicklungen und dem sich verschärfenden globalen Wettbewerb in struktureller und funktioneller Hinsicht verändern werden.

Kapitel 2 und 3 betrachten verschiedene Aspekte von Unternehmen und bieten analytische Werkzeuge, mit deren Hilfe man Organisationen als Systeme verstehen, Rapport herstellen und vertrauensvolle Arbeitsbeziehungen schaffen kann. Wenn man Management als das Managen von Systemen und Beziehungen versteht, wirft das ein neues Licht auf viele Managementprobleme.

Die Kapitel 4 und 5 beschäftigen sich sowohl mit individuellen wie organisationsspezifischen Zielen und Ergebnissen. Wie läßt sich die Unternehmensmission in erfolgreiche zielorientierte Projekte übersetzen? Und was bedeutet die Unternehmensmission operativ für diejenigen Mitarbeiter, die am engsten mit dem Kunden zu tun haben?

In den Kapiteln 6 und 7 geht es um Werte. Wir glauben, daß die Werte einer Organisationen einen extrem wichtigen und zugleich vernachlässigten Teil der Managementaufgaben bilden. Jede Organisation hat ihre Werte, aber sie sind nicht allen bewußt. Hier wird auch von persönlichen Werten die Rede sein; sie motivieren uns in besonderer Weise, denn wir arbeiten für das, was uns wichtig ist. Kapitel 8 vertieft die Fragen von Motivation und Leadership. Die letzten drei Kapitel konzentrieren sich auf den einzelnen: wie wir denken, wie wir wahrnehmen und wie wir unsere inneren Zustände erzeugen. Wer davon etwas weiß, hat mehr Einfluß auf andere und sich selbst.

Sie können in diesem Buch herumblättern und in beliebiger Reihenfolge lesen, was Sie interessiert. Wenn Sie allerdings die Kapitel 1 und 2 zuerst lesen, erhalten Sie einen Bezugsrahmen, der Ihnen die folgenden Kapitel erst wirklich erschließt. Wir haben viele Manager gefragt, was sie von einem praxisorientierten Managementbuch erwarten würden, und dies ist das Ergebnis. Wir hoffen, es hilft Ihnen. Wir arbeiten beide als Trainer und Berater, und die meisten Fallbeispiele haben wir selbst erlebt. Manchmal schreiben wir gemeinsam über solche Erfahrungen, obwohl vielleicht nur einer von uns daran beteiligt war. Mit Erlaubnis unserer Freunde und Kollegen beziehen wir uns auch auf deren Erfahrungen. Wo es geboten war, haben wir Namen verändert oder gestrichen.

In unserer Sprache gibt es immer noch kein akzeptables Pronomen, das er und sie kombiniert. Wir verwenden beide Ausdrücke im Austausch, um unbeholfene und grammatikalisch unkorrekte Konstruktionen zu vermeiden.

Ian McDermott & Joseph O'Connor

Danksagung

Wir möchten uns bei allen bedanken, die uns bei diesem Buch geholfen haben.

Viel verdanken wir Richard Bandler und John Grinder, den gemeinsamen Begründern des NLP, sowie Robert Dilts, einem der führenden Entwickler und Schöpfer des Modells der logischen Ebenen.

Dank auch an Malcolm Stern, unseren Lektor bei Gower, und an Allie Clarke für ihre Cartoons, die unsere Darstellung bildlich beleben.

Viele Freunde und Kollegen haben uns mit Fallmaterial geholfen. Ein Dankeschön an Bob Janes und Duane Lakin und vor allem an Manoj Chawla und sein Entwicklungsteam für ihre Informationen über das Fire Project.

Zuletzt gilt unser Dank unseren vielen Kollegen und Studenten, die uns mit Beispielen versorgt haben, insbesondere Michael Trigg, Ian Tibbles, Vivian Phelps-Tate, Tony O'Connell, Karyl Shone, Thelma Aye, Anna McQuaid, David Upsher, Gill Norman-Bruce, John Donnelly und Patricia Boissons. Was wir aus ihren Beiträgen gemacht haben, bleibt unsere Verantwortung.

Ian McDermott & Joseph O'Connor

1. Ort der Handlung

„Es gibt nichts Schwierigeres in seinem Beginnen, nichts Gefährlicheres in der Durchführung und nichts Ungewisseres in seinem Erfolg, als die Übernahme der Führung bei einer Neuordnung der Verhältnisse. Denn der Neuerer hat all die zum Feind, denen es unter den alten Bedingungen gut ergangen ist, und nur lauwarme Verteidiger unter jenen, denen es unter den neuen Verhältnissen gut gehen mag."
– Machiavelli, 1469-1527, Il Principe [1]

Die 90er Jahre waren und bleiben für die Wirtschaft eine stürmische Zeit. Chancen und Gefahren halten sich die Waage in einem globalen Auf und Ab, das die Manager vor völlig neue Herausforderungen stellt. Das einzig Konstante scheint die Tatsache zu sein, daß sich alles immer schneller ändert. Im Management bedient man sich häufig modernster computergestützter Kommunikationstechnologien, um das zu tun, was man schon immer getan hat – nur schneller –, während sich in Wirklichkeit der Charakter des Spiels laufend verändert. Einen Dinosaurier mit neuer Informations- und Kommunikationstechnologie zu verdrahten stellte früher im günstigsten Fall eine Zwischenlösung dar. Heute ist es ein Rezept für Katastrophen.

Jetzt haben es die Unternehmen mit rapide sich verändernden, dezentralisierten globalen Märkten zu tun, die jeder Modelaune zu folgen scheinen. Einige Aufgaben sind geblieben: der Dienst am Kunden, die Fähigkeit, das Beste aus sich und den Mitarbeitern herauszuholen, und der Erfolg der Organisation am Markt, egal, ob man nun Autos, Finanzberatung, Software oder Softdrinks verkauft. Die Ziele sind geblieben, doch die Mittel zu ihrer Erreichung verändern sich und verlangen Flexibilität des Denkens. Hat unser Denken mit den technologischen Entwicklungen Schritt gehalten? Nicht ganz. Wir halten uns immer noch an ein Organisationsmodell, dessen Aktualität in der Mitte des 17. Jahrhunderts ihren Höhepunkt hatte: die Pyramide. An der Spitze der Entscheidungsmacher, darunter die einzelnen Produktionsabteilungen mit ihren eigenen Führungsebenen, gefolgt von einer

Hierarchie von Managern, deren Jobs über Funktionen definiert werden. Es wird Zeit, aufzubrechen.

Die Fähigkeit, das Gestern vorauszusagen

In einer Welt, in der ein Buch über den Golfkrieg eine Woche nach dem Waffenstillstand veröffentlicht werden kann[2] (meistens dauert es ein Jahr vom Manuskript bis zum fertigen Buch), besteht Wettbewerbsvorteil darin, der erste am Markt zu sein. Der Wettbewerb ist einem dicht auf den Fersen. Geschwindigkeit siegt, aber sie ermüdet auch. Pyramidale Organisationen reagieren einfach zu langsam. Bis Planung, Kalkulation und Informationen ihren Weg auf den Schreibtisch desjenigen gefunden haben, der die Macht besitzt, eine Entscheidung zu treffen, und bis die Entscheidung dann wieder ihren Weg nach unten gefunden hat, lädiert von den Spielen der Unternehmenspolitik, ist die Gelegenheit vorbei, oder ein flinkerer Konkurrent hat schon zugeschlagen. Manager sammeln gerne so viele Informationen wie möglich, bevor sie sich und ihre Organisation auf eine bestimmte Handlungsweise festlegen. Ein Fehler kann viel kosten, aber das kann das Nichthandeln auch. Keine Entscheidung, kein Fehler – aber vielleicht auch kein Geschäft.

Wo sich der Markt so schnell bewegt, ist die Fähigkeit, Feedback zu sammeln, unentbehrlich. Man kann nicht reagieren, wenn man keine Informationen hat. Unmittelbares Feedback ist das beste. Untersuchungen, die uns dabei helfen, das Gestern vorherzusagen, sind nicht sehr hilfreich. Man muß wissen, was gerade passiert, um heute auf intelligente Weise erraten zu können, wie das Morgen sein wird. Je größer die Distanz zwischen Ereignis und Feedback, desto geringer sein Nutzen und desto schwieriger seine Verbindung mit unseren Handlungen.

Unserer Organisationen suchen Manager, die bereit sind, Risiken einzugehen, und belohnen sie auch dafür. Doch solches Empowerment hat auch seine Kehrseite. Früher war bürokratische Hierarchie das leitende Prinzip, und die Mitarbeiter gewöhnten sich an extern auferlegte Beschränkungen. Beseitigt man diese Schranken, kann das ebensogut zum Ertrinken wie zum Schwimmen führen. Die Macht muß so verteilt werden, daß an die Stelle erzwungener Disziplin Selbstdisziplin treten kann und bürokratische Verwaltung abgelöst wird von gemeinsamer Vision und gemeinsamen Werten. Andernfalls liefert Empowerment nur das Rezept für Chaos.

Schlank werden oder untergehen

Die Unternehmen flachen ihre Hierarchien ab, um mit den sich verändernden Märkten besser zurechtzukommen. Sie teilen sich auf in Netzwerke von unabhängigen Einheiten, die oft auch geographisch verteilt liegen. Horizontale Kooperation wird immer wichtiger. In der flachen Hierarchie gibt es weniger Entscheidungsebenen. Das hat zwei Konsequenzen. Erstens werden die Menschen empowert, Entscheidungen zu treffen, die sie früher einer höheren Instanz hätten vorlegen müssen. Teams bilden die Grundlage der horizontalen Kooperation, und sie organisieren sich anhand von Arbeitsabläufen und nicht von Abteilungen. Zweitens stehen die mittleren Managementebenen unter stärkerem Druck und erhalten neue Verantwortlichkeiten. Sie haben mehr Kontakt mit den Kunden und müssen ebenfalls Entscheidungen treffen, welche früher die Befehlskette hinaufdelegiert wurden. Einige traditionelle Managementfunktionen verschwinden, während neue entstehen. Teilweise werden die Hierarchien deswegen flacher, weil Aufgaben zusammengefaßt werden, die zuvor getrennt waren. Die Position des Managers ist unklarer geworden, sie läßt sich weniger exakt umschreiben. In einer Hierarchie gibt es klare Autoritätslinien. Heute hingegen muß ein Manager vor allem lernen, auf andere Einfluß zu nehmen. Seine Sicherheit bezieht er nicht mehr daraus, daß er angestellt (*employed*), sondern daß er integrierbar (*employable*) ist.

Teams und Netzwerke

Im Management arbeitet man heute immer mehr in aufgabenorientierten Projektteams, um ein bestimmtes Problem zu lösen, ein neues Produkt auf den Markt zu bringen oder mit Klienten, Zulieferern und Kunden zu arbeiten. Ein Team kann man schnell zusammenstellen, und wenn es gut funktioniert, kann es seine Aufgabe in einem Bruchteil der Zeit erledigen, die man früher gebraucht hättc, als größere Teile der Organisationen beteiligt waren. Teams überschreiten die Grenzen von Abteilungen und Funktionen. Um Teams zu managen, sei es als Mitglied oder als Führungsverantwortlicher, braucht man eine ganze Reihe neuer Managementfähigkeiten, damit die Teams optimal funktionieren. Fähigkeiten und Kenntnisse spielen eine größere Rolle. Eine paradoxe Folge der Tatsache, daß heute so viele Informationen zur Verfügung stehen, ist, daß selbst die Experten auf ihren Gebieten den Überblick verlieren. Um so wichtiger wird die Fähigkeit, die Informationen finden zu können, die man für ein spezielles Projekt benötigt, und fehlende Kenntnisse während des Jobs selbst zu lernen. Falls nötig, kann Expertenwissen von außen zugekauft werden. Die Bedeutungen formeller und informeller Netzwerke nimmt zu.

Man sollte nicht unterschätzen, über welche Fähigkeiten ein erfolgreicher Projektmanager verfügen muß. Er muß verhandeln, Einfluß nehmen und zuhören können, um Engagement und Leistung der Teammitglieder zu fördern. Er muß ebensogut mit Details umgehen können wie die Fähigkeit besitzen, sie rasch wieder in den Gesamtzusammenhang einzuordnen. Er muß ein guter Networker sein. Und er muß schnell lernen.

Im Jahre 1988 wurde eine Studie veröffentlicht, bei der man 400 Manager über vier Jahre lang beobachtet hatte[3]. Die Studie schlug vor, die Aktivitäten eines Managers in vier Hauptkategorien aufzuteilen. Kategorie eins: routinemäßige Kommunikation und Papierarbeit. Kategorie zwei: traditionelle Aktivitäten wie Planen, Entscheiden und Kontrollieren. Kategorie drei: Human Resource Management mit den Funktionen Motivation, Disziplinierung und Ausbildung der Mitarbeiter. Und schließlich Kategorie vier: Networking – das Knüpfen und die Pflege von Kontakten. Bereits 1988 wandten die als erfolgreich definierten Manager – d.h. diejenigen, die Ergebnisse erzielten – etwa 48 Prozent ihrer Zeit für Networking auf, im Unterschied zu den 12 Prozent ihrer weniger erfolgreichen Kollegen. Und in den neunziger Jahren ist Networking noch wichtiger geworden. Da sich Organisationen heute dezentralisieren, werden Teams aus Menschen zusammengestellt, die geographisch und funktionell getrennt sind.

Netzwerke bestehen aus fließenden Informationen, und Information in all ihrer Ungreifbarkeit entspringt der menschlichen Vorstellungskraft. Wenn Sie einen Computer kaufen, bezahlen Sie das meiste für die geistige Leistung, die in seiner Entwicklung und Produktion steckt. Im gesamten Unternehmen muß Information frei und schnell verfügbar sein. Zusammen mit dem Bilden projektorientierter Teams ist dies ein entscheidendes Element von Empowerment. Das Prinzip *Informationsbedarf* wird auf die Füße gestellt. Gehen Sie davon aus, daß jeder im Unternehmen Informationsbedarf hat. Es gehört zum Prozeß des Empowerments, die Blockaden in den Arterien des Unternehmens zu beseitigen, so daß der freie Fluß der Informationen gewährleistet ist. Empowerment wird scheitern, wenn man den Mitarbeitern Verantwortung gibt, aber nicht die nötigen Informationen, auf die sie ihre Entscheidungen stützen können.

Das Management technologischer Netzwerke

Die Computertechnologie bietet eine gute Metapher dafür, wie sich Management seit den 70er Jahren verändert hat. Am Anfang standen die massiven monolithischen Mainframe-Computer, wahre Symbole der Abhängigkeit. Information wurde zentral gespeichert. Ihren Platz nahmen die Personal Computer ein; sie stehen auf jedem Schreibtisch und sind oft leistungsfähiger als die alten Mainframes. Die Angestellten wurden unabhängiger, das Management unternehmerischer und individualistischer. Heute haben wir das Modell Client und Server sowie das Internet als wichtiges Symbol für die gegenseitigen Abhängigkeiten im Management, die wiederum ihre eigenen Probleme, Chancen und Verantwortungen mit sich bringen.

High-Tech und High-Touch

In einer flachen Organisation müssen Manager auf vielen verschiedenen Ebenen auf andere Menschen Einfluß nehmen. Sie müssen mit Beratern, Kunden, unabhängigen Experten und Zulieferern zusammenarbeiten. Kommunikationsfähigkeiten werden immer wichtiger. Es scheint paradox: Je mehr High-Tech wir haben, desto wichtiger wird High-Touch. Als sich die British Airways und die British Caledonian zusammenschlossen, waren der Chairman Lord King und der Managing Director Sir Colin Marshall besorgt, die Mitarbeiter könnten über die Neuordnung nicht glücklich sein. Sie gaben eine Untersuchung in Auftrag, die zu einem sehr einfachen Ergebnis kam: Die Angestellten hatten das Gefühl, daß die Arbeit, die sie investiert hatten, um den Zusammenschluß zu einem Erfolg werden zu lassen, nicht anerkannt wurde. Die Lösung war eine riesige Party für alle 40.000 Mitarbeiter, die zwei Wochen lang jeden Abend stattfand. Es ist nicht schwer, Dankeschön zu sagen und zu zeigen. Doch ebensoleicht wird dies übersehen in einer Managementkultur, die oft davon ausgeht, angemessene Bezahlung und gute Arbeitsbedingungen reichten aus, um die Mitarbeiter glücklich zu machen und ihnen die gebührende Anerkennung zukommen zu lassen. Angemessene Bezahlung und gute Arbeitsbedingungen sind wichtig – und doch nur ein Ausgangspunkt. Selbst bei exzellenter Bezahlung und hervorragenden Konditionen machen Lob und Anerkennung einen großen Unterschied. Vielleicht erinnern Sie sich an Situationen, bei denen es für Sie selbst wichtig war, daß Ihre Leistung anerkannt wurde. Vielleicht kennen Sie auch das Gefühl, wie es ist, übersehen zu werden.

Die lernende Organisation

Der Begriff *lernende Organisation* ist sehr in Mode gekommen. Das Lernen verbindet individuelle Veränderungen mit der Veränderung der Organisation. Wir alle haben einen inneren Drang, zu lernen und gute Arbeit zu leisten, auf die wir stolz sein können. Wir möchten unsere Ziele erreichen und für unsere Leistungen anerkannt werden. Eine lernende Organisation stellt Bedingungen her, unter denen die Mitarbeiter lernen können. Es ist eine Organisation, in der die Menschen auf allen Ebenen sowohl individuell wie kollektiv ihre Fähigkeit verbessern können, die Ergebnisse zu erzielen, an denen ihnen wirklich etwas liegt.

Eine einflußreiche Darstellung der lernenden Organisation ist das Buch *Die fünfte Disziplin* von Peter Senge, dem Direktor des Programms für Systemdenken und Organisationslernen an der Sloan School of Management, Massachusetts Institute of Technology (MIT). Senge skizziert fünf Schlüsseldisziplinen, die erforderlich sind, um eine lernende Organisation zu schaffen.

Bei der ersten Disziplin geht es um die gemeinsame Vision: den Prozeß der Definition eines Organisationszwecks und einer Organisationsidentität, die alle Mitglieder inspiriert und motiviert. Bei der zweiten geht es um Teamlernen: die Bedingungen, unter denen Teams effektiv sein können. Die dritte Disziplin bilden die mentalen Modelle: die unbewußten Glaubenssätze, die das Verhalten und die Entscheidungen von Individuen und Gruppen prägen. Managemententscheidungen werden mindestens so stark (wenn nicht stärker) von Emotionen und Überzeugungen geprägt wie von Logik und Rationalität. Bei dieser Disziplin lernt man, wie man begrenzende Glaubenssätze an die Oberfläche holt und durch empowernde Annahmen ersetzt, die zu besseren Entscheidungen und Aktionen führen. Die vierte Disziplin nennt Senge Personal Mastery. Hier geht es um Können im Unterschied zu Dominanz: um die Meisterschaft eines Künstlers oder einer Handwerkerin und ihr lebenslanges Streben, die eigene Kunst zu verfeinern und die Befriedigung und Motivation zu finden, die von innen kommt.

Die fünfte Disziplin, die dem Buch seinen Titel gab, ist das systemische Denken, das sich sehr von unseren traditionellen linearen Denkprozessen unterscheidet. Wenn man über eine Organisation systemisch nachdenkt, betrachtet man, wie ihre Teile zusammenhängen, und sieht einen Prozeß und eine Entwicklung statt einzelner Momentaufnahmen. Man entdeckt Schleifen, wo lineares Denken nur Abfolgen von Ereignissen sieht. Systemisches Denken schaut auf langfristige Konsequenzen. Entscheidungen bewirken Folgen für die Zukunft, die man oft übersieht, weil Entscheidung und Resultat in Zeit und Raum so weit auseinanderliegen. Dies gilt übrigens in Unternehmen ebenso wie in der Medizin oder der Wettervorhersage. Systemisches Denken deckt auf, wie die Struktur eines Unternehmens zu Problemen führen kann und wie die Entscheidungen eines Managers zu Konsequenzen an ganz anderer Stelle im System führen können, die genau das Problem erneut aufwerfen, das mit der Entscheidung ursprünglich beseitigt werden sollte.

In gewissem Sinne ist der Begriff *lernende Organisation* mißverständlich. Es handelt sich hier nicht um einen Zustand des Alles-oder-nichts. Eine lernende Organisation entsteht nicht über Nacht. Organisationen lernen permanent, wie wir Menschen. Sie verändern sich und passen sich an im Gefolge der Entscheidungen ihrer Mitglieder, die wiederum auf den Druck von außen reagieren. Die relevanten Fragen lauten:

➤ Was lernen sie?
➤ Wie können wir das Organisationslernen so verbessern, daß sich die Menschen in der Organisation wohler fühlen und die Effektivität der Organisation am Markt erhöht wird?
➤ Was unternehmen wir, um sinnvolles Lernen zu fördern?
➤ Welche unserer Aktivitäten verhindern zur Zeit, daß Lernen stattfindet?

Die Fähigkeiten, die Sie mit Hilfe dieses Buches entwickeln können – Menschen und Teams zu verstehen und mit ihnen zu arbeiten; Unternehmen auf einer tieferen Ebene zu verstehen als auf der, wo man im Sumpf steckt und mit den Krokodilen kämpft; seine Einflußmöglichkeiten zu erweitern – sind genau die, die gebraucht werden, um eine lernende Organisation zu fördern und in ihr erfolgreich zu sein.

Bei den Disziplinen Senges geht es darum, neue Denkfähigkeiten zu entwickeln, effektiver zu handeln und ständig zu verbessern, was man tut. Dies ist das Reich des Managers. Die Qualität der Mitarbeiter und ihre Fähigkeit zu lernen sind der wichtigste Erfolgsfaktor im Wettbewerb. In den gegebenen Systemen tun die Menschen das Beste, was sie tun können. Die Frage lautet, wie man Bedingungen schaffen kann, unter denen die Menschen ihr Bestes geben und dabei sogar noch Neues lernen können.

SEMCO

Semco ist eine Maschinenbaufirma mit Sitz in Sao Paulo in Brasilien. Sie stellt eine ganze Bandbreite von Produkten hier: große Industriepumpen, Geschirrspüler und Airconditioner. Semco bietet ein extremes Beispiel für die Veränderung einer Organisation. Als Ricardo Semler im Jahre 1980 die Leitung des Unternehmens von seinem Vater übernahm, war Semco eine traditionelle Firma mit Bergen von Vorschriften und einer pyramidalen Struktur. Zehn Jahre später war sie wie verwandelt. Heute legen die Arbeiter selbst ihre Produktionszahlen fest und übernehmen die Verantwortung dafür, daß sie erreicht werden. Sie beteiligen sich an der Entwicklung der Produkte und Marketingpläne. Die Manager von Semco haben ungewöhnlich viel Freiheit bei der Gestaltung ihrer Geschäftsstrategien. Sie legen ihre Gehälter selber fest, und diese sind jedem bekannt. Sämtliche Informationen im Finanzbereich werden offen diskutiert, und jeder Mitarbeiter von Semco hat Zugang zu den Geschäftsbüchern. Semler verlangt ausdrücklich, jeder bei Semco müsse in der Lage sein, selbständig Entscheidungen zu treffen. „Jede Entscheidung, die ich nicht selbst treffen muß, ist ein Erfolg", sagt er.

Brasilien hat eine sehr hohe Inflation und eine chaotische Wirtschaftspolitik hinter sich, doch die Produktivität von Semco hat sich versiebenfacht. Der Gewinn ist um 500 Prozent gestiegen, und es gibt eine Warteliste mit 2.000 Stellenbewerbern. Das Unternehmen hat internationales Aufsehen erregt. Leitende Mitarbeiter von IBM, General Motors, Ford, Kodak und vielen anderen Unternehmen haben das Werk besucht, um selbst zu sehen, wie Semco funktioniert.

Semco hat viele von den Ideen umgesetzt, die ein Unternehmen auf den Weg zur lernenden Organisation bringen:

➤ Stelle die besten Mitarbeiter ein. Menschen, die gut lernen, kooperieren gut, schaffen Netzwerke und erzielen Ergebnisse. Dies gilt für jede Ebene der Organisation.

➤ Das Vorhandensein gemeinsamer Werte macht Regeln überflüssig.

- ➤ So wenig Regeln und Vorschriften wie möglich! (Semler war dafür, das Handbuch mit den Vorschriften in den Reißwolf zu werfen – obwohl er in der Praxis dann einen weniger radikalen Ansatz wählte: Er sammelte die Vorschriftenbücher ein mit der Begründung, sie müßten überarbeitet und neu aufgelegt werden. Was nie passierte.)
- ➤ Vertraue den Menschen. Je weniger Regeln und Vorschriften, desto mehr muß man den Mitarbeitern ohnehin vertrauen.
- ➤ Empowere die Mitarbeiter, Entscheidungen zu fällen und die Verantwortung dafür zu übernehmen.
- ➤ Zielorientierte Teams sind die normale Arbeitsform. Teams sind verantwortlich für ein ganzes Projekt. Bei Semco gibt es keine Gruppenarbeit am Fließband. Wo ein Team ein komplettes Projekt überwachen und beenden muß, kann jeder das Endergebnis sehen. Dies fördert das Gefühl von Verantwortung und Selbstbeteiligung. Es stärkt den Stolz auf die eigene Leistung.
- ➤ Informationen sind für alle da.

Widerstand gegen Veränderung

Manager zu sein in Zeiten organisatorischer Umbrüche ist nicht leicht und ist es nie gewesen. Permanente Weiterentwicklung bedeutet, daß die Organisation permanent lernen muß, bessere Strukturen und bessere Prozesse zu entwickeln und schneller auf die Veränderungen am Markt zu reagieren. Jedes System braucht Strukturen, die es stabilisieren, damit es nicht bei der ersten Veränderung zusammenbricht. Solche Strukturen und Vorschriften sind wichtig und dürfen nicht geringgeschätzt werden. Sie widersetzen sich der Veränderung, welcher Art auch immer. Widerstand gegen Veränderungen enthält immer etwas Wertvolles. Ohne Struktur, ohne eine gewisse Stabilität und wiederholbare Verfahren kann keine Organisation in irgend etwas gut sein. Doch es muß eine Balance von Stabilität und Entwicklung geben. Selbst wenn die Strukturen eines Unternehmens stabil sind, können die Menschen darin sich lernend verändern.

Ein Teil der Strukturen, die eine Organisation stabil halten, sind die Menschen und ihre Art zu reagieren. Unternehmen rekrutieren Mitarbeiter, die zur etablierten Kultur, zum etablierten Ethos und zur etablierten Art, die Dinge zu tun, passen. Es gibt einen Feel-good-Faktor, wenn man mit den bekannten Organisationswerten arbeitet – was zugleich heißt, daß Entscheidungen, die auf Lernen und Veränderung

23

basieren, sich für den Manager zunächst falsch anfühlen können. Entscheidungs-strategien folgen gern den alten Kanälen. Wenn sich also eine Entscheidung falsch anfühlt, könnte sie richtig sein (muß es aber nicht). Wenn sich eine Entscheidung richtig anfühlt, könnte sie trotzdem falsch sein (muß es aber nicht). Wer hat gesagt, die Sache wäre einfach?

Was kann man machen? Es sieht hoffnungslos aus. Je mehr man auf Verände-rung und Anpassungen hinarbeitet, desto stärker drückt das System zurück, und alles fühlt sich obendrein irgendwie falsch an. Die Lösung besteht darin, daß man die Ebene wechselt. Um Veränderung auf der Ebene der Organisation zu erreichen, muß ein Lernvorgang auf der Ebene des einzelnen stattfinden. Möglicherweise be-steht Ihre schwierigste Aufgabe als Manager darin, dafür zu sorgen, daß derartige Lernvorgänge für Sie selbst und auf die Sie Einfluß haben und für diejenigen, für die Sie Verantwortung tragen, möglich werden.

Wenn man die Kontrolle verliert

Das Wort *Kontrolle* hat eine interessante Geschichte. Im Mittelalter konnten sich die Angestellten selbst aus den Geldkisten ihrer Herren bedienen, und ihre Ab-rechnungen wurden mit einer zweiten Schriftrolle verglichen. Diese zweite Rolle oder *contra rotulus* diente zur Überprüfung der Zahlungen. Dem Diener erging es schlecht, wenn seine Aufzeichnungen nicht mit der zweiten Rolle – der Kontrolle – übereinstimmten. In einer Organisation gibt es keine zweite Rolle. Effektive Mana-ger konzentrieren sich auf das, was sie beeinflussen können: die Menschen, einschließlich ihrer selbst.

Um in einem Unternehmen zu Ergebnissen zu gelangen, müssen Sie zunächst begreifen, daß Sie über die Organisation keine direkte Kontrolle haben. Kontrolle hat etwas mit Information zu tun. Vollständige Kontrolle setzt vollständige Informa-tion voraus, über die Sie niemals verfügen werden. Eine wachsende Flut von Spezi-alzeitschriften, Untersuchungen, ausgefeilten Finanztools, Internetadressen und virtuellen Datensammlungen verspricht uns, wir bekämen endlich alle Informatio-nen, die wir brauchen. Doch das stimmt nicht. Die Menge dessen, was analysiert werden müßte, ist zu gewaltig, und sobald man eine Analyse abgeschlossen hat, haben sich die Dinge bereits weiterentwickelt. Es ist, als würde man versuchen, unter dem fließenden Wasserhahn eine Handvoll Wasser festzuhalten. Das unter-gegangene Sowjetreich stellte ein hervorragendes Beispiel für eine Organisation dar, die sich in massive Weise um Kontrolle bemühte. Die meisten Ressourcen der

Verwaltung waren darin investiert, zu wissen, was vorging (als direkte Konsequenz von so viel Kontrolle jedenfalls nicht viel).

Organisationskontrolle auf höherer Ebene bemüht sich darum, eine Organisation so zu gestalten, daß sie hinreichend flexibel auf die sich rapide verändernde Welt reagieren kann. Auf persönlicher Ebene bedeutet Kontrolle praktisch das gleiche: angesichts einer fließenden und unvorhersagbaren Welt, geleitet von den eigenen Werten und Zielen, eine flexible und geschickte Handlungsstrategie zu entwickeln. Andere zu kontrollieren bedeutet, sie mit angemessener Anleitung und minimaler Einmischung ihre Arbeit machen zu lassen.

Die Teilnahme an Meetings, Aktenstudium und der Versuch, alles im Detail wissen zu wollen, gibt Ihnen keine Kontrolle, sondern hält Sie beschäftigt. Genau dann besitzen Sie die wenigste Kontrolle – Sie wissen alles über das Fahrzeug, das völlig unkontrolliert den Berg hinabrast, außer, wie man es stoppt. Es gibt einen guten Test dafür, ob Sie ein Übermaß an sogenannter Kontrolle ausüben. Falls Sie die meisten Fragen beantworten können, die auf Ihrem Schreibtisch landen, bezahlt man Sie dafür, daß Sie die Arbeit anderer Leute machen. Viele Fragen müßten sich weiter unten beantworten lassen, und das bedeutet, daß man Verantwortung abgibt und Ergebnisse verlangt. Im übrigen: Indem Sie derartige Fragen annehmen, halten Sie Ihre Mitarbeiter in Wirklichkeit davon ab, die Antworten selbst herauszufinden. Zuviel Hilfe entmündigt ebensosehr wie zuwenig.

Sie kontrollieren Ihr Umfeld dann am besten, wenn Sie kongruent mit sich selbst sind und wissen, was Sie gerade tun, wenn Sie eine klare Richtung haben und wenn Ihre Mitarbeiter – ohne daß Sie etwas davon wissen – ihrer Arbeit nachgehen, networken, Initiativen ergreifen, Entscheidungen treffen, Ergebnisse erzielen und Ihre Kunden bedienen. Dazu brauchen sie Ihr Vertrauen und soviel Wissen und Information, wie sie sinnvoll verarbeiten können.

Jede Handlung hat Konsequenzen, die niemals vollständig unter Kontrolle gebracht werden können, weil man sie im voraus nicht kennen kann. Man kann noch so sorgfältig planen, der Markt ist unvorhersehbar, und Erfolg hängt oft vom Glück ab, zur richtigen Zeit am richtigen Ort zu sein. Das mag frustrierend sein, läßt aber auch Chancen aus dem Nichts entstehen. Kleine Taten können große Wirkung haben; eine Geste auf persönlicher Ebene kann enorme Dividenden abwerfen. Ein aufmunterndes Wort kann den Unterschied ausmachen zwischen einem Mitarbeiter, der bei einem Problem aufgibt, und einem, der sich noch einen Tag lang reinkniet. Dieser weitere Tag könnte zu einem Durchbruch führen, der es wieder einem anderen Team ermöglichen könnte, ein Projekt drei Monate früher abzuschließen als geplant. Der Aufbau einer guten Geschäftsbeziehung zu einem kleinen Kunden kann dazu führen, daß dieser Sie einem Freund in einem großen Unternehmen empfiehlt, von dem Sie dann plötzlich einen Auftrag erhalten. In einem Markt, wo die wahrgenommene Qualität des Kundendienstes großen Einfluß auf die Kaufentscheidungen der Kunden ausübt, entwickelt sich die Beziehung zwischen Dienstleistendem und Kunden zu einem Schlüsselfaktor. So sieht Systemdenken in der Praxis aus. Ihr Handeln hat Wirkung, aber vielleicht auf eine Weise, die Sie überraschen mag.

Beziehungskompetenz wird immer wichtiger, speziell die Fähigkeit, Vertrauen aufzubauen. Wir sind der Meinung, daß sich immer mehr Organisationen in Netzwerke zielorientierter, selbstverantwortlicher Projektteams aufteilen werden. Den Menschen in diesen Teams muß man Kompetenz und Verantwortung übertragen, wenn man nicht selbst seine Zeit damit verschwenden will, Mikroprobleme zu lösen und unzählige Fragen zu beantworten. Man muß ihnen vertrauen. Ohne Vertrauen werden die Mitarbeiter vor jeglicher Initiative zurückschrecken. Informationen müssen frei verfügbar sein. Auch dazu gehört wieder Vertrauen. Ohne Vertrauen werden Informationen nicht weitergegeben, niemand lernt etwas, und Self-Management sowie Initiativen von einzelnen und Teams bleiben aus. Ohne gegenseitiges Vertrauen können Projektpartner, Kunden, Zulieferer und Berater nicht funktionieren.

Vertrauen kann man nicht halb gewähren. Und wie kann man Vertrauen erzeugen? Vertrauen hängt von der Entscheidung des anderen ab; es wird geschaffen durch Ihre Worte und Taten. Man kann es nicht erzwingen oder einfach sagen: „Vertraue mir!" Viele Managementbücher betonen die Bedeutung von Vertrauen, aber erklären selten, wie es sich herstellen läßt. Vertrauen ist eins der Bindeglieder zwischen den Aktionen des einzelnen und den Ergebnissen der gesamten Organisation, und es liegt in Ihrer Macht, Vertrauen zu gestalten. Wie Ihnen das gelingt, gehört zu den praktischen Anwendungen des NLP.

Pacing und Leading

Eine Beziehungen von gegenseitigem Vertrauen und Einfluß wird im NLP als Rapport bezeichnet. Er bildet die Grundlage jeder erfolgreichen Kommunikation. Rapport erfordert zunächst die Anerkennung des anderen als Person. Im NLP spricht man dabei von *Pacing*. Im Prinzip handelt es sich beim Pacing darum, den anderen anzuerkennen, zu verstehen und seine Welt zu betreten, anstatt zu verlangen, der andere müsse uns verstehen und sich auf unsere Welt einlassen. Auf der Ebene persönlicher Beziehungen stellt Pacing die Fähigkeit dar, jedem die Anerkennung zu geben, die er braucht. Sie baut die Brücke für das gegenseitige Verstehen. Die Prinzipien von Pacing und Leading gelten auf jeder Ebene: in der Familie, bei Freunden und Mitarbeitern, bei Kunden, in der Organisation und im gesamten Markt. Wenn Ihnen das Pacen gelungen ist, können Sie zu etwas Neuem hinführen bzw. leaden; es handelt sich dabei um für eine Beziehung der wechselseitigen Beeinflussung.

Beeinflussung ist nicht gleichbedeutend mit Manipulation. Beeinflussung ist eine natürliche Folge menschlicher Interaktionen und völlig vereinbar mit einem Handeln in Integrität. Niemand möchte manipuliert werden, aber keiner hat etwas dagegen, sich beeinflussen zu lassen. Unser Erfolg im Beruf und unsere persönliche Zufriedenheit hängen in hohem Maße davon ab, wie gut wir auf andere Einfluß nehmen können.

Die besten Manager sind nicht nur fachkompetent, sondern können auch gut mit Menschen umgehen. Sie wissen, wie wichtig es ist, daß andere sich anerkannt fühlen, und verhalten sich entsprechend. Sich anerkannt zu fühlen ist viel wichtiger, als bloß Zustimmung zur eigenen Position zu finden. Wenn sich jemand von Ihnen anerkannt fühlt, stehen die Chancen nicht schlecht, daß er sich freiwillig zum Botschafter Ihrer Sache macht. Und wie jede Werbeagentur weiß, gibt es keine bessere Publicity als das unaufgeforderte Lob eines neutralen Dritten.

Pacing/Anerkennung

Um andere motivieren und managen zu können, müssen Sie wissen, was für die anderen und Sie selbst wichtig ist. Kürzlich arbeiteten wir mit einem Verkaufsmanager, der von seinem Unternehmen ausgewählt worden war, weil er seine Mitarbeiter besonders erfolgreich motivieren konnte. Es war unser Auftrag, ihn zu modellieren und festzustellen, was genau er tat und sagte, das ihn so erfolgreich machte. Diese Fähigkeiten sollten wir dann anderen Managern des Unternehmens vermitteln. Dies ist im wesentlichen das, was man in NLP unter *Modelling* versteht. Eigentlich machte er nichts sonderlich Kompliziertes. Jede Motivationsrunde begann er damit, festzustellen, wie es den Mitgliedern seiner Mannschaft gerade ging. Waren die einzelnen zufrieden mit ihren monatlichen Verkaufszahlen oder nicht? Manchmal fragte er ausdrücklich danach, und manchmal zog er seine Schlüsse aus der Körperhaltung und dem gesamten Auftreten einer Person. Mit seinen eigenen Worten: „Nur wenn ich weiß, wie es einem geht, kann ich wissen, was er braucht und wie ich es ihm geben kann." Bei anderer Gelegenheit faßte er, ohne es zu wissen, die Kunst des Pacing und Leading so zusammen: „Natürlich weiß ich, welche Ergebnisse meine Leute erreichen sollen. Aber erst wenn ich weiß, wo sie jetzt stehen, kann ich mir Gedanken darüber machen, wie ich sie dahin bekomme, wo sie sein sollten."

Sie verstehen Pacing besser, wenn Sie an einen Staffellauf denken. Damit der Stab weitergegeben werden kann, müssen beide Läufer mit derselben Geschwindigkeit laufen. Es ist die Aufgabe des übernehmenden Läufers, den Vorläufer so zu pacen, daß die Stabübergabe ohne Stolpern oder Tempowechsel erfolgt.

Mit Gesten und Handlungen kann man Menschen ebenso wirksam pacen wie mit Worten. Wenn ein Kollege mit einer guten Nachricht kommt, sagen Sie „Glückwunsch!", doch wenn Sie das mit gleichgültiger Stimme, gesenktem Blick und hängenden Schultern tun, werden Sie ihn kaum pacen.

Pacing beruht darauf, daß wir alle verschieden sind, daß wir verschiedene Weltmodelle besitzen, bestehend aus unseren Überzeugungen, Werten und Erwartungen. Wenn Sie ein wirklich effektiver Kommunikator werden wollen, müssen Sie respektieren, daß jeder Mensch die Welt auf seine eigene Weise betrachtet: Sie können verschiedenen Teammitgliedern dasselbe sagen und völlig unterschiedliche Reaktionen bekommen. Ein Weltmodell ist nicht einfach eine intellektuelle Konstruktion, sondern vielmehr eine Weise zu sein, die wir recht wörtlich verkörpern. Wie jemand atmet und seinen Körper hält, hängt mit davon ab, wie er die Welt und seine Stellung darin wahrnimmt. Wer die Schultern hängen läßt und die Stirn runzelt, liefert Ihnen wichtige Hinweise darauf, wie seine innere Welt strukturiert ist. Sie sollten darauf achten – besonders, wenn der Betreffende bei Ihnen als Motivationstrainer auftreten möchte.

In den verschiedenen Kulturen der Welt gelten unterschiedliche Verhaltensweisen. Einige der besonders erfolgreichen Manager, mit denen wir gearbeitet haben, passen ihr Verhalten instinktiv den Gegebenheiten an, wenn sie sich in einem anderen Kulturkreis befinden. Auch das ist Pacing.

Sie pacen Ihre Kunden, indem Sie herausfinden, was diese wünschen, und sie entsprechend bedienen. Kein vernünftiges Unternehmen würde doch sagen: „Uns ist egal, was Sie möchten. Wir machen unser Produkt, und Sie müssen es so nehmen, wie es ist." Eine besonders aufschlußreiche Kundenbeschwerde lautet: „Das ist Ihnen doch egal." Eine Firma mit solchem Ruf ist dabei, ihr eigenes Begräbnis vorzubereiten. Auf individueller Ebene pacen Verkäufer ihre Kunden, indem sie deren Wünsche erkennen und danach streben, sie zu erfüllen. In manchen Organisationen gilt ein Gesetz für den Kunden und ein anderes für die Mitarbeiter. Man sieht keinen Widerspruch darin, sich gegenüber den Kunden zuvorkommend und

28

gegenüber den eigenen Mitarbeitern autoritär zu verhalten. Damit einhergehend findet man gewöhnlich eine hierarchische Struktur und den ausgeprägten Glauben, alles kontrollieren zu müssen. Recht häufig sprechen Unternehmen von der „Qualität", die man den Kunden bieten will, und liefern zugleich ein ganz und gar nicht überzeugendes Beispiel dafür durch die Art und Weise, wie die eigenen Mitarbeiter behandelt werden. Es macht einen seltsamen Eindruck, wenn man mit Menschen zu tun hat, denen man den Dienst am Kunden eingebleut hat und die zugleich das Gefühl haben, niemand würde sich um sie kümmern. Den Mitarbeitern zu sagen, was sie tun sollen, ohne sie zuvor zu pacen, funktioniert nicht. Es erzeugt eine Mischung aus Trägheit und einer Art Schwarzmarkt-Verhalten, bei dem sich die Kreativität der einzelnen in Projekten entfaltet, die nichts mit der Arbeit zu tun haben.

Oft machen Organisationen den fundamentalen Fehler, nicht genügend zu pacen bzw. zu leaden ohne vorhergehendes Pacing. Ohne ausreichende Marktuntersuchung sowie interne Schulung und Vorbereitung läßt sich kein Produkt erfolgreich auf den Markt bringen. Entsprechend gilt, daß auch organisatorische Veränderungen erfolgreicher verlaufen, wenn sie auf Erfolgen der Vergangenheit aufbauen und die Befürchtungen der Mitarbeiter, die von den Veränderungen betroffen sind, berücksichtigen.

Zeitstudien

Viele Managementinitiativen werden von Mitarbeitern sabotiert, die sich nicht genügend berücksichtigt und anerkannt fühlen. Bei Semco beschäftigte man zunächst eine Beratungsfirma, die mit Hilfe von Zeit- und Bewegungsstudien die Arbeitsabläufe analysieren sollte. Das geschah in der Absicht, der Belegschaft zu helfen, ihre Produktivität zu verbessern. Die Ergebnisse war völlig unbrauchbar. Einige Zeit später, nachdem eine Vertrauensbasis geschaffen war, gaben die Arbeiter, die Objekt der Untersuchung gewesen waren, zu, daß sie sehr schnell herausgefunden hatten, wie man die Meßinstrumente der Berater verlangsamen und die Ergebnisse beeinflussen konnte.

Pacing bedeutet nicht, daß man passiv dasitzt und auf die Menschen oder Ereignisse nur reagiert. Einen aktiven und enthusiastischen Menschen spiegelt man, indem man selbst aktiv und enthusiastisch ist. Wenn Kunden rasch ein neues Produkt wollen, gibt man es ihnen. Man spiegelt die schnell sich ändernden kompetitiven globalen Märkte, indem man schnell lernt, sich flink anpaßt und jede Gelegenheit nutzt. Mit diesem Buch wollen wir Ihnen zeigen, wie Sie die aktuelle Wirtschaftskultur zuerst erfolgreich pacen und dann leaden können. Pacing ist das Mittel, um auf individueller oder Unternehmensebene das zu erreichen, was Sie wollen. *Pacing ist das Instrument, mit dessen Hilfe bei jedem Vorhaben erfolgreich sein können.* Es setzt voraus, daß Sie flexibel sind, denn Sie wissen nie, was sie als nächstes pacen sollen.

Es gehört zum Handwerk der Werbung, ein neues Produkt in einen bestehenden Markt zu pacen. Wie eine Agentur das macht, hängt vom jeweiligen Markt ab. Im Segment der Softdrinks z.B. suchen die Konsumenten ständig nach etwas Neuem, und man kann den Markt mit einer Kampagne pacen, die auf Neuheit und Unterschied aufgebaut ist. In einem konservativen Markt hingegen, der sich nur langsam wandelt, macht es mehr Sinn, dem Kunden zu zeigen, wie er mit dem neuen Produkt das tun kann, was er schon immer getan hat – nur besser.

Leading/Einfluß

Sobald das Pacing läuft, können Sie über den zweiten Schritt nachdenken – *Leading*. Unter Leading versteht man die Fähigkeit, jemanden zu beeinflussen. Manchmal gehört dazu nicht mehr, als klarzumachen, welches Ziel man anstreben möchte. Häufiger jedoch muß man seinen Gesprächspartnern helfen, eine neue Perspektive einzunehmen oder ein Verhalten zu verändern, das ihre Fähigkeit behindert, ihren Job erfolgreich zu erledigen. Viele Vorgesetzte machen den Fehler, das Pferd von hinten aufzuzäumen und das Leading vor das Pacing zu stellen.

Die Strategie für erfolgreiches Mitarbeitermanagement ist einfach und konstant: **Pace, Pace, Pace ... Lead**.

Es gibt unzählige Möglichkeiten, Leading zu implementieren. Eine Strategie, viele Taktiken. Dies sind die Instrumente für erfolgreiches Management, und viele davon werden wir auf den folgenden Seiten besprechen.

Pacing und Leading sind Grundprinzipien für die Einwirkung auf und das Management von Mitarbeitern, und wir werden ihre praktische Anwendung in diesem Buch unter verschiedenen Blickwinkeln betrachten – dem der Organisation und des einzelnen, dem eigenen und dem der anderen. Womit fängt man am besten an? Damit (so schlagen wir vor), daß Sie sich selbst pacen. Erkennen Sie, wo Ihre Stärken liegen und was Sie noch lernen müssen! Finden Sie heraus, unter welchen Bedingungen Sie zur Bestform auflaufen und wann nicht. Respektieren Sie Ihre

Grenzen, Ihren Gesundheitszustand und Ihre Einflußmöglichkeiten. Beginnen Sie dort, wo Sie sind. Dann können Sie sich dahin führen, wo Sie sein möchten.

Wir haben dieses Kapitel mit einem Zitat aus dem *Principe* von Machiavelli begonnen, einem Werk, das jahrhundertelang als Bibel der Staatskunst galt. Die Schrift entstand im 16. Jahrhundert als Anleitung zum Regieren von Staaten, weniger für das Management eines modernen Unternehmens. Veränderung ist schwierig, sie verlangt Mut, doch es winken große persönliche und professionelle Befriedigung. Heute ist es nun mal so, daß wir uns verändern müssen, um zu überleben. Denken Sie an den alten Scherz von den drei Arten von Managern: denen, die zusehen, daß was passiert; denen, die zusehen, was passiert; und denen, die fragen: „Ist was passiert?"

Weiterführende Lektüre

Jacob, Rahul: Managing the Struggle to Create an Organisation for the 21st Century, in: *Fortune*, 3. April 1995

Peters, Tom: *Liberation Management*, Pan Books 1992

Senge, Peter: *Die fünfte Disziplin*, Stuttgart: Klett-Cotta 1996

Semler, Ricardo: *Maverick!*, Century 1993

Anmerkungen

1. Machiavelli, N.: *Der Fürst*, Frankfurt: Insel 1990

2. Deegan, P.: *Operation Desert Storm*, BBDO 1991

3. Luthans, F.: *Real Managers*, Ballinger Publishing Co. 1988

2. Rapport

Mit dem Begriff *Rapport* bezeichnen wir eine auf Vertrauen und gegenseitige Einflußmöglichkeit aufgebaute Beziehung. Sie bildet das Kernstück des Umgangs mit anderen Menschen. Menschen sind das wichtigste Kapital jeder Organisation. Sie sind die Träger von Imagination und Kreativität – und sie verändern sich. Sie werden beeinflußt vom Wetter, der Farbgestaltung des Büros, dem Raumklima, der Tatsache, ob sie sich anerkannt fühlen oder nicht und ob sie gerade einen Streit mit dem Ehepartner hatten. Sie haben *Stimmungen*. An manchen Tagen sind sie *gut drauf*, an manchen Tagen nicht. Sie sind Individuen mit eigenem Charakter und einer Weltsicht, die ihren je eigenen Lebenserfahrungen entspringt. Beim Rapport geht es im Grunde darum, dem anderen innerhalb seines Weltmodells zu begegnen – seine Realität zu pacen. Jeder von uns hat eine andere Erziehung genossen, besitzt andere Erfahrungen und Lebensweisen. Jeder ist einzigartig mit seinen Werten und Fähigkeiten. Jeder betrachtet die Welt anders. Wenn Sie Rapport herstellen, hat der andere das Gefühl, daß Sie ihn verstehen. Im Gegenzug wird er Ihnen und Ihren Wünschen wesentlich offener begegnen. Das heißt nicht, daß Sie beide einer Meinung sein müssen. Man kann wunderbaren Rapport zu jemand halten, während man ihm gleichzeitig offen widerspricht. Und umgekehrt: Viele von uns haben schon erlebt, daß einem jemand zustimmt und man sich trotzdem irritiert fühlt. Zustimmung garantiert nicht den Rapport.

Zum alten Paradigma der großen hierarchischen Organisationen, in denen jeder seine Rolle zu spielen hatte, gehörte ein Managementmodell, bei dem man die Mitarbeiter wie Schachfiguren bewegte, um seine Ziele zu erreichen und den Wettbewerb schachmatt zu setzen. Dieses alte Modell schwebt immer noch über einigen Fließbändern, wo jeder sein genau beschriebenes enges Aufgabengebiet hat und ein Meister darüber wacht, daß man es nicht verläßt. Man kann sich kaum eine wirkungsvollere Methode vorstellen, Menschen von ihrer Arbeit zu entfremden. Warum sollte sich jemand darum kümmern, was er macht, wenn er zum Produkt seiner Anstrengungen keine Verbindung fühlt? Dieses Fabrikmodell entstammt einer Idee von Effizienz, bei der man die Arbeit in kleinste Verrichtungen zerlegte und auf die Arbeiter verteilte, die ihren kleinen Bereich immer besser beherrschen sollten. Das neue Managementmodell entspricht mehr dem Gedanken der Selbständigkeit. Selbständige haben ihre Arbeit schon immer auf die Prinzipien von gemeinsamen Werten, anerkannter Kompetenz, Vertrauen und Flexibilität gegründet. Und dabei können sie auch noch recht effizient sein. Da heute immer mehr Aufgaben von Projektteams erledigt werden, vielleicht sogar unter Teilnahme von externen Experten, stehen die Manager vor einer neuen Herausforderung. Es wird immer wichtiger, zu ganz verschiedenen Arten von Menschen Rapport aufbauen zu können. Manager vollbringen das Wunder, Individuen mit einer Organisation zu verbinden, und dabei kommt es entscheidend darauf an, wie sie auf andere Einfluß nehmen können.

In vielen Wirtschaftszweigen, nicht nur in der herstellenden Industrie, werden immer mehr sich ständig wiederholende, unpersönliche Tätigkeiten durch Technologie ersetzt. So wird zum Beispiel im Bankenbereich eine Aufgabe, die traditionell von Managern ausgeführt wurde, inzwischen von Computern, die nach dem Vorbild neuronaler Netzwerke arbeiten, übernommen: Sie entscheiden, ob einem Kunden ein bestimmter Kredit gewährt werden kann. Inzwischen sehen selbst die Manager, die bisher die Automatisierung vieler Bürojobs in der Bankenindustrie vorangetrieben haben, wie ihnen die Technologie ungemütlich näherückt. Doch obwohl Computer viele Aufgaben exzellent erledigen, können sie eines nicht: Beziehungen aufbauen.

Tragfähige Beziehungen sind einer der Schlüssel zur Zufriedenheit und Zielerfüllung. Jedes Unternehmen, das diese Qualitäten bei seinen Mitarbeitern fördert, vergrößert seine Erfolgschancen. Wenn unsere Beziehungen stimmen, fühlen wir uns real, geschätzt und verstanden. Wir verbinden uns mit anderen und bleiben zugleich in Verbindung mit uns selbst. Im Gegensatz dazu kann es leicht passieren, daß wir keine guten Beziehungen zu anderen haben und dadurch den Kontakt zu uns selbst verlieren oder uns bei dem Versuch, unsere Position zu verteidigen, selbst isolieren. Es ist extrem wichtig, gute Beziehungen zu seinem Team, seinen Kunden und seinen Vorgesetzten aufbauen zu können. Es ist der primäre Weg, auf dem Sie sich Ihren Job erleichtern, Ihr Selbstwertgefühl steigern und Ihre persönliche Reputation *innerhalb* der Organisation fördern können. Eine Kultur zu schaffen, die solche Beziehungsaktivitäten unterstützt, ist solides Geschäftshandwerk. Und es beginnt zu Hause, das heißt *innerhalb* der Organisation, und nicht erst zwischen der Organisation und ihren Zulieferern.

Die Fähigkeit, Beziehungen aufzubauen, zu kommunizieren und dadurch auf andere Einfluß zu gewinnen, wird überall verlangt. Jeder von uns muß andere managen, sei es im Unternehmen, in einer Abteilung, der Familie, einer engen Beziehung oder schlicht im Verhältnis zu sich selbst. Ebenso haben wir alle etwas zu verkaufen: ein Produkt, eine Vision, unsere Kompetenz und Persönlichkeit (z.B. bei einem Vorstellungsgespräch) oder uns selbst, z.B. wenn wir jemandem auf einer Party begegnen, den wir attraktiv finden.

Es ist noch gar nicht lange her, daß das Entstehen von Rapport eine Zufallsangelegenheit war. Einige Manager schienen einfach den Trick zu kennen und andere nicht. Es schien sich um eines der Talente zu handeln, mit denen man entweder geboren wurde oder nicht. Es war kaum denkbar, daß es etwas war, was man *lernen* konnte. Und doch ist Rapport eine Fähigkeit, die man lernen kann, und sie beginnt mit Pacing.

Eine Kultur pacen

Jeder Mensch, jede Organisation und jede Kultur besitzt ihr eigenes Weltmodell. Manche Modelle mögen wir verstehen, und sie kommen uns vertraut vor. Andere mögen uns absolut verrückt erscheinen, doch es gibt Menschen, die sich darin zurechtfinden. In anderen Ländern werden Geschäfte auf ganz andere Art und Weise getätigt. Und da Unternehmen zunehmend auf internationaler Ebene operieren, wird es zunehmend wichtiger, kulturelle Unterschiede erkennen und pacen zu können. *Wenn du in Rom bist, mach es wie die Römer.*

Eine andere Kultur pacen zu können ist Voraussetzung für erfolgreiche Managementbeziehungen, besonders in Japan. Der Chef einer Investmentfirma mit Sitz in Tokio drückte es einmal so aus: „Beziehungen werden geknüpft und entwickeln sich beim Essen, Trinken und Golfspielen. Und eine Firma ohne Beziehungen kann in Japan nicht existieren."[1] Man muß über sein Gastland und die Menschen, mit denen man es zu tun hat, soviel wie möglich herausfinden. In Japan zum Beispiel versucht man unbedingt, Konfrontationen zu vermeiden, weil sie mit dem Gesichtsverlust einer der beiden Seiten enden. Geschäfte entwickeln sich nur langsam. Im allgemeinen wollen Japaner eine viel größere Anzahl von Besprechungen als ihre englischen oder amerikanischen Kollegen, um die Beziehungen aufzubauen und sicherzugehen, daß man in der Lage ist, langfristig zu denken. Vertrauen ist ausgesprochen wichtig. Ein Kopfnicken bedeutet nicht: „Ich bin einverstanden", sondern: „Ich höre, was Sie sagen." Entscheidungen werden eher im Konsens gefällt als von einem einzelnen Vorgesetzten. Für einen ahnungslosen Westler gibt es hier wirklich viele Möglichkeiten, sich zu blamieren.

Feilschen oder betrügen

Ein Kollege erzählte uns von einem Erlebnis, das er in Indien hatte. Mit seinem Freund Bill wollte er mit einem Taxi in die Stadt fahren. Zu seinem Erstaunen mußte er zusehen, wie sein Freund mehr als zehn Minuten lang mit dem Fahrer um den Fahrpreis feilschte. Beide wurden immer lauter und zeigten alle Anzeichen von Ärger und Fassungslosigkeit. Das Ganze endete damit, daß Bill dem Taxifahrer die Hand schüttelte, ebenso einigen der Zuschauern, die sich um die Szene versammelt hatten. „Warum hast du nicht gleich bezahlt, was er verlangt hat?" fragte unser Kollege. „Wir hätten es uns wirklich leisten können. Jetzt haben wir eine Viertelstunde verloren." „Sicher", meinte Bill, „aber wir hätten den Fahrer schwer beleidigt. Hier ist man sehr stolz darauf, gut feilschen zu können. Es gehört einfach dazu. Er hätte das Gefühl gehabt, wir hätten ihn betrogen."

Sich einzustellen auf die sozialen und gesellschaftlichen Gegebenheiten einer Organisation oder eines anderen Landes ist allerdings mehr als nur eine Frage von Bewirtung und Abendunterhaltung. Um Rapport aufrechtzuerhalten, ist ständige Sorgfalt in allen Details vor, während und nach einem Verkaufsabschluß erforderlich. Der europäische oder amerikanische Stil sieht so aus, daß man seine Kunden besucht, bis sie den Vertrag unterschrieben haben, und danach nicht mehr. In

Japan hingegen fängt das Geschäft erst nach dem Vertragsabschluß an. Man muß sich mit dem Klima in der Organisation vertraut machen, möglichst viele Mitarbeiter kennenlernen und die Absichten des Kunden ergründen, statt nur die eigenen. Auch in der amerikanischen oder englischen Geschäftskultur sind Beziehungen wichtig, aber sie werden anders ausgedrückt und sind eher implizit als explizit.

In seinem Buch *Mind Your Manners: Culture Clash in the European Single Market*[2] liefert John Mole ein Beispiel für kulturelle Differenzen in Europa. Ein Meeting ist ein Meeting, stimmt's? Falsch. Für Engländer und Holländer haben Besprechungen eher einen erkundenden Charakter, und man versucht, einen Konsens zu finden. In Frankreich und Deutschland hingegen sind die Entscheidungen oft schon gefällt, und die Besprechung dient dazu, Ergebnisse mitzuteilen, und nicht, darüber zu verhandeln. Italiener sehen die Sache wieder anders. Obwohl sie vielleicht nicht offen widersprechen, arbeiten sie möglicherweise im Hintergrund gegen die Vorschläge, mit denen sie nicht einverstanden sind. Allseitige Zustimmung ist oberstes Gebot, weshalb man Abstimmungen vermeiden sollte – es sei denn, man ist sicher, daß jeder zustimmen wird. Ähnliche Differenzen in der Erwartungshaltung können auftreten bei der Bewertung von Tagesordnungen. Jeder europäische Manager erwartet eine vorbereitete Tagesordnung, doch nur Nordeuropäer gehen davon aus, daß man sich daran hält.

Auch in der Körpersprache gibt es Unterschiede. Wenn man in England sein Sakko auszieht, heißt das, jetzt wird ernsthaft verhandelt. In Deutschland signalisiert es eher, daß man müde wird. Sicher, dies sind sehr starke Verallgemeinerungen, doch dahinter steckt die klare Botschaft: Erwarten Sie das Unerwartete, denn Individuen, Organisationen und Kulturen können mit einer von der Ihren radikal verschiedenen Weltkarte operieren. Selbst wenn Sie ihr Heimatland nicht verlassen, begegnen Sie doch ständig anderen Unternehmen mit ihren je eigenen Kulturen.

Persönlicher Rapport

Zwischenmenschlicher Rapport wird weniger durch das geschaffen, was man sagt, als vielmehr durch die weitgehend unbewußte Körpersprache: durch Haltung, Gesten und Tonlagen. Worte übertragen Informationen. Körpersprache und Tonfall stiften die Beziehung. Möglicherweise sind Sie schon einmal in einer Situation gewesen, wo Ihnen jemand zustimmte und Sie doch kein Gefühl von Rapport hatten. Seit der Untersuchung von Professor Albert Mehrabian an der University of

California in Los Angeles im Jahre 1981[3] hat es viele weitere Studien gegeben, die den Einfluß von Körpersprache und Tonfall auf unsere Einschätzung der Vertrauenswürdigkeit einer anderen Person zum Gegenstand hatten. Wenn sich Worte und Körpersprache widersprechen, halten wir fast immer die nonverbale Botschaft für ausschlaggebend, selbst wenn wir das Gesagte nicht für unwichtig halten. Vielleicht wissen wir selbst nicht, weshalb wir jemandem nicht trauen: Wir haben ein leicht unangenehmes Gefühl, wir glauben, der andere weiche uns aus, oder was er sagt, hört sich einfach nicht richtig an. Für das Zustandekommen von Rapport sind Körpersprache und Stimme sehr wichtig. Wir wollen uns in diesem Kapitel darauf konzentrieren. Natürlich trägt auch der Inhalt des Gesagten zum Rapport bei, doch damit werden wir uns ausführlicher in Kapitel 9 befassen.

Kleidung und Erscheinung sind ein bedeutsamer Teil unserer Körpersprache und oft ein Hinweis auf die Kultur einer bestimmten Organisation. Zu Beginn der achtziger Jahre arbeiteten viele talentierte Programmierer und Computerentwickler im Silicon Valley in Kalifornien. Steve Jobs und seine Kollegen suchten nach weiteren Mitarbeitern für ihre neue Firma Apple Computers. Die Kleiderordnung im Silicon Valley war und ist immer noch ziemlich lax. Trotzdem bestanden einige der größeren Unternehmen darauf, daß auch ihre Computerleute Anzug und Krawatten tragen sollten wie die übrigen Mitarbeiter. Eine schlechte Managemententscheidung. Keine Spur von einem Pacing der Computer-Kids, deren Nonkonformismus, Unabhängigkeit, Verspieltheit und Selbstgefühl sich in ihrem zwanglosen Kleidungsstil (Jeans und Turnschuhe) ausdrückten. Wir haben hier ein klassisches Beispiel dafür, wie eine formale Regel die wichtigste Aufgabe des Managements konterkariert, Kreativität und Wohlbefinden der Mitarbeiter zu ermutigen und zu fördern. Wenn man sich nur die Mühe gemacht hätte, sich vorzustellen, wie diese Leute reagieren würden, hätte man alles so gelassen, wie es war. Statt dessen versuchte man, runde Pfosten in viereckige Löcher zu schlagen. Doch für die Programmierer gab es keinen Mangel an Alternativen; viele verließen diese Firmen und gingen zu Apple und Steve Jobs, der natürlich nicht so dumm war, sich um solche Lappalien zu kümmern. Der Rest, wie bekannt, ist Geschichte – die Entstehung und Entwicklung des Macintosh Computers.

Spiegeln der Körpersprache

Man baut Rapport auf, indem man Körpersprache und Tonfall des anderen matcht. Dies zeigt dem anderen, daß man ihm *Aufmerksamkeit schenkt*, daß man ihn und sein Weltmodell anerkennt. Wenn Sie das nächste Mal in einer Besprechung sitzen oder sich an einem anderen öffentlichen Ort, beispielsweise einem Restaurant, aufhalten, sollten Sie einmal auf die Personen achten, die sich miteinander unterhalten. Diejenigen, die Rapport haben, neigen dazu, die gleiche Körperhaltung einzunehmen. Wie sie sich bewegen und miteinander sprechen, ist wie ein Tanz; ihre Bewegungen und ihre Sprache zeigen Rhythmus und Verbindung. Das Matchen der Körpersprache ist eine ganz normale Art, zu anderen Menschen eine Verbindung herzustellen. NLP macht also nur explizit, was wir ohnehin tun. Zum Beispiel setzen wir uns hin, um uns mit jemandem zu unterhalten, der sitzt, und wir erheben uns, wenn der andere steht. Alles andere würde sich für beide Seiten komisch anfühlen. Auch gibt es in jeder Kultur unausgesprochene Regeln darüber, wieviel persönlichen Platz jemand um sich herum beansprucht, und wir fühlen uns unwohl, wenn diese Regeln ohne unsere Erlaubnis verletzt werden. Wir neigen auch dazu, die Intensität des Augenkontakts mit anderen zu matchen. Es wirkt einschüchternd, wenn man angestarrt wird. Doch wer steten Augenkontakt braucht, wird mißtrauisch, wenn ihn jemand gar nicht ansieht.

Um Rapport aufzubauen, können Sie gezielt einige Aspekte der Körpersprache des anderen matchen. Zumindest sollten Sie stehen, wenn die andere Person steht, sitzen, wenn sie sitzt, und ihren Augenkontakt in gleicher Intensität erwidern. Sie können noch weiter gehen und Geschwindigkeit sowie Frequenz der Handbewegungen matchen oder die Neigung des Kopfes. In Besprechungen kann man das oft beobachten. In gewisser Weise kann man vorhersehen, ob hier ein Vorschlag Zustimmung finden wird, wenn andere Teilnehmer in ihrer Körpersprache mit dem Vorschlagenden übereinstimmen. Entsprechend kann man oft erkennen, wer in einer Besprechung die dominierende Person ist. Sobald er oder sie seine Position verändert, geht kurz danach eine Welle von Bewegungen um den Tisch – die anderen versuchen, in Rapport zu bleiben.

Wechseln Sie Ihre Körperhaltung nicht unmittelbar nach dem Vorbild Ihres Gegenübers. Bleiben Sie natürlich. Beim Body-Matchen besteht die Absicht darin, die Wahrnehmungen und Erfahrungen des anderen zu teilen und zu verstehen. Es geht *nicht* um unmittelbares und exaktes Kopieren. Das wäre wenig respektvoll. Freunde äffen einander nicht nach; da verändert niemand mechanisch seine Körperhaltung, nur weil der andere es tut. Also sollten Sie das ebensowenig tun. Ein Nachäffen wird sofort bemerkt, und der Rapport wird zerstört. Tänzer sollten sich in ihren Bewegungen ergänzen. Mit ihren Bewegungen drücken sie ihre Beziehung aus. Jeder Mensch ist einzigartig, auch in seinen Bewegungsmustern. Mit dem Matchen der Körpersprache drücken wir Höflichkeit und Entgegenkommen aus, indem wir unseren Stil an den des Partners angleichen.

Das Atemverhalten ist ein Aspekt von Körpersprache, dessen wir uns normalerweise nicht bewußt sind. Üben Sie, die Atembewegung eines anderen zu matchen, und sie werden viel über die Wirkung dieser Technik erfahren. Auf diese Weise erhalten Sie wertvolle Aufschlüsse darüber, wie es sich anfühlt, dieser andere Mensch zu sein. Sobald Sie wie jemand anderes atmen, wird Ihnen die Welt plötzlich anders vorkommen, denn Sie gebrauchen Ihren Körper auf andere Weise. Sie brauchen nicht jeden Atemzug exakt zu matchen; begnügen Sie sich mit einer bequemen Annäherung, die sich nicht so sehr von Ihrer normalen Art zu atmen unterscheidet, daß es auffällt. Sie können das Heben und Senken der Schultern beobachten, falls Sie es schwierig finden, den Atem des anderen zu verfolgen. Auch bevor man zu sprechen anfängt, muß man einatmen. Möglicherweise finden Sie das Atem-Matchen am einfachsten in einer Situation unter vier Augen, beispielsweise beim Coaching oder Mentoring mit einem Ihrer Mitarbeiter.

Das Spiegeln der Sprechweise

Die Sprechweise zu matchen ist eine weitere Möglichkeit, Rapport herzustellen. Die Menschen sprechen unterschiedlich, selbst wenn sie die gleichen Worte sagen. Einige sprechen laut, andere leise (Lautstärke). Manche sprechen schneller als andere (Tempo). Wieder andere sprechen mit höherer Stimme als andere (Stimmlage). Sprach-Matching ist ein ganz natürlicher Vorgang. Bei leise sprechenden Kolleginnen zum Beispiel dämpfen wir unsere Stimme. Eine Nichtübereinstimmung in der Tonstärke impliziert oft ein Machtverhältnis, wobei die laute Stimme die leisere dominiert. Die Stimme ist ein wichtiges Element der Persönlichkeit des Menschen. (Stellen Sie sich nur einen leitenden Direktor mit einer hohen, weinerlichen Stimme vor...) Eine der ersten Maßnahmen vieler angehender Politiker ist ein Stimmtraining. Man matcht die Sprechweise eines anderen am besten, indem man sich an seine Lautstärke und seine ungefähre Sprechgeschwindigkeit anpaßt.

Insbesondere am Telefon kommt es auf Sprach-Matching an. Stellen Sie sich sofort bei der Begrüßung auf Lautstärke und Geschwindigkeit der anderen Stimme ein. Im Laufe der Unterhaltung können Sie Ihr Matchen feiner abstimmen. Auch das tun wir bis zu einem gewissen Grad ohnehin von selbst. Beobachten Sie und hören Sie zu, wenn sich Ihre Kollegen am Telefon unterhalten. Je nachdem mit wem sie sprechen, verändert sich ihre Stimme. Manchmal können Sie an der Art ihrer Stimme sogar erraten, mit wem sie sprechen – ein nettes NLP-Gesellschaftsspiel.

Sorgen Sie dafür, daß Ihre Mitarbeiter lernen, wie man Sprach-Matching am Telefon betreibt. So können Sie mit jedem Anrufer Rapport herstellen. Wenn Ihre

Leute im Telefonverkauf tätig sind, sollten Sie ihnen diese Fertigkeit ebenfalls beibringen. Gute Telefonverkäufer besitzen große Flexibilität im Herstellen von Rapport via Sprach-Matching. Eine Belegschaft, die darin trainiert ist, auf die verschiedenen Sprechstile der Kunden im Alltag zu reagieren, kann einen erheblichen Zuwachs an Umsatz und Goodwill verzeichnen. Das Buch *Successful Selling with NLP*[4] von Joseph O'Connor und Robin Prior enthält weitere Informationen über Techniken des Telefonverkaufs und über das Herstellen von Rapport in Verkaufssituationen im allgemeinen.

Wärmeerzeugung durch Sprache

Ein leitender Manager der Textilindustrie mit Sitz in New York erzählte uns folgende beispielhafte Anekdote zur Bedeutung der Sprachqualität. Vor etlichen Jahren war er als Manager in New York sehr erfolgreich gewesen. Dann schickte ihn der Vorstand als Leiter der Zweigniederlassung des Unternehmens nach North Carolina. Man hatte das Gefühl, daß seine unkomplizierte Art dort sehr gut ankommen würde. Um so überraschter war er über die Art und Weise, wie man ihn empfing. Die erste Begegnung mit seinen neuen Mitarbeiter verlief, wie er sich ausdrückte, in einer Atmosphäre „kalter Höflichkeit", die er sehr unbehaglich fand. „Ich wußte nicht, was ich getan hatte. Es schien, als hätte ich alle beleidigt oder jedenfalls sehr befremdet." In diesem Moment tat er etwas sehr Schlaues. Er hielt sich zurück und *hörte einfach zu*. Mitten in der Nacht wurde er plötzlich wach und wußte, was er zu tun hatte, um das Eis zu brechen. Am nächsten Morgen modifizierte er seine Sprechweise und zog die Satzenden in typischer Südstaatenmanier leicht in die Länge. Natürlich hatte er immer noch einen New Yorker Akzent, doch diese sprachliche Annäherung signalisierte den Kollegen, daß er bereit war, sich auf ihre Lebensweise einzulassen. Der Effekt war unmittelbar und dramatisch: „Ich hatte das Gefühl, als wäre die Raumtemperatur um zehn Grad gestiegen."

Gelegentlich werden Sie mit Menschen zu tun haben, die wütend oder verärgert sind. Sprach-Matching ist ein ausgezeichnetes Mittel, ihre Gefühle anzuerkennen, ohne sich einschüchtern oder in ein Schreiduell verwickeln zu lassen. Jemand, der wütend ist, beansprucht Ihre Aufmerksamkeit, ob Sie nun glauben, daß sein Ärger berechtigt ist, oder nicht. Und der Versuch, ihn mit Argumenten aus seinem Gefühlszustand herauszuholen, wird höchstwahrscheinlich scheitern. Er wird den Eindruck haben, sein Anliegen solle beiseitegeschoben werden, und sich vermutlich noch mehr aufregen. Wut ist Energie. Bilden Sie ein Echo der Energie und Dringlichkeit seiner Stimme, indem Sie diese leicht unterhalb ihrer Lautstärke und Geschwindigkeit matchen – keinesfalls auf dem gleichen Level, was die Sache nur verschlimmern könnte. Erst pacen, dann leaden. Nachdem Sie den anderen zunächst so gepacet haben, können Sie allmählich zum Leaden übergehen, indem Sie Ihre eigene Stimme senken. Falls Sie Rapport haben, wird der andere Ihnen folgen. Ein ruhiger, besänftigender Tonfall von Anfang an funktioniert selten; dies wird oft als herablassend empfunden. Besonders die Mitarbeiter im Kundendienst sind auf diese Technik des Sprach-Matching angewiesen, denn sie sind oft die erste Anlaufstation für verärgerte Kunden.

Vielleicht gehört es zu Ihren Aufgaben, Menschen zu führen, die ganz anders sind als Sie selbst. Oder Ihr Team besteht aus Mitarbeitern, die sich sehr stark in Alter und Erfahrungen unterscheiden. Manche mögen eine ausgezeichnete Ausbildung haben, während andere formal nur gering ausgebildet, dafür aber ausgesprochen gescheit sind. Durch das Matchen von Körper und Sprache können Sie zu einer ganzen Bandbreite von Persönlichkeiten guten Rapport herstellen.

Überkreuz-Spiegeln

Das Matchen oder Spiegeln ist niemals exakt und soll es auch nicht sein. Es würde nur unnötige Aufmerksamkeit auf sich ziehen. Mit wenig kann man oft mehr erreichen. Eine gute Technik ist das Überkreuz-Spiegeln, das indirekt funktioniert. Wenn jemand zum Beispiel seine Beine übereinanderschlägt, verschränken Sie Ihre Arme. Wenn jemand wiederholt mit dem Kopf nickt, antworten Sie mit einer Handbewegung im gleichen Rhythmus. Ein gutes Beispiel für Überkreuz-Spiegeln erlebten wir im Falle eines jungen Mannes, der einmal zu Ian kam, um ihn um Rat zu fragen. Er war einer von drei Mitarbeitern, mit denen der Managing Director gern seine neuen Ideen und Vorstellungen diskutierte. Es war klar, daß er einen der drei zu seinem ständigen Assistenten machen wollte. Der junge Mann wünschte sich sehr, diesen Job zu bekommen, doch war er unsicher, ob er dazu besser qualifiziert war als die beiden anderen. Er teilte den Enthusiasmus seines Vorgesetzten, wußte aber nicht, wie er ihm dies vermitteln konnte. In den erwähnten Kreativsitzungen hatte sein Chef die Angewohnheit, heftig umherzugehen und zu gestikulieren, während die Assistenten dasaßen, mit ihm diskutierten und sich Notizen machten.

Ian schlug vor, der junge Mann sollte zur nächsten Besprechung ein Clipboard und einen Bleistift mitnehmen. Während der Chef umherwanderte, sollte er den Rhythmus seiner Schritte mit leichtem Klopfen des Bleistifts auf dem Notizblock überkreuz-spiegeln. Das sollte den energetischen Zustand des Vorgesetzten in unaufdringlicher Weise matchen, ohne seinen kreativen Gedankenfluß zu stören. Der Effekt war dramatisch. Der junge Mann hatte das Gefühl, als würde sein Chef jetzt direkt zu ihm sprechen, und die Rate des Augenkontakts zwischen den beiden stieg deutlich an. Unser Freund bekam den Job. Einen Monat später lud ihn sein Chef zum Essen ein und erzählte ihm, er habe ihn für diesen Job ausgesucht, weil er das Gefühl gehabt habe, er würde genau auf seiner Wellenlänge liegen. Rapport ist oft schwer zu greifen und kann in Geschäftsbeziehungen doch einen enormen Unterschied machen.

Das Erzeugen von Rapport durch das Spiegeln von Körpersprache und Sprechweise ist ein gutes Beispiel dafür, wie NLP ein Muster aufgreift, das wir im Alltag ohnehin verwenden, es verfeinert und in eine Technik verwandelt, die man lernen kann. Sie entsteht als natürliches Nebenprodukt der Aufmerksamkeit und des Interesses für andere Menschen. Wenn Sie Körpersprache oder Sprechweise spiegeln wollen, um Rapport herzustellen, müssen Sie sich vor zwei Fallen hüten. Erstens mag Ihnen die ganze Sache zunächst sehr künstlich und umständlich vorkommen. Das liegt daran, daß Sie sich auf einmal eines Vorgangs bewußt werden, der zuvor unbewußt abgelaufen ist. Ihr Ziel dabei ist, ihn noch besser zu meistern. Es ist, als ob man einen Fahrkurs für Fortgeschrittene besucht, wenn man eigentlich schon ein guter Fahrer ist. Der Fahrlehrer sorgt dafür, daß man seine Fahrkünste in völlig neuem Licht sieht. So kann man seine Technik verbessern und mehr Kontrolle bekommen. Zweiter Punkt: Das Spiegeln von Körpersprache und Sprechweise wird sich hohl und gezwungen anfühlen und auch so aussehen, wenn man es einsetzt, um jemanden zu beeinflussen, für den man sich überhaupt nicht interessiert und mit dem man sich eigentlich gar nicht unterhalten will.

Die Wahl der Worte –
oder: Vertrauen ist nicht dasselbe wie Information

Sprechen wir nun über die Worte unserer Sprache. Sie bilden den offensichtlichsten Teil unserer Kommunikation und tragen doch am wenigsten zur Entstehung von Vertrauen und Rapport bei. Wenn Worte und Körpersprache im Widerspruch stehen, halten wir uns fast immer an die Körpersprache. Stellen Sie sich vor, jemand sagt: „Ich vertraue Ihnen." Dabei lächelt er spöttisch, hat einen ironischen Tonfall und lehnt sich leicht zurück. Würden Sie ihm glauben? Worte sind nützlich, um Informationen zu vermitteln, aber Vertrauen braucht mehr. Dies berücksichtigend, können Sie Ihre Sprache durchaus verwenden, um sowohl Informationen zu geben wie eine Beziehung aufzubauen; hören Sie sorgfältig zu, was die anderen sagen, und benutzen Sie bei Ihrer Antwort die Ausdrücke, die den anderen wichtig sind. Sprecher markieren die Worte, die ihnen wichtig sind, durch stärkere Betonung oder mit einer Handbewegung, so wie man wichtige Wörter im Druck durch *Kursivschrift* markiert. Indem Sie dieselben Worte oder Redewendungen in Ihrer Antwort verwenden, zeigen Sie dem anderen, daß Sie ihm zuhören und seine Meinung respektieren. Das ist etwas anderes als eine Paraphrase. Eine Umschreibung muß für den anderen längst nicht dasselbe bedeuten wie seine eigenen Worte, selbst wenn es Ihnen so vorkommt. Unserer Worte sind wie Fenster zu unserer Welt. Beispielsweise sagt eine Kollegin: „Wir brauchen in unserer Gruppe mehr *Teamgeist*." Nun wissen Sie nicht, was Teamgeist für sie bedeutet, doch sollten Sie dieses Wort in der folgenden Diskussion unbedingt verwenden und sie ermuntern, zu verdeutlichen, was sie damit meint. Auf diese Weise macht sie die Arbeit, statt daß Sie versuchen, ihre Gedanken zu lesen. Danach können Sie das Thema erweitern und mit eigenen Anmerkungen versehen; auf jeden Fall aber sollten Sie Ihre Kollegin zuerst mit ihrem eigenen Ausdruck pacen, bevor Sie sie zu neuen Aspekten führen.

Respektieren Sie wirklich, was andere sagen. Vieles klingt oft selbstverständlich, und man ist versucht, dem anderen zuzustimmen und sich rasch einem neuen Thema zuzuwenden. Man ist ja einer Meinung. Und doch, wenn man genauer hinsieht, erlebt man jeden Tag, wie jemand seinem Gesprächspartner nicht zuhört und das dadurch demonstriert, daß er dessen Aussage in einer Weise umschreibt, die die ursprüngliche Bedeutung verändert. Permanent erfahren wir von anderen, was ihnen wichtig ist, und die Worte, die sie dafür wählen, sind nicht beliebig. Wenn NLP das Gebiet der Kommunikationsfähigkeiten um eine Erkenntnis erweitert hat, dann um die, daß man das, was andere sagen, als wörtliche Beschreibungen von Ereignissen ihrer Welt zu respektieren hat. Rücksicht auf die feinen Details kann für jede Beziehung einen großen Unterschied machen und erhebliche Auswirkung darauf haben, wie effektiv Sie als Manager sind und wie effektiv als Manager Sie von anderen wahrgenommen werden.

Backtracking

Das Backtracking ist eine Erweiterung des Spiegelns wichtiger Wörter: Man reflektiert das Anliegen des anderen, indem man dieselben Schlüsselwörter und Redewendungen gebraucht. Vor allem im Verkauf ist das sehr hilfreich. Falls Ihre Umschreibung sich deutlich von dem vom Kunden Gemeinten unterscheidet, verlieren Sie den Rapport und zeigen, daß Sie nicht zugehört haben. Backtracking und

Zusammenfassen vermittelt dem anderen, daß Sie ihm zugehört haben, und spiegelt sein Anliegen. Danach können Sie zum Leading mittels Diskussion und Verhandlung übergehen. Bei Besprechungen und Verhandlungen kann Backtracking sehr hilfreich sein. Unsere Verhandlungspartner sind viel eher bereit anzuhören, was wir zu sagen haben, wenn sie das Gefühl haben, daß ihnen selbst zugehört wird. Wir haben viele Verhandlungen sich festfahren sehen, weil jede Seite damit beschäftigt war, die eigenen Forderungen auf den Tisch zu packen und die Sorgen der anderen zu ignorieren. Ironischerweise liegen die Positionen häufig viel näher beieinander, als die Parteien realisieren, doch sie können nicht zusammenkommen. Sobald Sie merken, daß jemand wie in einer Schleife immer wieder auf denselben Punkt zurückkommt, wissen Sie, daß Sie ihm, aus seiner Perspektive betrachtet, nicht zuhören. Dies ist ein Fall für Backtracking.

Es handelt sich dabei um eine hervorragende Methode, um Einigungen vorzubereiten. Man erzeugt und demonstriert Rapport und bringt mögliche Mißverständnisse frühzeitig ans Tageslicht. Vielleicht kennen Sie das: Ein Kollege bittet Sie um einen Gefallen; Sie glauben zu wissen, was er meint, und ziehen los, um den Auftrag zu erledigen – bis Sie irgendwann feststellen, daß Sie ihn mißverstanden haben. So etwas ist ärgerlich und führt bisweilen zu gegenseitigen Vorwürfen:

„Sie hätten doch wissen müssen, was ich gemeint habe.“
„Hätte ich auch, wenn Sie sich klarer ausgedrückt hätten.“

Mit Hilfe des Backtracking können Sie Ihr Verständnis überprüfen und Fragen stellen oder auch Zwischenergebnisse in einer Besprechung festhalten. Regelmäßige Zusammenfassungen dokumentieren Übereinstimmung und schaffen eine Plattform für die weitere Arbeit. Mögliche Mißverständnisse können so frühzeitig erkannt werden.

Es mag künstlich erscheinen zu wiederholen, was ein anderer gerade gesagt hat. Man fürchtet vielleicht, das könnte den Gesprächspartner irritieren. Doch das ist unwahrscheinlich. Wenn Sie natürlich seine Äußerungen einfach ohne die entsprechende Körpersprache wie ein Papagei nachplappern, die zum Ausdruck bringt, daß Sie innerlich beteiligt sind, kann der andere das als Kränkung empfinden. Wenn jedoch ein guter Rapport besteht, werden sich die meisten Menschen zutiefst erleichtert fühlen, daß hier endlich jemand ist, der sich die Mühe macht, zuzuhören, einen ernst zu nehmen und Rückfragen zu stellen.

Mismatching

Beim Matchen steigt man in den persönlichen Tanz eines anderen ein. Beim Mismatching steigt man absichtlich aus dem Tanz aus, ohne den Rapport zu verlieren. Natürlich gibt es auch Formen von Mismatching, die den Rapport auflösen: Sich umdrehen, auf die Uhr schauen oder stöhnen sind einige krasse Beispiele hierfür. Da das Matchen oder Spiegeln eine solche Macht hat, Rapport aufzubauen, erweist sich Mismatching gelegentlich als notwendige Technik, um eine Begegnung geschickt zu beenden. Sie möchten sich aus einem Gespräch verabschieden, ohne unhöflich zu erscheinen? Mismatchen Sie die Körpersprache! In eine andere Richtung zu blicken oder beschleunigtes Kopfnicken sind Formen, die Sie vielleicht schon einmal gesehen oder verwendet haben.

Das Mismatching kann aber auch eine Methode sein, die Verbindung kurzzeitig zu lockern, um beispielsweise dem anderen die Gelegenheit zu geben, einen Vorschlag zu überdenken. Eine gute Möglichkeit besteht beispielsweise darin, den Abstand zwischen sich und dem anderen zu vergrößern. Das gibt ihm buchstäblich mehr Raum zum Nachdenken. Eine sehr nützliche Technik, um ein Telefongespräch zu beenden, ohne unhöflich zu wirken, besteht darin, den Tonfall des anderen zu mismatchen. Manche Leute reagieren nicht, wenn man ihnen sagt, daß man das Gespräch beenden muß. Werden Sie schneller und lauter, während Sie eine geeignete Verabschiedung aussprechen. So erhält der Anrufer sowohl eine verbale wie eine nonverbale Message. Je intensiver der vorangegangene Rapport, desto effektiver das Mismatching.

Mismatching kann auch als eigene Kommunikationsform auftreten. Ein leitender Manager erzählte uns einmal, daß sich die Mitarbeiter in seiner neuen Firma ihm gegenüber zu folgsam verhielten. „Bei unseren allgemeinen Besprechungen richteten sie alle Wortmeldungen an mich, statt sich untereinander zu verständigen." Er beschloß, dem mit der Technik des Mismatching zu begegnen. „Zuerst habe ich den Blickkontakt abgebrochen, dann habe ich angefangen, aus dem Fenster zu sehen. Als auch das nicht geholfen hat, bin ich rausgegangen und habe gesagt, sie sollten ohne mich weitermachen. Als ich zurückkam, hatten sie endlich angefangen, sich miteinander zu unterhalten."

Schurken und Lichtgestalten

Über das Matchen von Körper und Stimme kann man mit ganz unterschiedlichen Menschen Rapport herstellen. Die Rolle des Managers in einer Organisation steht in keinem Zusammenhang mit seinen Fähigkeiten auf der persönlichen Ebene, doch können zwischenmenschliche Qualitäten ihm die Erfüllung seiner Aufgabe wesentlich erleichtern. Viele Managementkurse vernachlässigen diese persönliche Dimension und konzentrieren sich auf die Fähigkeiten, die gebraucht werden, um bestimmte Aufgaben zu erledigen. Zusätzlich kommt die Frage des Rapports zwischen den einzelnen Managern und ihre Rolle in der Organisation mit ins Spiel. Viele Senior-Manager lassen es zu, daß ihre Fähigkeiten und ihr Selbstwertgefühl von den Erwartungen ihrer Juniors eingeengt und beeinflußt werden. So verfangen sie sich in unternehmenseigenen Glaubensannahmen und spielen zum Schluß eine Rolle, die andere für sie geschrieben haben. Jungmanager haben die Angewohnheit, aus ihren Vorgesetzten entweder Schurken oder Lichtgestalten zu machen. Dann reagieren sie auf diese Figuren ihrer eigenen Vorstellungswelt, und es wird für den realen Menschen sehr schwierig, seine Identität von dieser Rolle zu lösen. Zusätzlich ins Spiel kommen Erwartungen bezüglich der Geschlechterrollen. Frauen verfangen sich oft in den an sie gerichteten rigiden Erwartungen, wie sie sich zu verhalten hätten, und geben einen Teil von sich selbst auf, um im Beruf zu funktionieren. Bei der Arbeit mit anderen können Sie zunächst deren Rolle als Manager, Gruppenleiterin, Chef oder Empfangsdame pacen. Hüten Sie sich vor simplifizierenden Erwartungen. Hinter jeder Rolle gibt es einen realen Menschen. Das Pacen der Rolle allein stiftet zwar noch keinen persönlichen Kontakt, doch bietet es eine gute Grundlage, auf der sich gegenseitige Anerkennung entfalten kann.

Den stärksten Rapport erzeugt man mit der Anerkennung des anderen als Menschen. Wer sich in seiner vollen Identität angenommen fühlt, ist auch bereit, Anregungen anzunehmen. Es gibt klare Ausdrucksformen, mit denen persönliche oder organisationsbezogene Identität behauptet wird. Häufig gehörte Formen sind: *So jemand bin ich nicht. Oder: So eine Art von Unternehmen sind wir nicht.* Wenn Sie jemand so etwas sagen hören, wissen Sie, daß er ein sehr klares Gespür dafür hat, wer er ist, und daß ein anderer etwas gesagt oder getan hat, was diese Identität möglicherweise verletzt hat. Dies ist keine ausweglose Situation, doch Sie müssen sofort reagieren. Falls es etwas war, was Sie selbst gesagt haben, müssen Sie herausfinden, um was es sich handelt. Die erfolgreichste Methode, die Identität eines anderen zu pacen, ist sehr simpel: Sie erlauben ihm, er oder sie selbst zu sein. Das ist natürlich nicht leicht, wenn Sie es nicht auch mit sich selbst tun.

Es geht also darum, Sie selbst zu sein. Sie haben Rapport mit sich selbst, wenn Sie Ihre eigene Identität pacen. Im NLP nennt man das kongruent sein, ein Thema, auf das wir in diesem Buch öfters zu sprechen kommen werden.

Das Matchen der Körpersprache allein kann keinen Rapport herstellen, wenn Sie bei Werten und Glaubenssätzen mismatchen. Die Werte und Glaubenssätze einer anderen Person zu pacen heißt nicht, daß Sie sie übernehmen müssen. Die fundamentalsten Störungen in der Kommunikation entstehen, wenn wir annehmen, unsere eigenen Glaubenssätze und Werte würden von anderen geteilt, und uns entsprechen verhalten. Viele Menschen teilen ihr Leben lang aus, was sie selbst am liebsten bekommen würden, anstatt der andere Person zu geben, was diese möchte – und entsprechend: Sie erhalten, was die andere Person besonders braucht, ohne vielleicht selbst sonderlich darauf erpicht zu sein. Um dieses merkwürdige Karussell anzuhalten, müssen Sie sich klarmachen, daß jeder Mensch seine eigene Landkarte der Realität besitzt. Versuchen Sie, seine Karte zu verstehen, statt ihm Ihre zu geben.

Vor einiger Zeit arbeitete eine Kollegin von uns an einem dringenden Projekt mit einem Manager, der gleichzeitig damit beschäftigt war, eine wichtige Vorlage vorzubereiten, die er in einigen Monaten präsentieren sollte. Er hatte schon einen tollen Titel für die Vorlage, aber noch Probleme dabei, sein Material zu sortieren. Die Deadline rückte näher, und die Vorlage drückte mehr und mehr auf das Gemüt unseres Managers. Infolgedessen entwickelten seine Treffen mit unsere Kollegin eine besondere Form. Zunächst mußte er jedesmal Dampf ablassen über sein Problem mit der Vorlage, bevor sie mit der eigentlichen Projektarbeit beginnen konnten. Unsere Kollegin war eine der wenigen Menschen, mit denen er darüber sprechen konnte. Sie erkannte, wie wichtig das für ihn war, und beschloß, zu Beginn jedes Meetings eine Viertelstunde zu reservieren, um nur über diese Vorlage zu sprechen. Eine Viertelstunde ist eine lange Zeit, doch die Investition lohnte sich. Dem Manager ging es besser, und er fühlte sich gut gematcht. Es entstand eine solide Vertrauensbasis, und inzwischen ist dank guter Zusammenarbeit das Projekt weit fortgeschritten.

Rapport mit Kunden

Viele Kaufentscheidungen und Wiederholungskäufe werden von Beziehungen beeinflußt. Immer mehr Firmen widmen dem Thema der Kundenbeziehung besondere Aufmerksamkeit und etablieren Kundenclubs, Kundenzeitschriften und Wettbewerbe. Statt den Markt mit Anzeigen zu bombardieren, teilen viele Marketingverantwortliche für Konsumgüter ihr Budget in zwei Teile auf: einen für das Gewinnen neuer und einen für die Pflege bestehender Kunden. Stammkunden sind echtes Geld wert – nicht nur aufgrund des Geldes, das sie selber ausgeben, sondern auch wegen ihrer kostenlosen Mund-zu-Mund-Propaganda. Oder wie es einer unserer Klienten einmal formulierte: „Wenn ich euer Produkt wirklich mag, könnte ich euch ein halbes Dutzend neuer Stammkunden besorgen." Ein einzelner Kunde, der Ihr Geschäft zum erstenmal betritt, kann möglicherweise mehrere hunderttausend Mark wert sein. Wenn das kein Grund ist, guten Rapport herzustellen!

Gerade Verkäufer sind darauf angewiesen, Rapport zu ihren Kunden aufzubauen. In wettbewerbsorientierten Märkten, wo sich die Produkte in Preis und Qualität kaum noch unterscheiden, wird der Verkäufer zum entscheidenden Faktor.

Die Forum Corporation hat ausgedehnte Untersuchungen zur Loyalität der Kunden angestellt, die in Richard Whiteleys Buch *The Customer-Driven Company*[5] zusammengefaßt sind. Es wurden die ehemaligen Kunden von 14 Unternehmen aus dem produzierenden und dem Dienstleistungssektor befragt. Die Studie ergab, daß 15 Prozent der Kunden die Firma gewechselt hatten, weil sie „ein besseres Produkt gefunden hatten". Weitere 15 Prozent hatten gewechselt, weil sie „ein billigeres Produkt gefunden hatten". 30 Prozent hatten also aufgrund des Preises oder der traditionell definierten Produktqualität den Anbieter gewechselt. Die nächsten 20 Prozent hatten gewechselt, weil sie „zuwenig Kontakt und persönliche Aufmerksamkeit" erfahren hatten. Nahezu 50 Prozent waren zu einem anderen Hersteller gegangen, „weil die Betreuung schlecht war". Mit anderen Worten, über zwei Drittel hatten gewechselt aufgrund einer als ungenügend empfundenen Beziehung. Qualität und Preis sind wichtig, aber Menschen machen die Beziehung. Für jeden Mitarbeiter, der im Kontakt mit Kunden steht, sind Rapport-Techniken unentbehrlich. Ein Unternehmen, das beginnt, in die Qualität der Kundenbeziehungen zu investieren, kann mit erstaunlichen Ergebnisverbesserungen rechnen.

Die Entwicklung Ihrer Fähigkeiten

Die verschiedenen Techniken lernt man am besten nacheinander, doch in der praktischen Anwendung werden sie gleichzeitig eingesetzt. Keine Technik für sich garantiert schon ausreichenden Rapport. Sie können die Körperhaltung und die Gesten von jemandem matchen, aber seine Werte mismatchen und so den Rapport verlieren. Wenn Sie andererseits nur die Werte spiegeln, verpassen Sie vielleicht den realen Rapport, der aus einem Gefühl der Übereinstimmung auf Gefühlsebene entsteht. Mit Hilfe der Techniken sollten Sie innerhalb weniger Minuten einen Rapport aufbauen und aufrechterhalten können. Echter Rapport entwickelt und vertieft sich im Laufe der Zeit. Dies ist das genaue Gegenteil vorgetäuschter Sympathie, deren Wirkung allmählich abnimmt.

Matchen der Körpersprache

➤ Beobachten Sie Ihre Kollegen mit guten Rapport-Fähigkeiten. Was tun sie? Spiegeln sie Körperhaltung und Stimme der anderen?

➤ Beobachten Sie die Körpersprache Ihrer Kollegen, während sie sich mit anderen unterhalten. Matchen sie die Körpersprache? Beobachten Sie Fremde oder gehen Sie spazieren und beobachten Sie die Leute. Entdecken Sie Übereinstimmungen der Körpersprache? Können Sie durch reines Beobachten der Körpersprache und ohne der Unterhaltung zuzuhören erkennen, welche Personen gut miteinander auskommen?

➤ Matchen Sie die Intensität des Blickkontakts Ihrer Kollegen und Kunden. Wenn man Sie häufig anblickt, schauen sie ebensohäufig zurück. Ist die andere Person zurückhaltend, seien Sie es ebenfalls.

➤ Begeben Sie sich in eine Situation, in der nicht viel auf dem Spiel steht, und nehmen Sie sich einen Augenblick Zeit, um wahrzunehmen, inwieweit Sie die andere Person matchen. Beginnen Sie dann, aus einer Einstellung des Respekts heraus die Körperhaltung, die Art des Sich-Bewegens und die Gesten des anderen zu matchen. Machen Sie das zunächst bei Personen, die Ihnen vertraut sind. Nachdem Sie einige Erfahrungen gesammelt haben, können Sie auf diese Weise mit ganz verschiedenen Menschen Rapport aufbauen, selbst wenn Sie sich in deren Gegenwart zunächst unwohl gefühlt haben. Achten Sie darauf, welche Wirkung das auf dieses Gespräch hat.

➤ Experimentieren Sie mit dem Mismatchen der Körpersprache. Beginnen Sie mit einer spiegelnden Position und verändern Sie dann Haltung, Gesten und die Art des Blickkontakts. Wirkt sich das auf den Gesprächsfluß aus? Vorsicht – wenn Sie es zu weit treiben, kann es die andere Person stark irritieren. Kehren Sie danach wieder zum Matchen zurück.

Matchen der Stimme

➤ Achten Sie darauf, wie sich die Stimme Ihrer Kollegen verändert, je nachdem mit wem sie sich am Telefon unterhalten. Können Sie erraten, wer der andere ist?

50

➤ Experimentieren Sie damit, die Lautstärke Ihrer Gesprächspartner am Telefon zu matchen. Wird der Gesprächsfluß angenehmer? Nachdem Sie im Matchen etwas Übung haben, machen Sie einen Anruf, bei dem Sie keine Probleme erwarten. Stellen Sie zunächst Rapport her und verändern Sie dann Ihre Sprechgeschwindigkeit. Folgt Ihnen Ihr Telefonpartner? Falls ja, ist das ein Zeichen für guten Rapport, und es ist Ihnen gelungen, seine Stimme zunächst zu pacen und ihn dann zu leaden. Falls nicht, kehren Sie zum Pacing zurück.

➤ Versuchen Sie, zum Schluß eines Anrufs Lautstärke und Sprechgeschwindigkeit zu mismatchen. Sobald Sie das Gespräch beenden möchten, reden Sie etwas schneller und lauter. Achten Sie darauf, ob der andere Ihnen folgt und die Unterhaltung beendet. Falls nicht, verwenden Sie eine Formulierung wie: „Ich muß jetzt Schluß machen. Ich rufe Sie später wieder an ...“

➤ Wenn Sie glauben, die Sprechweise anderer am Telefon recht gut matchen zu können, machen Sie dasselbe bei Freunden oder Kollegen im direkten Gespräch. Beginnen Sie mit einem Gespräch, bei dem nichts auf dem Spiel steht. Fangen Sie mit der Lautstärke an. Sobald Ihnen das gelingt, fahren Sie fort mit dem Spiegeln von Geschwindigkeit und Sprechrhythmus. Achten Sie auf die Wirkungen, die das auf Ihre Unterhaltung hat.

Backtracking

➤ Wenn Sie das nächste Mal von einer Kollegin oder einem Kollegen etwas möchten, was Ihnen sehr wichtig ist, dann achten Sie darauf, ob er oder sie die von Ihnen verwendeten Schlüsselbegriffe aufnimmt. Wie fühlen Sie sich dabei?

➤ Wenn ein Kollege von Ihnen etwas möchte, backtracken Sie, was er sagt, verwenden Sie dabei seine Schlüsselbegriffe und diskutieren Sie erst dann das Anliegen.

Unternehmenskultur

➤ Notieren Sie im stillen mindestens drei Eigenschaften, die jede Unternehmenskultur charakterisieren, mit der Sie es zu tun haben. Vergleichen Sie Ihre Beobachtungen mit denen Ihrer Kollegen, um zu sehen, ob diese den gleichen Eindruck haben.

Weiterführende Lektüre

O'Connor, Joseph & McDermott, Ian: *NLP. Was Sie wirklich darüber wissen müssen*, München: Goldmann
  1997

Anmerkungen

1. Ferguson, Anne: „Playing the game the Japanese way" in: *Independent on Sunday*, 22. April 1990
2. Mole, John: *Mind Your Manners – Culture Clash in the European Single Market*, Corgi 1990
3. Mehrabian, A.: *Silent Messages*, Wadsworth 1971
4. O'Connor, Joseph & Prior, Robin: *Fair verkauft (sich) gut*, Freiburg: VAK 1996
5. Whiteley, Richard: *The Customer-Driven Company*, Addison Wesley 1991

3. Standpunkte

Eine der unangenehmsten Aufgaben für jeden Manager ist wohl, einem Mitarbeiter sagen zu müssen, daß er die Firma verlassen muß. Die Mitarbeiter beurteilen ein Unternehmen auch danach, wie es mit dem Thema Entlassungen umgeht. Im Privatleben ist es doch genauso. Erst wenn die Dinge schwierig werden, zeigen viele Menschen ihr wahres Gesicht. Wenn Entlassungen in schlechtem Stil vorgenommen werden, fangen kurz danach auch die guten Leute an, die Firma zu verlassen. Zu diesem Thema gibt es zahllose Horrorgeschichten. Jemand wird zum Mittagessen eingeladen und mal kurz zwischen Suppe und Hauptgang gefeuert. Manchmal gibt es eine Ankündigung, daß Personal abgebaut werden muß, und dann eine Zeit des bangen Wartens, wer von der Maßnahme betroffen ist. Auch der Freitagnachmittag ist eine beliebte Zeit zur Verkündigung schlechter Nachrichten. Die meisten erbärmlichen Vorstellungen dieser Art resultieren daraus, daß jemand nicht fähig ist, sich vorzustellen, in welcher Lage sich der Empfänger der Nachricht befindet.

Der Müllsack

Eine überregionale Tageszeitung in England war berüchtigt für die Art, wie dort Journalisten gefeuert wurden. Man nannte es Die-schwarze-Müllsack-Methode. Nachdem man dem Unglücklichen seine Entlassung mitgeteilt hatte, wurde er von Sicherheitsleuten zu seinem Schreibtisch begleitet, wo man ihm einen schwarzen Müllsack überreichte. Unter Überwachung mußte er den Inhalt seines Schreibtischs in den Müllsack packen und wurde dann zum Ausgang eskortiert.

Die Fähigkeit, den Standpunkt eines anderen zu verstehen, gehört zu den grundlegenden Anforderungen an einen Manager. Wenn Sie bei dem Gedanken an diese charmante Entlassungsmethode zusammenzucken, dann deswegen, weil Sie sich mit dem Opfer identifizieren können.

Wahrnehmungspositionen

Die Kunst, die Dinge mit den Augen eines anderen sehen zu können, wird im NLP unter dem Begriff der Wahrnehmungspositionen behandelt. Man hat es schon immer für ein Merkmal großer Strategen gehalten, handele es sich um den Vorstandsvorsitzenden eines Unternehmens oder einen Großmeister im Schach, die Gedanken des Gegners lesen zu können. Aus diesem Grund auch hatte Feldmarschall Montgomery während des Kriegs in Nordafrika ständig ein Foto seines Gegners Rommel auf dem Tisch stehen. Selbst wenn wir in Opposition zu jemandem stehen, müssen wir flexibel genug sein, in Gedanken mindestens eine Meile in seinen Schuhen gehen zu können. Nicht um ihm zuzustimmen, sondern um herauszufinden, wie er reagieren wird.

Einer der großen Beiträge des NLP zur Kunst der Kommunikation ist die Mahnung, genau auf die exakten Formulierungen zu achten, mit denen jemand etwas sagt, und deren Bedeutung zu respektieren. Man spricht zum Beispiel davon, man bräuchte eine *andere Perspektive* oder man sollte etwas *aus der Sicht des Unternehmens* betrachten. Im NLP werden solche Redewendungen oft wörtlich und als Anregung genommen, etwas einmal von einer ganz bestimmten Position aus zu betrachten. Der Ort, von dem aus man eine Situation wahrnimmt, beeinflußt, was man darüber erfahren kann. Das gilt schon in einem sehr körperlichen Sinne. Stellen Sie sich vor, wie zwei Personen miteinander verhandeln, sie stehen sich gegenüber, Auge in Auge. *Entgegengesetzte Standpunkte*, im wahrsten Sinne des Wortes. Stellen Sie sich nun vor, wie dieselben Personen Seite an Seite sitzen und eine Darstellung auf der Flipchart betrachten, die ein gemeinsames Problem skizziert. In welcher Situation ist es wahrscheinlicher, daß sich ein *gemeinsamer Blickwinkel* entwickeln kann?

Drei Wahrnehmungspositionen im NLP

Im NLP wird zwischen drei grundlegenden Wahrnehmungspositionen unterschieden:

Erste Position: Die Betrachtung der Welt vom eigenen Standpunkt aus. Man hat seine eigenen Gedanken und Gefühle und ist sich ihrer bewußt. Mit Redewendungen wie: „Nun, soweit es mich betrifft ..." gibt jemand zu erkennen, daß er uns seine Ansicht aus der ersten Position mitteilt.

Zweite Position: Die Betrachtung der Welt aus der Perspektive des anderen, vielleicht eines Teammitglieds, des Chefs, eines Kunden, Zulieferers oder Mitbewerbers. Wer zum Beispiel sagt: „Also, ich an Ihrer Stelle ..." nimmt die zweite Position ein, sofern er sich wirklich bemüht, sich in die Lage des anderen hineinzuversetzen.

Dritte Position: Die Betrachtung der beiden vorhergehenden Standpunkte und der Beziehung zwischen ihnen aus einem weiten, systemischen Blickwinkel. Dies ist die Position guter Berater und Mediatoren. Sie beginnen normalerweise damit, das zu registrieren, was ihnen aus der ersten Position heraus auffällt. Danach wechseln sie in die zweite Position, um herauszufinden, wie die Situation aus der Sicht jeder einzelnen der beteiligten Parteien aussieht. Schließlich begeben Sie sich in die dritte Position, aus der heraus sie die Lage in unbeteiligter Weise erfassen und eine abgerundete Perspektive entwickeln können. Diese dritte Position integriert, was sie aus den Blickwinkeln der beiden Parteien heraus wahrgenommen haben, ohne sich eine der beiden Standpunkte zu eigen zu machen. Es ist etwa so, wie unser optischer Sinn funktioniert. Mit dem rechten Auge bekommen wir ein Bild. Mit dem linken Auge bekommen wie ein zweites, davon verschiedenes Bild. Beide sind zweidimensional . Erst mit beiden Augen zusammen erhalten wir den dreidimensionalen Eindruck (siehe Abbildung 3.1).

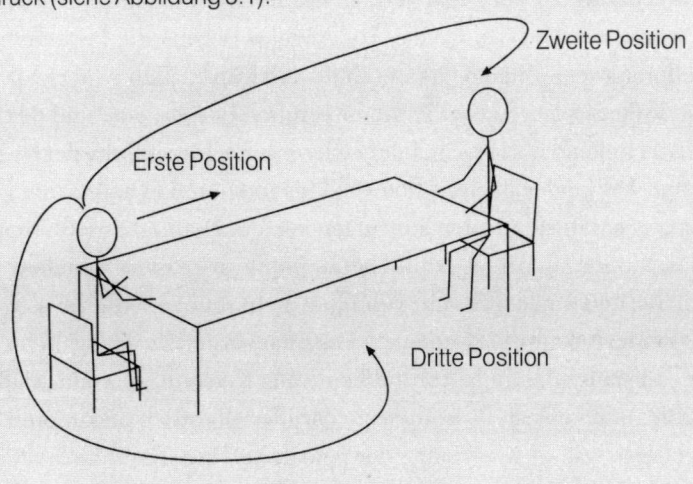

Abb. 3.1: Dreidimensionale Sichtweise

Das NLP bietet ein systematisches Training darin, die Dinge aus verschiedenen Positionen wahrzunehmen. Gute Trainer und Präsentatoren zum Beispiel sind darin sehr geschickt. Sie wissen, was sie sagen wollen. Sie visualisieren, wie sie aus der Perspektive des Publikums aussehen. Sie stellen sich vor, wie es ist, im Publikum zu sitzen und sich selbst auf der Bühne zuzuhören und zuzuschauen. Danach stellen sie sich eine Perspektive praktisch von der Seitenlinie vor; sie betrachten den Präsentierenden (sich selbst) und das Publikum und erfassen die Chemie zwischen beiden. Dies ist die Perspektive der Videokamera. Manche Trainer lernen nicht viel davon, wenn sie sich in einer Videoaufzeichnung sehen, denn sie sind zu beschäftigt, bei der Betrachtung aus der ersten Person heraus ihre Gefühle der Unangemessenheit und Scham (oder des Stolzes) zu erleben. Die dritte Position sollte ein ressourcevoller, engagierter Zustand sein, jedoch durchaus losgelöst von den Gefühlen der ersten Position. Gute Trainer sind in der Lage, ihre Präsentationen laufend aus verschiedenen Positionen zu überprüfen und auf der Grundlage dieses Real-Time-Feedbacks die Präsentation ständig anzupassen. Sie verkörpern jene bekannte Definition von Leadership als der Fähigkeit, *die zweite Hälfte eines Satzes abändern zu können auf Grundlage des Feedbacks, das man auf die erste Hälfte bekommt.*

In dem Buch *Interstate Commerce: Regional Styles of Doing Business*[1] wird eine lehrreiche Geschichte erzählt, wie gefährlich es sein kann, die zweite Position zu vernachlässigen. Drei leitende Angestellte eines Unternehmens aus Los Angeles besuchten ein Unternehmen in Knoxville, Tennessee, um dort die Leistungen ihrer Firma bei Herstellung und Verkauf bestimmter Produkte vor großem Publikum zu präsentieren. Die Gruppe aus Los Angeles begann die Präsentation mit der Darstellung, wie profitabel das Geschäft sein würde. Man nannte Fakten und Zahlen. Die Kollegen aus Knoxville sahen peinlich berührt aus, und der Präsentierende, mißverstehend, was er sah, intensivierte seine Darstellung der zu erwartenden Gewinne. Die beiden übrigen Teile der Präsentation zur Qualität der Produkte und der Verkaufsstrategie wurden gut aufgenommen. Der Leiter der Gruppe beendete die Präsentation mit einer Schlußbetrachtung über die möglichen Profite des Geschäfts, und wieder sah sein Publikum nicht sehr glücklich aus.

Leider bekam die Gruppe aus Los Angeles den Zuschlag nicht. Der Grund wurde erst später deutlich. Für die Leute aus Knoxville war klar, daß Profit gemacht wurde, und keinesfalls wollten sie darüber öffentlich diskutieren. Er war ein notwendiger Teil des Geschäfts, der jedoch im Hintergrund gehalten werden sollte. Die kalifornische Herangehensweise kam ihnen brutal direkt vor, als ob der Profit das wichtigste Gesprächsthema wäre. Und das wollten sie nicht. Was konnten die

Leute aus Los Angeles davon lernen? Vielleicht erstens, wie wertvoll es sein kann zu wissen, wie Geschäfte in anderen Teilen Amerikas abgeschlossen werden, und daß man seine Gastgeber pacen sollte. Und zweitens, sich an das Sprichwort zu erinnern: Wenn man im Loch sitzt, sollte man aufhören zu graben!

> „Wenn ein Verkäufer in Urlaub geht, nimm seinen Platz ein!"
> – *Peter Drucker*

Was ist Ihre eigene Tendenz?

Die Fähigkeit, den Standpunkt von jemand anders einzunehmen, d.h. sich in die zweite Position zu begeben, kann zur Belastung werden, wenn Sie es zu häufig tun, und dazu führen, daß Sie den Kontakt zu dem verlieren, was für Sie wichtig ist – Ihre erste Position. Man kann auch *zu* verständnisvoll sein. Häufiger trifft man im Berufsleben jedoch auf Menschen, die Schwierigkeiten mit der zweiten Position haben. Nicht, weil sie nicht wüßten, wie man sie einnimmt. Jeder, der sich im Kino schon einmal erschreckt, erregt oder bewegt gefühlt hat, ist in die zweite Person, die Perspektive der Figuren auf der Leinwand, eingetreten. Vielmehr geht es darum, die zweite Position nach Belieben einnehmen zu können und auch den Willen dazu zu haben. Ein Grund, weshalb dieser Wille manchen Leuten fehlt, ist die Angst, zu verständnisvoll zu werden und die eigene Position zu schwächen, oder auch – wenn man keine genügend starke Wahrnehmung von sich selbst hat – die Befürchtung, den eigenen Standpunkt zu verlieren. Wir haben mit Senior Managern und Vorstandsvorsitzenden gearbeitet, die tatsächlich diese Ängste hatten. Je größer die Angst, desto mehr Bluff und gespieltes Heldentum. Man entwickelt einen autokratischen Managementstil, der langfristig unhaltbar ist, weil er fähige Mitarbeiter frustriert und zur Kündigung treibt.

Ein Blick aus der dritten Position zeigt Ihnen, ob Sie zu einseitig in Richtung der ersten oder zweiten Position tendieren. Zu viele Manager treten niemals einen Schritt zurück, um sich einen anderen Blickwinkel zu erlauben, entweder auf die Situation oder ihre eigene Reaktion darauf. Nur durch Berücksichtigung verschiedener Standpunkte kann man strategisch denken, sowohl für sich selbst wie für die Organisation; alles andere läuft auf endloses Feuerwehrspielen hinaus.

Einer von Ians Klienten, Chef einer großen Werbeagentur, hatte große Probleme mit zwei seiner Assistentinnen. Er hatte sich furchtbar angestrengt, sie von der Notwendigkeit anstehender Veränderungen zu überzeugen. „Ich habe mir fast einen Knoten in den Arm gemacht, um ihnen die Sache vernünftig zu erklären", erzählte er uns. Während einer längeren Kaffeepause schlug Ian vor, er sollte buchstäblich einen Schritt aus der Position heraus machen, von der aus er das Problem beschrieben hatte, und eine neue Perspektive einnehmen. Aus dieser dritten Position heraus sollte er sich selbst betrachten, wie er versuchte, so vernünftig zu sein. Ian fragte ihn, wie es ihm dabei ging, sich in dieser verfahrenen Situation zu beobachten. Der Klient lief rot an. „Ich bin ziemlich sauer auf ihn", sagte er und zeigte auf die Stelle, wo er zuvor gestanden und versucht hatte, das Problem mit Vernunft anzugehen. Dann stellte er sich wieder auf die Stelle der ersten Position, wobei er seinen Ärger mitnahm. Ian fragte ihn, was er jetzt wohl am besten seinen Mitarbeiterinnen sagen würde. Ohne Zögern kam die Antwort: „Wir brauchen hier einige deutliche Veränderungen, und ich will, das Sie sich darum kümmern. Wenn Sie das nicht bis zum Ende der Woche schaffen, werden wir Ihre Verträge überprüfen müssen!" Noch am selben Tag hatte er eine Besprechung mit seinen Assistentinnen. Später beschrieb er uns, wie überrascht er über seine eigene Durchsetzungsfähigkeit gewesen war und daß seine Mitarbeiterinnen ihm dies anscheinend trotzdem nicht übelgenommen hatten. In der Tat erzählte eine der beiden später einer Kollegin, daß sie schon vorgehabt habe, die Agentur zu verlassen, weil sie das Gefühl gehabt habe, von ihrem Chef keine klaren Richtungsvorgaben zu bekommen. Dies ist eine Variation des Themas, die Position zu wechseln, um neue Einsichten und eine weitere Perspektive zu erhalten.

Wenn du immer nur das tust, was du schon immer getan hast, wirst du auch weiterhin das bekommen, was du schon immer bekommen hast.

Manchmal fühlen wir uns in verfahrenen Situationen hilflos gegenüber den anderen Beteiligten – wir können sie nicht dazu bringen, sich zu ändern, obwohl wir überzeugt sind, daß es notwendig und das beste für alle wäre.

Doch Sie können etwas tun.

Sie kontrollieren einen entscheidenden Teil der Situation – sich selbst.

Ändern Sie Ihre Reaktionsweise, und wer auch immer beteiligt ist, wird sich ebenfalls ändern müssen.

Ein Wechsel der Wahrnehmungsposition ist ein Weg, dies zu erreichen.

Der Mythos von der richtigen Antwort

Das Einnehmen der ersten, zweiten und dritten Position ist eine gute Technik, um sich selbst, seine Kollegen, seinen Chef, seine Kunden und das gesamte Unternehmen besser zu verstehen. Management ist ein sehr weites Feld, und viele Perspektiven sind möglich. Das strategische Marketing mag eine Richtung vorgeben und das Feedback der Kunden in eine andere Richtung weisen. Die Theorien der Management-Gurus widersprechen sich alle. Sammeln Sie so viele Perspektiven wie möglich. Manche Manager tun das nicht gerne, weil sie entweder glauben, es würde sie verwirren, oder aus der Einstellung heraus, ein Standpunkt müsse doch der „richtige" sein und die anderen mithin „falsch". Dieses Denken führt in eine Falle. Der Blick auf die Vorderseite eines Gebäudes ist in keiner Weise richtiger als der Blick auf seine Rückseite. Zu einem kompletten Bild gehört beides.

Es gibt eine gute Geschichte von Alfred Sloan, als er noch Präsident von General Motors war. Eines Tages wurde in einer Vorstandssitzung eine einstimmige Entscheidung gefällt. Daraufhin schlug Sloan vor: „Ich möchte, daß wir die Diskussion dieses Themas bis zum nächsten Meeting verschieben, damit wir einige Meinungsunterschiede entwickeln können, um die Sache besser zu verstehen."

> „Einen wirklich erstklassigen Kopf erkennt man daran, daß er zwei entgegengesetzte Ideen gleichzeitig erfassen und trotzdem funktionieren kann."
> – Scott Fitzgerald

Der Standpunkt des Kunden

Ein Manager sieht sein Unternehmen von innen, aufgeteilt in verschiedene Abteilungen und Verantwortungsebenen. Der Kunde hingegen betrachtet das Unternehmen als eine Einheit. Externe Kunden nehmen eine Organisation aus der horizontalen, nicht der vertikalen Perspektive wahr. Kunden beschweren sich über fehlerhafte Produkte und bringen sie zurück. Sie wissen nicht und interessieren sich auch nicht dafür, ob der Fehler in der Konstruktion des Produkts oder in einem Zusammenbruch der Qualitätskontrolle in einem Werk fünfhundert Kilometer weiter südlich liegt. Sie wollen einen Ersatz, der funktioniert. Ein multinationales Telefonunternehmen z.B. besteht aus vielen Abteilungen, die zudem in verschiedenen

Ländern angesiedelt sind. Der Kunde, egal, ob er es nun mit der Telefonvermittlung, einem Techniker, einem Installationsteam oder dem Wartungsvertrag zu tun hat, erlebt das Unternehmen als einheitliches Gebilde. Und er beschwert sich bei der Zentrale, wenn etwas schiefläuft. So kann eine große Organisation bei den Kunden unverdienterweise in einen schlechten Ruf geraten, wenn nur eine unbedeutende Abteilung einen Fehler macht. Dasselbe gilt aber auch andersherum. Macht ein Kunde gute Erfahrungen mit einem Teil des Unternehmens, strahlt das auf die gesamte Organisation aus.

Ihre eigene Perspektive auf ein Problem kann Ihnen bei der Lösung im Wege stehen. Nehmen Sie die folgende Denkaufgabe. Sie besteht darin, alle neun Punkte mit vier geraden Bleistiftstrichen zu verbinden, ohne den Stift einmal abzusetzen.

Ein Tip: Das Problem ist unlösbar, solange Sie sich auf die Grundfläche der neuen Punkte beschränken. Nutzen Sie auch den Platz außerhalb der quadratischen Grundfigur.

Und hier ist eine Zusatzaufgabe. Können Sie die neun Punkte mit nur drei geraden Linien verbinden? Hierfür brauchen Sie eine noch weitere Perspektive. Oft ist etwas nur dadurch ein Problem, daß wir die Lösung in einem begrenzten Umfeld suchen.

(Die Lösung finden Sie in Abb. 3.3 auf Seite 77)

Fließende Standpunkte

Ein gutes Beispiel für Schäden und Kosten, die entstehen können, wenn andere Perspektiven nicht berücksichtigt werden, lieferte das Fiasko des Fließkomma-Fehlers beim ersten Pentium-Chip. Der Pentium-Mikroprozessor war der erste

einer neuen Generation von schnelleren Chips der Firma Intel. Ihr Hauptkonkur-
rent Motorola hatte ebenfalls einen neuen Chip auf den Markt gebracht. Der Markt
war unbeständig und undefiniert; außerdem hing das Schicksal von Hardware-
Herstellern wie IBM und Apple vom Erfolg der konkurrierenden Mikroprozessoren
ab, die den Kern der Computer-Hardware bilden. Der Pentium-Chip hatte einen
technischen Fehler. Bei Intel hatte man schon länger davon gewußt, den Defekt
aber als rein technisches Problem betrachtet. Obwohl man sich in den vergangenen
Jahren mit viel Mühe als marketingorientiertes Unternehmen neu positioniert hatte, hatte man eine ingenieurmäßige Perspektive statt einer Perspektive der Kundenbeziehung eingenommen. Ein Computerchip als solcher ist nicht sehr interessant, aber „*the power at the heart of your business*" ist es sehr wohl, und der Slogan
Intel inside spielte ja sehr geschickt darauf am. Intel glaubte, der Fehler wäre so
klein und statistisch praktisch zu vernachlässigen, daß man selbst und eben auch
der Kunde sich darüber keine Sorgen zu machen bräuchte. Das war ein Fehler. Als
das Problem öffentlich bekannt wurde, gab Intel die Erklärung heraus, der normale Nutzer einer Tabellenkalkulation würde dadurch nur ungefähr alle 27.000 Jahre
mit einem Fehler konfrontiert werden. Das war völlig zutreffend, konnte die Kund-
schaft aber keineswegs beruhigen.

Intels Konkurrenten beeilten sich festzustellen, daß das Risiko, beispielsweise
für einen Finanzanalysten, der jeden Tag mit Tabellenkalkulationen arbeitete, wesentlich höher lag, zumal er sich nicht den geringsten Fehler erlauben durfte. Ferner würden auch normale Nutzer mit ganz anderen Berechnungsformen konfrontiert als den zufälligen Fließkomma-Operationen, mit denen Intel die minimale
Fehlerwahrscheinlichkeit demonstriert hatte. Auch sie wären also einem höheren
Risiko ausgesetzt. Intel hatte Statistiken analysiert, aber nichts getan, um die Befürchtungen der Kunden zu zerstreuen, die an theoretischen Bestimmungen von
Fehlerwahrscheinlichkeiten nicht interessiert waren. Sie verhielten sich wie Auto-
besitzer, die erfahren, daß ihr Motor einen Konstruktionsfehler hat, der zu einem
Unfall führen kann – eine insgesamt inakzeptable Situation. Eine Meinungsumfra-
ge aus jenen Tagen zitierte den durchschnittlichen amerikanischen Konsumenten
so: „Ich bin mir nicht sicher, was ein Pentium ist, aber ich weiß, irgend etwas ist damit nicht in Ordnung." Schlechte Nachrichten für Intel, die alle fehlerhaften Chips
zurückrufen und ersetzen mußten, was zwar positiv für ihren Ruf, aber negativ für
die Gewinne war.

Wir haben uns so ausgedrückt, daß „Intel" dieses oder jenes getan hätte. Entscheidungen werden natürlich nicht von Unternehmen, sondern von Menschen getroffen. Im vorliegenden Fall hätten sich die Verantwortlichen vielleicht anders

verhalten, wenn sie sich eine der folgenden Fragen gestellt hätten: „Wie wird dies aus der Perspektive des Kunden aussehen?", „Wie sieht dies aus der Perspektive eines Ingenieurs aus?", „Was wird ein Hardware-Hersteller davon halten?", „Wie kann die Konkurrenz dies für sich ausschlachten?" Simple Fragen, teure Konsequenzen. Um diese Fragen zu beantworten, hätte man sich wirklich in die Position des Kunden, des Ingenieurs, des Hardware-Herstellers und der Konkurrenz begeben müssen.

Logische Ebenen

Unterschiedliche Perspektiven ergeben sich nicht nur aus der Sicht verschiedener Menschen, sondern auch, wenn man verschiedene Betrachtungsebenen wählt. Vor einigen Jahren machten Ian und ich eine bemerkenswerte Erfahrung. Wir arbeiteten für zwei Unternehmen, die nichts miteinander zu tun hatten, und hörten doch von den Angestellten sehr ähnliche Erklärungen dafür, warum es Probleme gab.

Im ersten Fall versuchte ein großes Finanzdienstleistungsunternehmen seine Telefonistinnen dazu zu bringen, nicht nur Anfragen entgegenzunehmen, sondern auch die eigenen Angebote am Telefon zu verkaufen. Man stieß auf große Widerstände bei den Mitarbeiterinnen, und als Ian sich mit ihnen unterhielt, bekam er immer wieder die gleiche Antwort: „So etwas machen *wir* doch nicht." Es war, als fühlten sie sich durch die neue Direktive des Managements persönlich beleidigt. Was das Management für eine unbedeutende Veränderung gehalten hatte, erschien den Mitarbeiterinnen im Telefondienst wie eine fundamentale Neudefinition ihrer Arbeit, wie ein Wechsel vom Service zum Verkauf. Damit sahen sie nicht nur ihre Aufgabe neu definiert, sondern auch ihre Identität.

Beim zweiten Klienten handelte es sich um eine Promotion-Firma, die mit ihrer amerikanischen Muttergesellschaft im Clinch lag. Die Streitfrage war recht simpel. Die amerikanische Muttergesellschaft wollte, daß bestimmte Hard-Selling-Praktiken, die in den USA gut funktioniert hatten, auch vom britischen Zweig übernommen würden. Die Direktoren waren bereit, sich zu fügen, doch die Verkäufer nicht, und ihre Botschaft lautete: „So was können wir hier doch nicht machen."

Ähnliche Vorschläge, doch in jedem der beiden Fälle ein sehr spezielles Dilemma. Im ersten Fall reagierten die Mitarbeiterinnen auf etwas, was sie als Bedrohung ihrer Identität wahrnahmen. Man verlangte von ihnen, etwas anderes zu tun, als was sie bisher gemacht hatten. Und ihre Art der Tätigkeit trug entscheidend zu ihrem Gefühl bei, wer sie innerhalb der Organisation waren. Im zweiten Fall hatten die Mitarbeiter nichts gegen die Aktivität als solche, das Hard-Selling, einzuwenden. Vielmehr wollten sie ausdrücken, daß diese Aktivität in einem speziellen Kontext, eben der britischen Kultur, nicht akzeptabel sei.

In beiden Fällen kam das Management nicht voran. Man konnte den Konflikt nicht lösen, weil man nicht die wahren Probleme erkannte, um die es ging. Der Finanzdienstleister erkannte nicht, daß man den Mitarbeiterinnen bestätigen mußte, daß ihre Identität nicht unterminiert wurde. Hier wäre ein gewisses Pacing mit anschließendem Leading in Richtung einer neuen Aufgabenbeschreibung gefragt gewesen. Statt dessen führte die Tatsache, daß die Mitarbeiterinnen auf der Ebene ihrer Identität nicht gepacet wurden, dazu, daß sie sich jeder Veränderung auf der Verhaltensebene energisch widersetzten. Ein ähnlicher Mangel an Pacing wurde in der Promotion-Firma offensichtlich. Die Verkäufer bestritten nicht die Wirksamkeit bestimmter Techniken des Hard-Selling, sondern vielmehr ihre Wirksamkeit im kulturellen Umfeld Großbritanniens und Nordirlands. (Und sie hatten recht. Das Management setzte sich zwar durch, doch wenige Jahre später wurde die englische Tochterfirma geschlossen, obwohl das Geschäft in Amerika blühte.)

Wir haben hier zwei wichtige logische Ebenen kennengelernt. Der NLP-Forscher und -Mitentwickler Robert Dilts hat eine ungeheuer nützliche Beschreibung der verschiedenen Ebenen entwickelt, auf denen sich das Verhalten von Individuen und Unternehmen abspielt (siehe Abbildung 3.2):

Die erste Ebene ist die der *Umgebung (das Wo und Wann)*

Die Umgebung ist der Schauplatz, auf dem wir und die anderen Menschen uns befinden. Eine angenehme und sichere Umgebung hat großen Einfluß darauf, wie gut wir arbeiten können und wie zufrieden wir uns fühlen. Außerdem benützen wir unsere Umgebung dazu, um unsere Identität auszudrücken. Ein „unpersönliches" Umfeld wirkt einschüchternd, weil es keinen Hinweis liefert auf die individuellen Menschen, die es nutzen. Hier kann man oft feststellen, wie die Nutzer großen Wert auf die wenigen persönlichen Dinge legen, mittels derer sie ihre Identität zum Ausdruck bringen können. Auch unsere Kollegen bilden ein wichtiges Element unserer Arbeitsumgebung. Solange wir mit ihnen gut zurechtkommen, sind wir sogar bereit, die mäßige Ausgestaltung unserer Arbeitsumgebung in Kauf zu nehmen. Ohne vernünftigen Rapport mit anderen ist freilich jeder Kontext schwer zu ertragen. Gute zwischenmenschliche Beziehungen sind mindestens so wichtig wie ergonomische Büromöbel und Klimaanlage, wenn nicht noch wichtiger. Aber leider gibt es in den Unternehmen keine Entsprechung zum Arbeitsschutzbeauftragten, der sich um Probleme des Rapports kümmert.

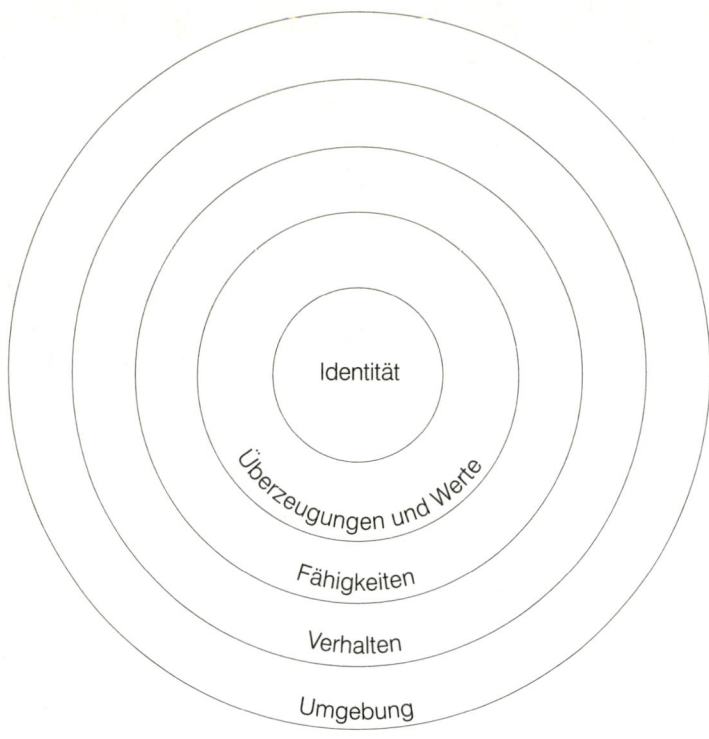

Abb. 3.2: Die fünf logischen Ebenen

Die zweite Ebene ist die des *Verhaltens (das Was)*

Mit Verhalten ist alles gemeint, was wir tun. Es gibt Verhalten von Organisationen, wie z.B. Firmenübernahmen, Werbekampagnen, Umstrukturierungen und Aktienangebote. Zum Verhalten einzelner Personen zählen Aktionen wie das Schreiben von Briefen, das Fällen von Entscheidungen oder das Führen von Bewerbungsgesprächen. Verhalten ist die Ebene einzelner Aktionen.

Die dritte Ebene ist die der *Fähigkeiten (das Wie)*

Zum Komplex der Fähigkeiten gehört, daß man etwas kann. Ein Unternehmen mag versuchen, sich zu restrukturieren, aber dabei scheitern, weil die entsprechenden Fähigkeiten fehlen. Auf individueller Ebene sind Fähigkeiten die Verhaltensweisen, die wir so oft ausgeübt haben, daß sie konsistent, automatisch und zumeist gewohnheitsmäßig ablaufen. Wenn man davon spricht, daß jemand etwas gut kann oder sehr geschickt ist, spricht man von seinen Fähigkeiten. Auch wiederholbare Managementprozesse sind auf der Ebene der Fähigkeiten angesiedelt, so z.B. die

64

Personalbeurteilung oder das Mentoring. Fähigkeiten haben etwas mit Strategie zu tun, weil es um das Erreichen von Zielen geht. Sie fügen bestehendem Vertrauen die Dimension der Kompetenz hinzu. Wer einen Erfolg mit dem sprichwörtlichen „Schwein gehabt" erklärt, lokalisiert ihn nur auf der Ebene des Verhaltens. Er hält ihn nicht für zuverlässig wiederholbar, mithin noch nicht für eine Fähigkeit. Managen ist eine Fähigkeit, und zwar eine, auf die wir in diesem Buch ausgiebig eingehen werden. Dabei werden wir auch sämtliche anderen Ebenen, sowohl in persönlicher wie organisatorischer Hinsicht, mit einbeziehen.

Die vierte Ebene ist die der *Überzeugungen und Werte (das Warum)*

Auf dieser Ebene geht es um das, was wir für wahr halten und was uns wichtig ist. Die Überzeugungen einer Organisation werden oft in einem Mission-Statement oder von einem Senior Manager ausgedrückt. Sie können in verschiedener Weise formuliert sein. Manchmal haben sie die Form eines Wenn-dann-Satzes. Zum Beispiel ist der Satz „Wenn wir ein Großraumbüro schaffen, werden wir weniger leistungsfähig sein" die Äußerung einer Überzeugung. Oft enthalten die Ausdrücke *kann* und *kann nicht* einen versteckten Glaubenssatz, insofern sie zum Ausdruck bringen, was man glaubt, was möglich sei. So etwa in diesem Beispiel: „Bei einer Halbierung der Mitarbeiterzahl kann man keine Steigerung der Produktivität erwarten."

Werte sind das, was uns wichtig ist, der Grund, weshalb wir etwas tun. Die Werte einer Organisation werden gelegentlich im Bekenntnis einer Mission oder Vision ausgedrückt. Werte werden erst durch Aktionen real, und gelegentlich stimmt das Verhalten einer Organisation nicht mit den verkündeten Überzeugungen überein. Es wird viel davon gesprochen, daß die Mitarbeiter das wertvollste Kapital eines Unternehmens seien und daß es ausgesprochen wichtig sei, sich um sie zu kümmern. Aber zur gleichen Zeit erwarten dieselben Unternehmen regelmäßig, daß die Mitarbeiter wichtige andere Bereiche ihres Lebens der Arbeit opfern; sie kümmern sich nur unzureichend um die Gestaltung angenehmer Arbeitsbedingungen und trauen ihren Leuten keine eigenen Entscheidungen zu. Nicht das, was man sagt, hat die größte Wirkung, sondern das, was man tut. Wenn fixierte Abläufe und Regeln verschwinden, müssen gemeinsame Überzeugungen und Werte zum Klebstoff werden, der die Organisation zusammenhält.

Die fünfte Ebene ist die der *Identität (das Wer)*

Im Laufe der Zeit entwickeln Unternehmen eine Identität, die oft vom Ethos und den Werten der Gründer inspiriert wird. Ein gutes Beispiel liefert Richard Branson mit seinem Unternehmen Virgin. Auf persönlicher Ebene umfaßt unsere Identität das Gefühl von uns selbst, unsere innersten Überzeugungen und Werte, die bestimmen, wer wir sind und was unsere Aufgabe im Leben ist. Identität ist etwas sehr Widerstandsfähiges, obwohl man sie aufbauen, entwickeln und verändern kann. Unsere Arbeit bietet uns eine wichtige Gelegenheit, unsere Identität zu entwickeln.

Die Sprache der logischen Ebenen

Die Struktur eines Unternehmens entwickelt sich auf diesen fünf Ebenen – den Gebäuden und dem Standort; der Summe seiner Aktivitäten; dem, wozu es in der Lage ist; was für es wichtig ist; sowie seiner Identität bzw. Unternehmenskultur. Auf jeder dieser Ebenen können Managementprobleme auftreten. Manche Probleme bleiben unlösbar, solange man sie auf der falschen Ebene angeht. Doch woran erkennt man die richtige Ebene? Eine Möglichkeit besteht darin, auf die exakten Formulierungen zu achten, mit denen die Personen ihr Problem beschreiben, und nicht nur auf die Worte, sondern auch auf deren Betonung.

Angenommen, jemand sagt Ihnen: „Ich kann das *hier* nicht machen." Offenbar sagt er Ihnen nicht, daß er zu einer bestimmten Aufgabe nicht in der Lage ist, sondern daß er sie in der speziellen Umgebung nicht ausführen kann. Sagt er jedoch: „*Ich* kann das hier nicht machen", dann bezieht er sich nicht auf den Kontext, sondern erklärt *sich selbst* für außerstande, das Verlangte zu erledigen. Vielleicht haben Sie aber auch schon mal gehört, wie jemand sagte: „Ich *kann* das hier nicht machen." Wieder eine andere Aussage. Hier erfahren Sie etwas über einen Glaubenssatz. Jemand teilt Ihnen mit, daß er nicht glaubt, etwas Bestimmtes erledigen zu können.

Mit Hilfe dieses Satzes können wir alle fünf logischen Ebenen darstellen:

IDENTITÄT	„*Ich* kann das hier nicht machen."
ÜBERZEUGUNGEN	„Ich *kann* das hier nicht machen."
FÄHIGKEITEN	„Ich kann das hier nicht *machen*."
VERHALTEN	„Ich kann *das* hier nicht machen."
UMGEBUNG	„Ich kann das *hier* nicht machen."

Beispiele für logische Ebenen in der Sprache:

Identität	Ich bin ein guter Manager.
Überzeugung	Der MBA-Abschluß hat mir sehr geholfen.

Fähigkeiten	Ich verfüge über ausgezeichnete Kommunikationsfähigkeiten.
Verhalten	Bei der letzten Personalbewertung habe ich einen schlechten Eindruck gemacht.
Umgebung	Das Team arbeitet hier sehr gut.
Identität	Ich bin Unternehmer.
Überzeugung	Es sollte Unternehmen erlaubt sein, den Gewinn zu maximieren, ohne daß die Regierung eingreift.
Fähigkeiten	Ich delegiere viel und erziele damit gute Ergebnisse.
Verhalten	Ich erwarte, das Sie bei unserer nächsten Besprechung pünktlich sind.
Umgebung	Das Großraumbüro hat unsere Kommunikation verbessert.
Identität	Wir sind nicht die Art von Unternehmen, die derartige Personalbewertungssysteme verwenden.
Überzeugung	Es ist nicht wichtig, ob man dazu in der Lage ist.
Fähigkeiten	Wir sind noch nicht in der Lage, diese Entscheidung umzusetzen.
Verhalten	Sie haben die Personalbeurteilung zufriedenstellend durchgeführt.
Umgebung	Der Besprechungsraum war kalt.

Ein Beispiel aus dem privaten Umfeld:

Identität	Zu bist egoistisch.
Überzeugung	Ich kann nicht alles haben, was ich möchte.
Fähigkeiten	Ich kann sehr gut kochen.
Verhalten	Laß uns meine Eltern besuchen fahren.
Umgebung	Warum räumst du dein Zimmer nicht auf?

Identitätsaussagen enthalten stets Formulierungen wie *ich bin, du bist* oder *wir sind*. Sie weisen einer Person oder Organisation bestimmte Eigenschaften zu. Sie können positive oder negative Auswirkungen haben. Die Aussage „Wir sind ein gutes Team" kann zum Beispiel sehr motivierend wirken. Hingegen hat „Sie sind ein wenig produktiver Mitarbeiter" einen deutlich negativen Beigeschmack. Der Satz „Sie fanden diese Aufgabe sehr schwierig" verlegt das Problem auf die Ebene des Verhaltens und kann vom Mitarbeiter leichter akzeptiert werden. Verhalten kann verändert und Fähigkeiten können erlernt werden. Das heißt, es gibt Hoffnung, und wo Hoffnung ist, beginnt man zu handeln. Identitätsaussagen haben die Tendenz, einen festzunageln. Die meisten Menschen halten es für sehr schwierig, die eigene Identität zu verändern, und haben ohnehin nicht die Absicht.

Wenn Sie merken, daß sich die Aussagen eines Mitarbeiters auf eine logische Ebene beziehen, sollten Sie sich genau auf diese Ebene einstellen. Sie pacen ihn auf dieser Ebene, bevor Sie den nächsten Schritt tun. Vielleicht finden Sie es sinnvoll, jemanden auf eine andere Ebene zu führen, doch zunächst müssen Sie ihn dort abholen, wo er steht. Wenn sich also jemand über seine Arbeitsumgebung und seine Kollegen beschwert, sollten Sie als erstes darauf eingehen. Geben Sie dem anderen zu erkennen, daß Sie verstehen, daß er ein Problem mit seiner Umgebung hat. Danach können Sie ihn vielleicht dazu bringen, die entsprechende Fähigkeit zu entwickeln, um das Problem in den Griff zu bekommen. Natürlich können Sie das Problem auch auf der Umweltebene belassen, indem sie beispielsweise sagen: „Wir können Ihnen ein anderes Büro anbieten." Wenn jemand ein Problem damit hat, ein Verfahren (Fähigkeit) zu erlernen, sollten Sie darauf eingehen. Sie können auf dieser Ebene bleiben (Training) oder vielleicht auf die Ebene der Werte wechseln: Wenn der andere nämlich glaubt, die Fähigkeit sei nicht wichtig genug, daß man sie lernen müßte, wird kein Training der Welt helfen.

Die richtige Sprachebene wählen

Die logischen Ebenen sind ein Werkzeug zur Analyse von Organisationen, das Sie in sehr direkter Form bei der Arbeit mit Ihren Mitarbeitern einsetzen können. Über ihre Sprache geben Ihnen die Kollegen zu erkennen, auf welcher logischen Ebene sie gerade operieren, und Sie können Ihre eigene Sprache darauf einstellen.

Positive Statements über Ihre Mitarbeiter (oder Sie selbst) sollten Sie vielleicht auf der Ebene der Identität formulieren. Zum Beispiel: „Sie sind ein hervorragender Buchhalter." Negatives Feedback gibt man besser auf der Ebene des Verhaltens. Auf der Ebene der Identität riskiert man sonst, den anderen zu verletzen. Angenommen, Sie möchten, daß Folgeanrufe schneller getätigt werden. Sie drücken das so aus: „Es ist wichtig, daß Folgeanrufe auf jeden Fall innerhalb eines Tages erledigt werden. Darauf müssen Sie ab jetzt achten." So korrigieren Sie das Verhalten und nicht die Person.

Es kann leicht passieren, daß man die Ebenen durcheinanderbringt. Besonders häufig wird Kritik am eigenen Verhalten als Angriff auf die eigene Identität verstanden. Mit anderen Worten, eine Kritik daran, was jemand tut, wird verstanden als eine Kritik, wie jemand ist. Ian arbeitete einmal mit dem Managing Director einer Direktmarketing-Firma. Er war sehr dynamisch, hatte das Unternehmen aufgebaut und wollte seine Mitarbeiter zu mehr Kreativität ermutigen. Dazu hatte er Brainstorming-Sitzungen eingeführt. Doch wenn es danach zur Auswertung der Ideen kam, reagierte er sehr empfindlich, wenn eine seiner Ideen kritisiert wurde. Infolgedessen hielten sich seine Leute beim Brainstorming zurück, und er verstand nicht wieso.

Die Lösung lag darin, seinen Mitarbeitern beizubringen, die Kritik an seinen Vorschlägen von einer Kritik an seiner Identität zu unterscheiden. Dazu brauchte man lediglich eine schlichte zweiteilige Aussageform. Zuerst bestätigte man seine Identität durch Anerkennung seiner Rolle (z.B.: „Von diesem Thema verstehen Sie sehr viel."). Im zweiten Schritt formulierte man dann seine Bedenken (z.B.: „Aber ich glaube nicht, daß wir mit diesem Ansatz die meisten Rückmeldungen bekommen werden."). So fanden seine Mitarbeiter eine Möglichkeit, bei ihrer Kritik seine Identität von seinen Vorschlägen zu trennen. Dies wiederum erlaubte ihm, dasselbe zu tun. In Wirklichkeit brachten sie ihm diese Unterscheidung bei, indem sie sie für ihn trafen. Das Ergebnis war bemerkenswert. Er öffnete sich für das, was die anderen sagten, und sie konnten ihm mehr Bestätigung vermitteln. Diese Erfahrung empowerte alle Beteiligten, und sie wurden deutlich dynamischer und kreativer.

Identitätsprobleme

Oft verwechselt man Rolle mit Identität. Es ist ein interessantes Phänomen, daß man, wenn man in unserer Kultur jemanden fragt, was er oder sie macht (d.h. sich nach einem Verhalten oder Fähigkeiten erkundigt), fast zwangsläufig eine Antwort erhält, die mit der Formulierung beginnt: „Ich bin..." Mit anderen Worten, die Aussage über die berufliche Rolle wird auf der Identitätsebene beantwortet. Für viele Menschen ist diese Rolle ein wichtiges, wenn nicht sogar das zentrale Element ihrer Identität, und zwar im Kontext der Arbeit ebenso wie außerhalb. Aus diesem Grund kann Entlassung oder Arbeitslosigkeit so niederschmetternd wirken. Es wird einem das Selbstgefühl, das Wissen, wer man ist, weggenommen. Man sollte daher seine berufliche Rolle nicht mit seiner Identität verwechseln.

Ebenso wichtig ist es, Verhalten und Identität zu trennen. Besonders Manager in exponierter Stellung möchten gemocht werden. Kritisiert man ihre Rolle, verstehen sie das oft als Kritik an ihrer Identität statt an ihrem Verhalten.

Vermischen Sie außerdem nicht Ihr Verhalten oder Ihre Identität mit der Identität des Unternehmens. Speziell Senior Manager geraten leicht in diese Falle. Eine Kritik an ihrem Verhalten wird von ihnen oft als Zumutung und Kritik an der Identität der Organisation, die sie repräsentieren, aufgefaßt. Den drei genannten Fällen gemeinsam ist also die personifizierende Vermischung der eigenen Identität mit einem Verhalten, einer Rolle oder einer Organisation.

Nichtsdestoweniger ist eine klare Identität sowohl für den einzelnen wie für die Organisation von großer Bedeutung, denn sie ist zugleich die Quelle der Vision. Wenn man nicht weiß, wer man ist, wird es sehr schwer zu erkennen, was man will. Ebenso schwierig ist es dann, zu sehen, wohin man geht, und andere in diese Richtung zu führen.

Unternehmens-Identität

Jedes Unternehmen muß eine klar definierte Identität besitzen. Aus jeder Veränderung in der Auffassung von sich selbst – dies gilt für Individuen wie für Organisationen – folgen zwangsläufig weitreichende *Trickle-down*-Effekte auf die Überzeugungen, das Können und das Verhalten allgemein. Wenn ein Unternehmen ein anderes übernimmt oder eine Verschmelzung stattfindet, ist es daher besonders wichtig, daß die neue Organisation auch eine neue Identität findet, die sich klar von der alten unterscheidet. Die Unternehmens-Identität gibt den Mitarbeitern ein Gefühl der Zugehörigkeit. Je größer das Unternehmen, desto fragiler möglicherweise das Zugehörigkeitsempfinden. Wir haben die Tendenz, unser Identitätsgefühl im Kontext kleiner, persönlicher Gruppen aufzubauen; daher können überschaubare Teams auch so gut miteinander zurechtkommen. Innerhalb einer großen Organisation empfinden die Mitarbeiter vielleicht eine größere Loyalität gegenüber ihrer Abteilung als gegenüber dem Unternehmen als Ganzem und verfolgen die Interessen ihres Bereiches auf Kosten der Gesamtorganisation. Je größer die Organisation, desto wahrscheinlicher wird dies.

Heute werden die Organisationen flacher und nehmen verstärkt die Form von Netzwerken an. Mehr und mehr Aufgaben werden an Subunternehmer vergeben, und es besteht die Gefahr, daß sich die Identität der Organisation in diesen Netzen verzettelt. Man muß genau aufpassen, welche Prozesse man aus der Hand gibt und welche man behält. Eine scheinbar unwichtige Tätigkeit kann für die Unternehmens-Identität sehr bedeutsam sein. BMW, zum Beispiel, hat seine Produktionsprozesse inzwischen sehr stark auf die Zulieferer verlagert. Bis zu drei Viertel der Produktionskosten entstehen außerhalb des Hauses. Bei BMW ist man stolz darauf, wie man mit den Zulieferern zusammenarbeitet und von ihnen lernt, ohne von ihnen zu sehr abhängig oder angreifbar zu werden. Dieses strategische Lernen bildet zweifellos einen Teil der Identität von BMW. Irgendwann gab es eine Diskussion zwischen der Einkaufs- und der Konstruktionsabteilung, ob die Fertigung von Zylinderköpfen ausgegliedert werden sollte oder nicht. Man beschloß, die Produktion im eigenen Werk zu behalten, um diese strategische Technologie nicht den Zulieferern zu überlassen.

Hinweise auf die Identität einer Organisation liefern beispielsweise Äußerungen des Vorstandsvorsitzenden, die mit Formulierungen beginnen wie: „Wir sind …“ oder: „Dies ist ein Unternehmen, welches …“ Auch das Firmen-Logo oder die Werbung kann entsprechende Hinweise liefern. Ein Logo ist ein verdichtetes Symbol dafür, wie ein Unternehmen gesehen werden möchte, und die Firmen sind bereit, für seine Gestaltung große Summen auszugeben.

Ein teurer Identitätswechsel

Das Unternehmen BT hieß einmal British Telecom. Früher warb es mit einem leicht trotteligen, zerzausten Vogel namens Buzby, der auf einer Telefonleitung balancierte. Beim Namenswechsel entschied BT, daß man mit dieser Figur nicht mehr identifiziert werden wollte, und man investierte mehrere hunderttausend Pfund in die Gestaltung und Verbreitung eines neuen Logos.

Wie bei einzelnen Personen, so muß man auch bei Unternehmen deren Verhalten von ihrer Identität unterscheiden. Tim ist Senior Manager eines Herstellers von High-Tech-Geräten. Er berichtete uns, daß seine Firma Probleme mit einem der Händler in Frankreich hatte. Dieser war nicht genügend aktiv, und die Firma befürchtete, Marktanteile zu verlieren. Man wünschte sich eine Veränderung auf der Verhaltensebene. Der Händler jedoch ging nicht auf die Anregungen ein, so daß die Firma von sich aus einige kleinere Veränderungen vornahm. Das Ergebnis war ein schwerwiegender Zusammenbruch der Geschäftsbeziehungen, der im Verhältnis zu den vorgenommenen Veränderungen völlig überzogen schien. Es stellte sich rasch heraus, daß sich der Händler auf der Ebene seiner Identität angegriffen fühlte – er hatte das Gefühl, sein Ruf habe Schaden erlitten. Für das Handelsunternehmen war es extrem wichtig, welches Ansehen es am Markt genoß.

Tim flog nach Frankreich, um das Problem der Geschäftspartner in einer Besprechung zu pacen. Er stellte klar, daß alle Veränderungen das Image des

Geschäftspartners verbessern sollten. Er ließ keinen Zweifel daran, daß seine Firma der Integrität und Kompetenz der anderen vertraute... und daß er einige Verhaltensänderungen wünschte. Die bekam er auch, nachdem das Problem gepacet und das Verhalten von der Identität getrennt worden war.

Der richtige Ansatzpunkt

Auf jeder Ebene können Veränderungen initiiert werden. Die Frage ist nur: Wo hat man den längsten Hebel – wo erzielt man die größte Wirkung mit dem geringsten Aufwand? Eine Veränderung auf der Ebene der Überzeugungen wirkt sich vermutlich auf zahlreiche Fähigkeiten und Verhaltensweisen aus; für eine Veränderungen der Identität gilt das in noch stärkerem Maße. Man kann von oben nach unten oder von unten nach oben vorgehen; alle Ebenen stehen in systemischer Beziehung zueinander.

Wenn Sie mit einem Problem konfrontiert sind, müssen Sie die Ebene identifizieren, auf der Sie feststecken:

> Vielleicht brauchen Sie mehr Informationen über das Umfeld. Falls das so ist, sollten Sie nichts tun, bevor Sie nicht möglichst viele verschiedene Perspektiven eingenommen und alle erforderlichen Informationen gesammelt haben.
> Vielleicht haben Sie alle Informationen, wissen aber nicht genau, was zu tun ist.
> Vielleicht wissen Sie, was zu tun ist, aber nicht, wie Sie vorgehen sollen.
> Vielleicht fragen Sie sich, ob Sie dazu in der Lage sind, ob es sich lohnt und ob es mit den Überzeugungen und Werten – Ihren eigenen wie denen der Organisation – übereinstimmt.
> Und Sie möchten vielleicht sichergehen, daß das Vorhaben mit Ihrem Identitätsgefühl übereinstimmt.
> Sie können dieses Format verwenden, um auch anderen Personen zu helfen, wenn sie mit ihren Problemen zu Ihnen kommen.

Das Konzept der logischen Ebenen ist sehr hilfreich bei der Diagnose dessen, was in einem Unternehmen los ist. Vor einigen Jahren arbeitete ein Kollege von uns mit einer multinationalen Computerfirma, die ihre Geschäfte in England neu ordnen wollte. Sein Auftrag bestand darin, diesen Prozeß so schmerzlos wie möglich voranzubringen. Sämtliche Abteilungen des Unternehmens arbeiteten gut mit ihm zusammen – bis auf eine. Er hatte große Schwierigkeiten, bei den Mitarbeitern dieser Abteilung Termine zu bekommen oder Informationen von ihnen zu erhalten. Als gestandener Berater war er einigermaßen erstaunt, weil dieser Abteilung durch die Reorganisation keinerlei Gefahr drohte.

In solchen Fällen genügt es nicht, Berater und Analyst zu sein, man muß auch Historiker sein. Als unser Kollege sich die Unternehmensgeschichte ansah, fand er heraus, daß sieben Jahre zuvor eine umfassende Reorganisation stattgefunden hatte, die zu einer drastischen Verkleinerung dieser speziellen Abteilung geführt hatte. Das hatte man nicht vergessen. Ebenso wie Individuen besitzen Abteilungen, Unternehmen und Organisationen ein Gedächtnis und eine Biographie. Sie haben eine Geschichte, die ihre Identität formt und eine Idee davon vermittelt, wer man ist. Sieht es so aus, als würde diese Identität bedroht, reagieren die Organisationen defensiv, um zu bewahren, was sie sind – insbesondere wenn ihr Überleben auf dem Spiel steht.

Wir kennen einen Manager, der sich sehr um die Entwicklung seines Teams bemühte. Er hatte hart um ein ausreichendes Trainingsbudget gekämpft, und er forderte seine Mitarbeiter auf, an entsprechenden Trainings teilzunehmen. Obwohl er von ihrer Motivation überzeugt war, glaubte er doch, daß sie unter ihren Möglichkeiten arbeiteten – unter anderem aufgrund der hohen Zahl von Krankheitstagen pro Jahr. Er bat uns um Hilfe, und wir unterhielten uns mit einigen seiner Mitarbeitern. Wir stellten eine einfache Frage: „Nennen Sie eine einzige Veränderung, die Sie sich besonders wünschen, um ihre Arbeit zu verbessern." Es gab keine eindeutige Antwort. Einige Mitarbeiter wünschten sich eine veränderte Anordnung des Großraumbüros. Andere beschwerten sich über die vielen herumliegenden Computerkabel. Etliche der Befragten berichteten, wie gerne sie reflexionsfreie Bildschirme für ihre Computer hätten. Uns überraschte, daß trotz der Unterschiede in den Antworten alle auf eine Veränderung der Arbeitsumgebung abzielten. (Es ist interessant, daß man seit einigen Jahren dem Begriff *office environment* oder *Büroumgebung* den Vorzug gibt vor dem schlichten *office* bzw. *Büro*. Inzwischen kennen wir auch das *Sick-building*-Syndrom, das Phänomen, daß Gebäude krank machen können.)

Als wir dem Manager von diesen Wünsche berichteten, war er ehrlich überrascht. Da er jemand war, dessen eigenes Bürofenster auf eine Ziegelmauer blickte, hatte er diesen Dingen wenig Bedeutung beigemessen. Trotzdem hatte er gespürt, daß etwas nicht in Ordnung war. Er beschloß, unserer Anregung zu folgen, obgleich er skeptisch blieb. Die Kosten für die baulichen Veränderungen waren vergleichsweise gering und konnten von seinem Budget aufgefangen werden. Seine

Befürchtungen hatten auf die Ebene der Fähigkeiten gezielt, weshalb er seinen Mitarbeitern das Angebot gemacht hatte, ihr Können durch Teilnahme an den Seminaren zu verbessern. Er hatte nicht berücksichtigt, daß auch andere Ebenen wichtig sein können – und in der Tat für manche Menschen sogar wichtiger sind.

Die Veränderungen in der Arbeitsumgebung führten zu zwei auffälligen Konsequenzen. Die Anzahl der Krankheitstage sank deutlich, und die gesamte Arbeitsatmosphäre verbesserte sich. „Die Leute sind einfach kooperativer geworden", berichtete er. Nachdem er sich über seine anfängliche Skepsis hinweggesetzt und die Wirkung der Veränderungen erkannt hatte, sah er ein, wie wichtig die Arbeitsumgebung für seine Mitarbeiter war. Danach gab es für ihn kein Halten mehr. Als wir ihn das letzte Mal trafen, fragte er uns, was wir davon hielten, daß er jedem Mitarbeiter ein eigenes Ionisiergerät zur Verfügung stellen wollte. Außerdem befragte er gerade seine Mitarbeiter, welche Farbgestaltung sie bevorzugten, wenn das Büro in naher Zukunft renoviert wurde.

Viele Manager operieren recht gut auf einer oder zwei logischen Ebenen, doch nur sehr wenige beherrschen alle fünf. Es ist hilfreich, die eigene Präferenz zu kennen. Fragen Sie sich, auf welchen logischen Ebenen Ihnen das Eingreifen besonders leichtfällt. Auf welcher Ebene intervenieren Sie meistens, und auf welcher Ebene fühlen Sie sich besonders wohl? Ganz wichtig: Mit welcher Ebene haben Sie die meisten Probleme? Aktionen auf der Verhaltensebene bieten sich meistens an, doch sollten Sie sich nicht darauf beschränken. Verhaltensmanagement ist die falsche Ebene. Es führt zu Über-Management und Mikro-Management. Wer sich darauf konzentriert, das Verhalten seiner Mitarbeiter zu managen, empowert sie nicht. Besser ist es, sich um das Managen von Fähigkeiten und Richtungsentscheidungen zu kümmern.

Bei der strategischen Planung kommt den logischen Ebenen ein besonderer Stellenwert zu. Vor jeder geplanten Veränderung ist es hilfreich, sich die Wirkung der vorgeschlagenen Maßnahmen auf jede der fünf Ebenen vorzustellen. Doch solches Rundum-Problemlösen ist selten. Wenn Sie vor einer Veränderung über alle fünf Ebenen nachdenken, entwickeln Sie ein wesentlich vollständigeres Bild von den Konsequenzen Ihres Plans. Allzuoft achtet man nur auf eine oder zwei Ebenen und wundert sich über die Folgen der Umsetzung eines Plans, der auf dem Papier so perfekt ausgesehen hatte.

Stellen Sie sich vor, Sie wären mit der Reorganisation einer oder mehrerer Abteilungen beauftragt. Das Konzept der logischen Ebenen bietet Ihnen eine Orientierung bei der Beschaffung und Verteilung der Informationen.

IDENTITÄT	Was muß getan werden, damit die neue Abteilung eine eigene Identität bekommt und die Mitarbeiter ein Gefühl der Zugehörigkeit entwickeln?
ÜBERZEUGUNGEN	Was ist für die neue Abteilung wichtig? Wie kann man die Prinzipien ihres Funktionierens erkennen, formulieren und bekanntmachen – den Mitarbeitern ebenso wie den bestehenden und künftigen Kunden?
FÄHIGKEITEN	In der Abteilung sollte Klarheit herrschen, welches die speziellen Fähigkeiten sind, die sie von anderen Abteilungen unterscheiden.
VERHALTEN	Was sollen die Mitarbeiter dieser neuen Abteilung machen? Wie sieht der konkrete Tagesablauf aus? Welches Training oder Retraining ist erforderlich?
UMWELT	Wieviel Büroraum steht zur Verfügung? Wer arbeitet mit wem zusammen? Welche technische Unterstützung haben wir?

Die Temperatur der Organisation fühlen

Man kann das Konzept der logischen Ebenen auch verwenden, um einfach das Arbeitsklima einer Abteilung oder Firma zu testen. Oft fragen wir die Mitarbeiter ganz einfach, was ihnen an ihrem Unternehmen besonders gefällt und was sie am wenigsten mögen. Stellen wir fest, daß die Vorlieben sich überwiegend auf die Ebenen Identität und Überzeugungen beziehen und die Abneigungen auf Umgebung oder Verhalten zielen, dann wissen wir, daß nützliche Veränderungen relativ leicht vorgenommen werden können. Veränderungen auf den Ebenen Umgebung und Verhalten sind immer vergleichsweise einfach, und sie erzeugen unmittelbar positive Effekte. Konzentriert sich demgegenüber die Ablehnung auf den Bereich der Identität, während die Vorzüge überwiegend in der Sphäre der Umgebung gesehen werden, dann hat man einen schwerwiegenden Defekt aufgedeckt. Eine solche Organisation muß eine radikale Neubewertung bezüglich dessen vornehmen, wie sie von ihren Mitgliedern wahrgenommen werden will. Wo der Rapport zwischen der Identität der Mitarbeiter und der Identität der Organisation so geschwächt ist, sind Probleme nicht mehr weit.

Ein letzter Punkt. Jede Intervention auf einer logischen Ebene kann Auswirkungen auf andere Ebenen haben. Somit kann man beinahe überall beginnen. Ändert man beispielsweise die Arbeitsumgebung, hilft man den Mitarbeitern möglicherweise, sich anders zu fühlen und ungenutzte Potentiale freizusetzen. Ein gutes Beispiel sind Outdoor-Trainer, die die natürliche Umwelt nutzen, um den Teilnehmern Erfahrungen zu ermöglichen, die sich recht deutlich von ihren normalen Erwartungen unterscheiden. Wenn man einer Gruppe von Bankkassierern beibringt, sich über eine Klippe abzuseilen, setzt man auf jeden Fall verborgene Potentiale frei, selbst wenn es am Anfang eine gewisse Überwindung kostet.

Die Entwicklung Ihrer Fähigkeiten

1. Wählen Sie ein aktuelles Problem. Auf welcher Ebene ist es angesiedelt? Wo möchten Sie eingreifen? Wäre es besser, auf der Ebene des Problems zu bleiben, oder sollte man die Ebene wechseln? Testen Sie Ihre Lösung im Hinblick auf die Konsequenzen für alle fünf Ebenen.

2. Identifizieren Sie die logischen Ebenen, die Sie in den Redebeiträgen Ihrer Gesprächspartner erkennen können.

3. Drehen Sie den Ton Ihres Fernsehers ab. Beobachten Sie die Sprecher. Raten Sie, auf welcher Ebene sie sich gerade befinden. Auf diese Weise können Sie üben, auch visuelle Hinweise zu berücksichtigen. Achten Sie vor allem auf die Handbewegungen. Wenn jemand seine Hand auf die Mitte der Brust legt, kann man fast sicher sein, daß er eine Aussage auf der Identitäts-Ebene macht.

4. Nehmen Sie sich pro Arbeitstag eine logische Ebene vor. Wie viele Beispiele dafür können Sie im Laufe des Tages sehen und hören?

Weiterführende Lektüre

Dilts, Robert: *Die Veränderung von Glauenssystemen*, Paderborn: Junfermann 1993

O'Connor, Joseph & McDermott, Ian: *NLP. Was Sie wirklich darüber wissen müssen*, München: Goldmann 1997

O'Connor, Joseph & Seymour, John: *Neurolinguistisches Programmieren: gelungene Kommunikation und persönliche Entfaltung*, Freiburg: VAK [8] 1997

Anmerkung

1. Burleson, Clyde: *Interstate Commerce – Regional Styles of Doing Business*, Franklin Watts, New York 1987

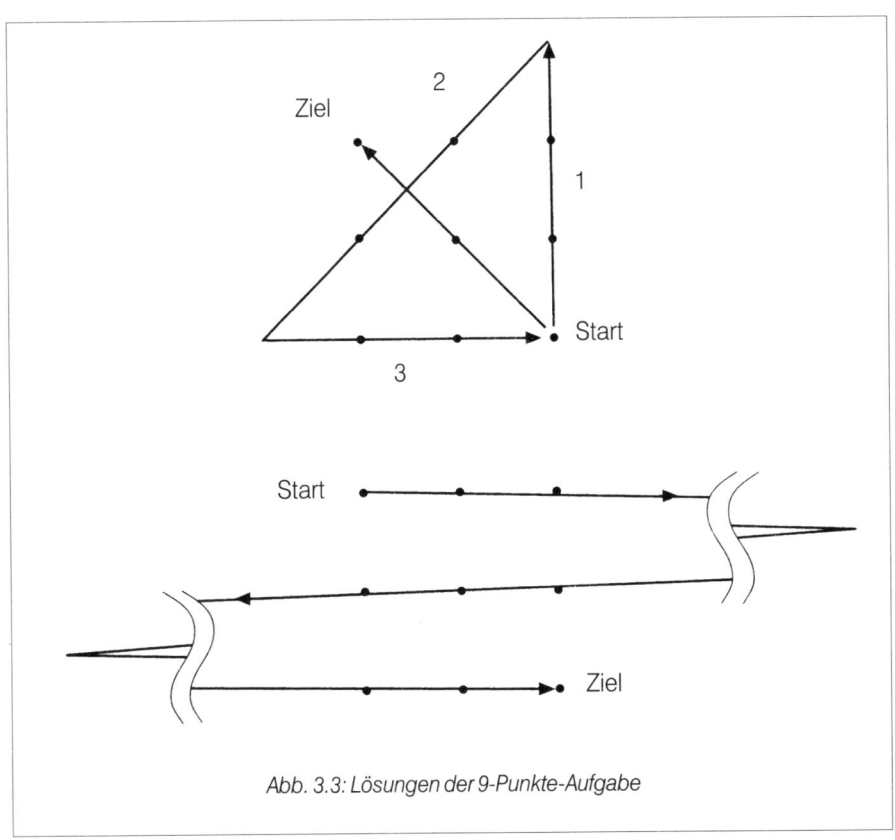

Abb. 3.3: Lösungen der 9-Punkte-Aufgabe

4. Ergebnisse

Aufgaben. Ziele. Ergebnisse. Projekte. Vielleicht geht es darum, ein drängendes Problem zu lösen, oder es handelt sich um eine neue Initiative. Auf jeden Fall drücken diese Begriffe aus, daß man sich von einem Hier zu einem Dort bewegen möchte – von einer aktuellen Situation, die in irgendeiner Weise als unbefriedigend empfunden wird, hin zu einer gewünschten Situation, die besser ist. Im NLP ziehen wir das Wort *Ergebnis* (outcome) den Begriffen *Ziel* (goal, objective) vor, wenn wir von gewünschten Resultaten sprechen. Im übrigen ist ein Ergebnis genauer und meßbarer als ein Ziel.

Es ist wichtig, zwischen Ergebnis und Aufgabe zu unterscheiden:

Das Ergebnis ist das, was Sie erreichen wollen.

Die Aufgabe ist das, was Sie tun, um das Ergebnis zu erreichen.

Zwei wichtige Punkte müssen beachtet werden:

➤ Ergebnisorientiertes Denken gibt Ihren Aktionen Richtung und Zweck. Solange Sie nicht wissen, was Sie wollen, werden Ihre Handlungen ziellos und Ihre Resultate zufällig sein. Das Denken in Ergebnissen ist im Management entscheidend und erlaubt Ihnen die Kontrolle darüber, wohin die Reise geht.

➤ Ob Sie nun Ergebnisse vorgeben oder nicht, auf jeden Fall erhalten Sie ein Resultat – es könnte nur anders sein, als Sie es sich vorgestellt haben. Es kommt darauf an, in welcher Form Sie Ergebnisse verlangen: sie müssen realistisch, motivierend und erreichbar sein.

Das Konzept des Ergebnisses hat im wesentlichen durch die Schriften von Peter Drucker allgemeine Vorbereitung im Management gefunden. Ergebnisse festzusetzen ist eine bestimmte Art des Denkens, nicht einfach etwas, was man nur hin und wieder tut. Ergebnisorientiertes Denken richtet einen aus auf das, was man will. Es bewegt Sie voran.

Das Gegenteil des Ergebnis-Denkens ist Problem-Denken, welches sich darauf konzentriert, was falsch ist. In einer unperfekten Welt gibt es immer Probleme, und als Manager braucht man sie nicht zu suchen, sie finden einen schon. Irgend etwas läuft immer schief, und viele Manager verlieren sich in einem Labyrinth von Problemen – sie suchen nach der Entstehung, den Kosten und Folgen des Problems sowie nach demjenigen, dem man die Schuld geben kann. Ergebnis-Denken verändert die Frage: „Was ist das Problem?" zu: „Wohin wollen wir?" Ergebnis-Denken ist mehr als lösungsorientiertes Denken. Nachdem man das Problem definiert hat, führt es einen zur Lösung, allerdings in strukturierter Art und Weise.

Der Unterschied zwischen Ergebnis-Denken und Problem-Denken: eine Dreiviertelmillion Dollar

Jack Lennard, Senior Manager eines High-Tech-Unternehmens mit Sitz in London, hatte Probleme mit einer der Distributionsfirmen auf dem Kontinent. Die Situation war so schlimm, daß einer ihrer Hauptkunden gedroht hatte, Geräte im Wert von einer halben Million Dollar zurückzugeben, das Geld zurückzuverlangen und zur Konkurrenz zu gehen. Nicht nur das, sondern er drohte der Distributionsfirma obendrein mit einer Schadenersatzklage. Das Ganze sah sehr gefährlich aus und wäre für die Muttergesellschaft ein schwerer Schlag gewesen. Der Geschäftsführer des Kundenunternehmens kam zur Besprechung nach London geflogen, wo Jack ihn traf. Es gab jede Menge Probleme zu berücksichtigen. Der Kunde war verärgert. Obwohl er mit der Muttergesellschaft in guten Geschäftsbeziehungen stand, war der lokale Händler doch ein großes Ärgernis.

Das entscheidende Meeting begann Jack damit, den Kunden zu pacen. Jawohl, er stimmte zu, daß das eine schlimme Situation war. Jawohl, der Händler hatte Fehler gemacht. Jawohl, es war sein gutes Recht, verärgert zu sein, und, jawohl, wir verstehen, weshalb Sie mit einer Klage drohen. Der Kunde war einigermaßen verblüfft, denn er hatte mit einer heftigen Konfrontation gerechnet. Nachdem Jack den Kunden gepacet und Rapport geschaffen hatte, stellte er die 64.000-Dollar-Frage (deren Wert sich in diesem Fall auf eine halbe Million belief): „Wie wäre es, wenn wir hier eine für Sie akzeptable Lösung entwickeln könnten?" Diese Frage, so einfach sie klingt, verschiebt das Gewicht vom Problem zur Lösung. Hätte man sie allerdings ohne anfängliches Pacing und ohne Rapport gestellt, hätte man durchaus die Antwort riskiert: „Wir sehen uns vor Gericht!" Diese Frage konnte man erst stellen, nachdem man die Erlebnisse und Frustrationen des Kunden anerkannt und gepacet hatte.

Erst war es einige Augenblicke lang still, dann begann eine konstruktive Diskussion. Einen ersten Vergleichsvorschlag lehnte der Kunde als zu teuer ab. Jack fragte weiter: „Wie wäre es, wenn wir eine Lösung ausarbeiten könnten, die Sie sich leisten können?" Gemeinsam untersuchte man verschiedene Lösungsansätze. Das Ergebnis: Anstatt Geräte im Wert von einer halben Million Dollar zurückzugeben, reduzierte sich die Reklamation auf einen Betrag von lediglich 50.000 Dollar, und obendrein plazierte der Kunde eine neue Bestellung im Wert von einer Viertelmillion Dollar. Für Jack Lennard ist dieser Kunde nun eine erstklassige Referenz, der ihn aktiv am Markt unterstützt.

Vier Elemente haben zu diesem Erfolg beigetragen:

➤ Pacing und Leading

➤ Ergebnis-Denken statt Problem-Denken

➤ Der Als-ob-Rahmen, die erwachsene Version von „Komm, wir spielen ..." Mit Hilfe dieses Frames kann man die Zukunft explorieren in Form von Fragen wie: „Was würde passieren, wenn ..." oder: „Angenommen, das und das würde passieren ..." Damit macht man im Kopf das gleiche, was Computer tun, wenn sie Simulationen möglicher zukünftiger Ereignisse durchspielen. Für jede Planung ist diese Technik unentbehrlich. Sie trägt dazu bei, eine Zukunft zu erschaffen, die man haben möchte, statt sich von einer gegenwärtigen Situation einengen zu lassen, der man entkommen möchte. Zudem führt die Form Was-wäre-wenn dazu, daß sich niemand unter Druck gesetzt fühlt, einen Vorschlag zu akzeptieren, was den gesamten Suchvorgang sehr konstruktiv macht.

➤ Der bedingte Verhandlungsabschluß: „Wenn dieses und jenes gemacht würde, würden Sie *dann* ...?" Damit wird der Als-ob-Rahmen noch ein bißchen weiter in die Zukunft hinaus erweitert.

Aufgabe und Prozeß

Gutes Management hält die Balance zwischen der Aufgabe (was getan werden muß) und dem Prozeß (wie es gemacht wird). In beiden Bereichen stößt der Manager auf Probleme. Die anstehenden Aufgaben erscheinen meistens direkter und offensichtlicher. In der Hektik der täglichen Aufgabenerfüllung kann es leicht passieren, daß man sein Gespür für die langfristige Richtung verliert. Aufgaben jedoch, die nicht vom Ergebnis her definiert werden, sind vermutlich ungenügend durchdacht und schlecht geplant und werden daher wahrscheinlich auch mangelhaft ausgeführt werden. Möglicherweise nimmt ihre Ausführung mehr Zeit in Anspruch als nötig und erzeugt damit wieder genau das Problem – Zeitmangel –, das ursprünglich dazu beigetragen hatte, die Aufgabe so übereilt zu beginnen. (Wir haben keine Zeit, das gründlich zu überdenken – machen Sie es einfach!)

Aufgaben führen Sie in Richtung der Ergebnisse. Man muß gut strukturiert denken, um eine Aufgabe koordiniert, vollständig und effektiv auszuführen. Wir sprechen hier nicht von *Management by Objectives*, doch sicherlich von *Management mit Objectives* (Zielen).

Das Ergebnis-Denken umfaßt drei Elemente:
Ihre gegenwärtige Situation – wo Sie jetzt sind
Ihre gewünschte Situation – wo Sie sein möchten
Ihre Ressourcen – wie Sie es schaffen, von der einen zur anderen Situation zu gelangen

---

Wir haben uns mit zahlreichen Managern und Beratern über Managementthemen unterhalten. Unter den drei Hauptproblemen im Management wurde immer wieder der Mangel an strukturiertem Ergebnis-Denken genannt. Wir wollen jetzt den Prozeß des Management-Denkens in Ergebnissen im Detail betrachten, und zwar sowohl aus der Sicht des einzelnen Managers wie aus der des Unternehmens. Diese Struktur hat Vorrang vor den Aufgaben.

In zwei Richtungen gleichzeitig blicken

Wir möchten die Frage der Ergebnisse auf drei verschiedenen Ebenen betrachten.

Erstens: Ergebnisse für den einzelnen. Beispiele aus dem Management hierfür sind Personalbeurteilungen, die Erforschung von Kundenbedürfnissen und die Analyse der eigenen Leistung. Diesen Prozeß können Sie natürlich auch in bezug auf Ihr Privatleben anwenden.

Zweitens: Ergebnisse für das Unternehmen. Sie werden auf der Ebene des Vorstands festgelegt. Dazu gehören Formulierungen der Unternehmensmission, Unternehmensstrategien und übergreifende Projekte. Sie werden notwendigerweise in sehr allgemeiner Form definiert und müssen in konkrete Ergebnisse und reale Aufgaben für jeden Bereich des Unternehmens übersetzt werden. Das Bestimmen von Unternehmenszielen und ihr Herunterchunken (Zerlegen) in spezifische Aufgaben ist eine Schlüsselaufgabe des Managements.

Drittens: die Beziehung zwischen den Ergebnissen des einzelnen und des Unternehmens. Wie lassen sich die Teile zu einem Ganzen zusammenfügen? Sie müssen sich ein Unternehmen vorstellen wie einen Fluß mit seinen zahlreichen Strömungen und Wirbeln. Schub und Richtung des Flusses kommen von oben, doch die verschiedenen Strömungen können die Richtung verstärken oder ablenken. Unter Wasser liegende Felsen können die Strömung aufhalten, und der Fluß verliert seine Kraft. Ebensowenig wie ein Fluß nur sanft geradeaus fließt, tut dies ein Unternehmen. Je mehr alle Strömungen aber in eine Richtung zielen, desto schneller und mächtiger ist der Fluß.

Jeder Manager, egal auf welcher Unternehmensebene, muß sich zwei entscheidende Fragen stellen:

➤ Wie beziehen sich meine Ergebnisse auf die und wie unterstützen sie die Ergebnisanforderungen der höheren Ebene?

➤ Wie unterstützen oder behindern die Ergebnisse der mir unterstellten Mitarbeiter meine eigenen Ergebnisse?

Ein Manager muß dem römischen Gott Janus gleichen – er muß fähig sein, gleichzeitig in zwei Richtungen zu blicken. Janus hat übrigens dem Monat Januar seinen Namen gegeben, der gleichzeitig ins alte Jahr zurückblickt und das neue Jahr eröffnet.

Ergebnisse vorgeben

Die richtige Formulierung eines Problems ist der Schlüssel zu seiner Lösung. Um die gewünschten Ergebnisse zu definieren, müssen eine Reihe von Schlüsselfragen gestellt werden. Ziele, die nicht klar durchdacht sind, kann man unmöglich verfolgen oder erreichen. Projektmanagement ohne Ergebnis-Denken kann zum Alptraum werden. Viele Personalbewertungssysteme enttäuschen, weil sie zwar dafür konzipiert sind, Ergebnisse zu registrieren, jedoch die Ergebnisse selbst, um die es geht, schlecht strukturiert sind. Die verantwortlichen Manager analysieren ihre Projekte keineswegs in einer klar strukturierten Weise.

In der Managementliteratur gibt es zahlreiche Akronyme, die sich mit dem Thema der Zielsetzung befassen. Ein Beispiel ist ASMART (Agreed, Specific, Measured, Achievable, Result-oriented, Timed – was soviel bedeutet wie: vereinbart, konkret, meßbar, erreichbar, ergebnisorientiert und mit einem Zeitplan versehen). Im NLP geht man detaillierter vor, speziell bei der Frage, wie Ergebnisse in Aufgaben für die verschiedenen Managementebenen zerlegt bzw. *gechunkt* werden.

Die folgende Checkliste listet alle Schlüsselfragen in systematischer Form auf. Wenn Sie sie Punkt für Punkt durchgehen, können Sie jedes Ergebnis konkretisieren und real werden lassen. Unsere Gedanken leiten unsere Handlungen – nachlässiges Denken führt zu nachlässigem Handeln. Mit den folgenden Fragen können Sie Ihre Pläne testen und Schwachstellen erkennen, bevor es die reale Welt in weniger nachsichtiger Weise tut.

Positiv – Was wollen Sie?

Ergebnisse werden positiv formuliert. Das hat nichts mit positivem Denken zu tun im Sinne von *Alles ist okay*. Positiv bedeutet hier: gerichtet auf etwas hin, was man will, statt weg von etwas, was man nicht will. Fragen Sie sich: „Was will ich?" und nicht: „Was will ich nicht?"

Persönliche Ziele wie: „Ich möchte aufhören zu rauchen" und: „Ich möchte Gewicht verlieren" können nicht in Ergebnisse in unserem Sinn umgesetzt werden, weil sie beide negativ formuliert sind. (Es ist deshalb keine Überraschung, daß sie so schwierig zu realisieren sind.) Sich negative Ziele vorzunehmen ist so sinnvoll, wie mit einer Einkaufsliste mit Dingen loszuziehen, die man nicht kaufen will. Jegliche Zielformulierung, in der Ausdrücke wie *weniger, aufhören, aufgeben* oder *reduzieren* vorkommen, ist wahrscheinlich negativ.

Es gibt aber noch ein anderes Problem mit negativen Zielformulierungen. Angenommen, jemand sagt Ihnen: „Denken Sie nicht an Ihr Büro!" Sie müssen aber an Ihr Büro denken, um diese Anweisung überhaupt zu verstehen. Man ist also gezwungen, das zu tun, was man nicht tun soll. Wer vorhat, abzunehmen oder mit dem Rauchen aufzuhören, konzentriert sich auf das Rauchen oder das Fett, aber nicht auf die gewünschte Änderung. Formulieren Sie Ihre Ergebnisse im Geiste der Erwartung, nicht der Verzweiflung.

Im Management ist das nicht anders. Verschwendung vermeiden, Fixkosten reduzieren und seltener gute Mitarbeiter verlieren – dies alles sind negative Ziele.

Wir sollten einmal einen Geschäftsführer beraten, der uns sagte, er wolle die Verschuldung des Unternehmens abbauen. Das war extrem wichtig, denn die Firma stand kurz vor dem Ruin. Als wir ihn fragten, was er sich tatsächlich wünschte, antwortete er, er wolle den Cash-flow verbessern, damit die Bilanz besser aussehe, sein Anlagevermögen die Verpflichtungen übersteige und er bei den Banken wieder kreditwürdiger würde. Es gibt viele Methoden, den Cash-flow zu verbessern, und einige fielen ihm sofort ein. Diese konnte er in Ergebnisvorgaben für das Unternehmen übersetzen und damit letztlich seine Firma retten. Die beiden Schlüsselmaßnahmen bestanden darin, die Zahl der Auftragseingänge zu erhöhen und die Zusammenarbeit des multinationalen Managementteams zu verbessern.

Viele Managemententscheidungen werden gefällt, um widrige Konsequenzen zu vermeiden. Angst ist eine starke Triebkraft, und manche Risiken sollte man in der Tat nicht eingehen. Das positive Gegenstück zur Angst ist Sicherheit. Statt sich aus Angst vor den Konsequenzen reaktiv darum zu bemühen, Risiken zu vermeiden, können Organisationen auch positive Schritte unternehmen, um ihre Sicherheit zu verbessern. Angst paralysiert. Sicherheit ist ein Sprungbrett, von dem aus man agieren kann. Interessanterweise handelt es sich bei Demings Aufforderung, „den Unternehmen die Angst auszutreiben", selbst um eine negative Vorgabe.

Wie kann man nun eine negative Zielvorgabe in eine positive verwandeln?

Stellen Sie sich zwei einfache Fragen:

➤ „Was möchte ich statt dessen?"
➤ „Was habe ich davon?"

Ein Verkaufsmanager formulierte sein Ziel uns gegenüber einmal so: „Ich möchte die Anzahl der Beschwerden über den Kundendienst verringern." – „Was wollen Sie also?" – „Mehr zufriedene Kunden."

Mit dieser Ergebnisvorgabe konnten wir arbeiten. Es war wie der Unterschied zwischen dem Versuch, ein Symptom zu beseitigen, und der Aufdeckung der Ursache. Der Klient wußte, daß er mit diesem Ergebnis automatisch die Zahl der Beschwerden reduzieren würde.

Evidenz – Woran erkennen Sie, daß Sie Ihr Ziel erreicht haben?

Es muß einen Weg geben, um Erfolg zu messen; jedes Rennen würde endlos weitergehen, gäbe es keine Ziellinie. Sie brauchen Feedback. Die Feedback-Kanäle mit der unmittelbarsten und überzeugendsten Wirkung sind Ihre Sinne. Was können Sie sehen, hören und fühlen, wenn Sie Ihr Ergebnis erreicht haben? Stellen Sie

auch mal die Frage: „Woran können andere erkennen, daß ich dies erreicht habe?"
Was werden sie sehen, hören und fühlen? Werden sie einen anderen Eindruck gewinnen?

Es gibt zwei wichtige Prinzipien des Feedback:

➤ Sammeln Sie Feedback laufend und so rasch wie möglich, um Ihre Fortschritte im Hinblick auf das Ergebnis einschätzen zu können. Zu spätes Feedback hilft nicht.

➤ Stellen Sie die Fragen, mit deren Hilfe Sie das Feedback bekommen, das Sie brauchen. Unter anderem bedeutet dies, Kunden-Fragebögen mit besonderer Sorgfalt zu gestalten.

Ein alltägliches Beispiel bietet die Öldruck-Anzeige in Ihrem Auto. Sie möchten, daß das Lämpchen angeht, sobald der Öldruck zu niedrig liegt, und nicht am nächsten Tag, wenn der Motor schon ruiniert ist. Außerdem möchten Sie, daß der Sensor zuverlässig funktioniert und keinen Warnhinweis gibt, wenn in Wirklichkeit alles normal verläuft.

Letztes Jahr arbeitete Ian mit einem Senior Manager, der die Zusammenarbeit von Produktion und Verwaltung verbessern wollte. Anfangs gab es kaum Treffen, geschweige denn eine gute Zusammenarbeit der beiden Abteilungen. Büros und Werkstätten lagen rund um einen großen Hof. Auf der einen Seite die Produktion, auf der anderen, etwa hundert Meter entfernt, die Verwaltung. Ian fragte den Manager, was er sehen würde, wenn sein Ziel, die beiden Managementteams zusammenzubringen, erreicht wäre. Die Antwort: Er sah, wie seine Leute über den Hof gingen, um sich miteinander zu besprechen. Gefragt, was er hören würde, antwortete er, die beiden Gruppen würden miteinander sprechen und gemeinsame Entscheidungen treffen. Auf die Frage, was er fühlen würde, meinte er: Eine riesige Last würde von seinen Schultern genommen werden. Als er dies nur sagte, entspannten sich seine Schultern bereits, und er richtete sich in seinem Sessel auf. Wenn dieses Ergebnis einträfe, würde dies auch zeigen, daß Teamwork unabhängig von seiner hierarchischen Autorität stattfinden könnte. Er würde sich nicht mehr für alles so verantwortlich fühlen müssen. Beim Nachdenken über die Problemstellung sah er nur, wie alle von ihm erwarteten, daß er ihnen sagte, was sie tun sollten. In seinem neuen Bild sah er, wie sie unabhängig von ihm miteinander sprachen und Entscheidungen trafen. Zumindest konnte er also eine Lösung visualisieren.

Computermodelle, mit denen man das Risiko minimieren will, daß ein Projekt sein Budget sprengt, verwenden dieselben Prinzipien – die Visualisierung der Lösung. Das Unternehmen VSEL aus Barrow-in-Furness z.B. hat ein Integrated

Modelling Environment (IME) entwickelt, mit dem man geplante Systeme in kompletten Szenarien beschreiben kann. Stuart Colvin, ein Design Manager der VSEL Systems Division, erklärte uns: „Wir haben erkannt, daß es völlig irre ist, zuerst die Schrauben und Muttern auszusuchen und dann zu versuchen, sie füreinander passend zu machen. Meistens sind Einzelteile nämlich nicht daraufhin gestaltet, in einem integrierten Ganzen zu funktionieren. Viel sinnvoller ist es, mit einer klaren Definition des gesamten geplanten Systems zu beginnen und erst dann die entsprechenden Komponenten zu suchen."[1]

Virtual-Reality-Systeme arbeiten nach denselben Prinzipien. Der Computer entwirft ein Modell, mit dem man interagieren kann. Dazu benötigt man lediglich einen VR-Helm, der einem die Bilder und Töne des geplanten Szenarios liefert. Ein Architekt kann ein Modell eines neuen Gebäudes entwerfen und dem Kunden mit Hilfe virtueller Realität einen Eindruck davon vermitteln, wie es wäre, tatsächlich durch das Gebäude zu gehen. Zwar existiert dieses nur in der Vorstellung des Architekten und den Schaltkreisen des Computers, doch die Erfahrung ist sehr realistisch.

Der ultimative Computer befindet sich zwischen unseren Ohren. Wir können Bilder erzeugen, sie mit Tönen und Gefühlen versehen, die Szene bewegt oder still, groß oder klein darstellen. Kein Virtual-Reality-System hat genügend Speicherplatz, um all die Änderungen vorzunehmen, die uns mental im Bruchteil einer Sekunde möglich sind. Wenn man einmal eine Vorstellung davon hat, wie etwas sein soll, kann man viel leichter ein Feedback-System entwerfen, das einem mitteilt, wie man vorankommt. Denn jetzt weiß man, worauf zu achten ist.

Spezifisch – Wo, wann und mit wem?

Wo soll das Ergebnis stattfinden? An welchen Orten genau? Vielleicht gibt es Orte und Situationen, die von dem Ergebnis nicht berührt werden sollen. Vielleicht möchten Sie die Produktivität erhöhen, jedoch nur in ganz bestimmten Abteilungen. Oder Sie möchten vielleicht ein Gebäude kaufen, jedoch nicht, wenn die Zinsrate eine bestimmte Marke übersteigt.

Wann soll das Ergebnis erfolgen? Vielleicht müssen Sie eine Deadline einhalten. Oder es kommt vor, daß ein Ergebnis nicht vor einem bestimmten Datum stattfinden soll, damit andere Elemente, die darauf aufbauen sollen, zunächst fertiggestellt werden können. Ein Geschäftsführer berichtete uns einmal, wie er in die Klemme geraten war, weil er dies nicht berücksichtigt hatte. Er hatte sich vorgenommen, die Verkaufszahlen zu erhöhen. Leider zeitigten seine Anstrengungen einen so schnellen Erfolg, daß er viele Kunden frustrieren mußte, weil er mit der Lieferung nicht nachkam. Beim Management ist es so ähnlich wie beim Kochen, wo alles auf das Timing ankommt. Handele zu früh, und deine Pläne sind nur halbgar; handele zu spät, und sie sind verbrannt.

Umfassende Organisationsprojekte werden notwendigerweise mit sehr schwammigen Begriffen beschrieben. Sie müssen danach konkret übersetzt werden, damit klar wird, was getan werden muß. Ian wurde einmal gebeten, einen Streit zwischen zwei Abteilungen einer mittelgroßen Produktionsfirma zu schlichten. Die „nackten Tatsachen" sahen so aus, daß Abteilung A wollte, daß Abteilung B die Produktivität erhöhen sollte. Abteilungsleiter B hielt das für absurd, da seine Abteilung nicht über die Kapazitäten verfügte, mit einem erhöhten Durchsatz fertig zu werden. Bei näherer Betrachtung stellte sich heraus, daß A überhaupt nicht den gesamten Durchsatz steigern wollte, sondern einen Engpaß im eigenen Produktionsprozeß zu beseitigen versuchte, indem man von B verlangte, die einzelnen Komponenten schneller zu produzieren. Der Ausdruck *erhöhte Produktivität* hatte für jede Seite eine andere Bedeutung. Der Leiter von Abteilung A wollte nicht mehr Komponenten, sondern die gleiche Anzahl von Komponenten – nur schneller. Als dies dem anderen Abteilungsleiter klar wurde und er genau wußte, was er tun sollte, verschwand das Problem.

Was sind Ihre Ressourcen?

Verschaffen Sie sich einen Überblick über Ihre Ressourcen. Sie fallen in fünf Kategorien:

➤ Welche Objekte haben Sie? Beispiele: Büroeinrichtung, Gebäude, Computer.
➤ Welche Personen können Ihnen helfen? Sie haben Mitarbeiter, Vorgesetzte und Kollegen, Berater, Kunden, Zulieferer sowie weitere Geschäftskontakte und Freunde.
➤ Welche Rollenmodelle stehen zur Verfügung? Kennen Sie irgend jemand, der ein ähnliches Projekt erfolgreich abgeschlossen hat? Es braucht nicht in der gleichen Größenordnung oder Branche zu liegen. Mit wem können Sie darüber reden? Vielleicht gibt es Bücher? Sir John Harvey-Jones, Richard Branson und Ricardo Semler haben alle Berichte aus erster Hand veröffentlicht, wie sie mit Managementproblemen umgegangen sind.
➤ Welche persönlichen Qualitäten besitzen Sie? Seien Sie nicht zu bescheiden. Brauchen Sie Durchhaltevermögen, Flexibilität, die Fähigkeit, hart arbeiten, oder die Gabe, viele verschiedene Perspektiven erfassen zu können? Welche

Qualitäten müssen Sie entwickeln, um dieses Projekt zu einem erfolgreichen Abschluß zu bringen? (Die Fähigkeit, mit zwei Stunden Schlaf pro Nacht auszukommen ...?) Überlegen Sie, welche persönlichen Kenntnisse und Fähigkeiten Sie haben.

➤ Und zum Schluß die alles entscheidende Frage: Wie hoch ist Ihr Budget? Wieviel Geld steht Ihnen zur Verfügung? Genug?

Können Sie die Aufgabe selbständig in Angriff nehmen und durchführen?

Angenommen, es sei Ihr Ziel, die Verkaufszahlen zu verbessern. Falls Sie sich passiv darauf verlassen, daß der Markt es für Sie richtet, wäre dies kein Beispiel für das selbständige Beginnen oder Durchführen einer Aktivität. Überlassen Sie es Ihrem Außendienst, für mehr Verkauf zu sorgen, bleibt Ihr Input minimal. Während Ihre Verkäufer natürlich letztendlich die Umsatzzahlen steigern müssen, bleibt es doch Ihre Aufgabe, dies in jeder nur möglichen Weise zu fördern.

Was konkret können Sie direkt kontrollieren? Überlegen Sie genau, was Sie selbst tun können und was andere tun müssen, um das angestrebte Ergebnis zu verwirklichen. Wenn Sie delegieren – wie und an wen? Wie können Sie andere motivieren, ihren Beitrag leisten zu *wollen*, statt das Gefühl zu haben, sie *müßten* es tun? Wie können Sie andere dafür gewinnen, Ihnen zu helfen?

Wie sehen die entfernteren Konsequenzen aus?

Werfen Sie einen Stein in einen Teich. Wie weit gehen die Wellen? Wenn man die Auswirkungen seines Tuns weit genug verfolgt, erkennt man, daß es immer auch unbeabsichtigte Nebenwirkungen, nützliche wie schädliche, gibt. Man bekommt stets mehr als das, was man sich ursprünglich einhandeln wollte. Manchmal sind diese Effekte zu vernachlässigen, manchmal verwandelt sich unsere Lösung aber auch in ein neues Problem, das seinerseits gelöst werden muß. König Midas, eine Figur aus der klassischen Sagenwelt, hielt es für eine tolle Idee, alles, was er berührte, in Gold verwandeln zu können. Leider berücksichtigte er nicht die furchtbaren Folgen, die es haben würde, wenn sich wirklich *alles*, was er berührte, in Gold verwandelte.

Folgende Fragen zielen auf die weitergehenden systemischen Folgen:

➤ Wieviel Zeit und Anstrengung wird die Aufgabe erfordern? Alles hat seine Opportunitätskosten. Zeit und Mühen, die man auf eine Sache verwendet, muß man einer anderen entziehen.

➤ Wer sonst wird mit betroffen, und wie werden sich die Betreffenden fühlen? Berücksichtigen Sie verschiedene Perspektiven: die Ihres Chefs, Ihrer Kunden, Ihrer Zulieferer und der Leute, für die Sie verantwortlich sind. Möglicherweise erfahren Sie dadurch etwas, was Sie veranlaßt, Ihr Ziel zu modifizieren oder einen besseren Weg dahin zu finden.

➤ Was müssen Sie aufgeben, wenn Sie Ihr Ziel erreichen? Vielleicht gibt es Elemente in der gegenwärtigen Situation, die Sie beibehalten möchten. Achten Sie darauf, daß das auch passiert.

➤ Was könnte noch passieren, wenn ich erreiche, was ich möchte?

➤ Was werde ich verlieren, wenn ich mein Ziel erreiche? Kann ich das akzeptieren?

Dies sind interessante Fragen, mit deren Hilfe einengende Überzeugungen von einzelnen Beteiligten und ganzen Abteilungen auf den Prüfstand gestellt und vielleicht sogar aufgelöst werden können. Widerstand gegen Veränderung oder Verweigerung der Kooperation werden fast immer von Vermutungen oder Überzeugungen gespeist, was passieren würde, wenn ... Wenn man versäumt, andere Perspektiven zu berücksichtigen, kann man seine eigenen Anstrengungen zunichte machen.

Während Sie die Nebenwirkungen des Status quo erkunden, stoßen sie vielleicht sogar auf verborgene Themen, die Veränderungen bisher verhindert haben. Wir erinnern uns an einen leitenden Direktor, dessen Firma in ernsten finanziellen Schwierigkeiten steckte, was ihm jedoch nicht allzuviel auszumachen schien. Es wurde viel gestöhnt, doch die Firma hatte die letzten beiden Jahre überlebt, und er hatte es geschafft, den Wolf von der Tür fernzuhalten. Es schien ihm Spaß zu machen, den harten Kerl zu spielen und sich an den Ängsten seiner Mitarbeiter zu weiden. Schließlich wurde er gefeuert. Zum Abschied rief er seine Mannschaft zusammen und hielt ihr einen bemerkenswerten Vortrag.

„Wißt ihr, warum ich mich als junger Mann zu den Fallschirmspringern gemeldet habe?" fragte er. Natürlich wußte es niemand, obwohl manche Vermutungen gemurmelt wurden, die wir hier nicht wiederholen möchten.

„Weil ich Höhenangst hatte!" Für den, der Ohren hatte zu hören, war dies eine Erleuchtung. Er war jemand, der gelernt hatte, seine Angst dadurch zu bekämpfen, daß er das tat, wovor es sich am meisten fürchtete.

Nach seiner Verabschiedung erlebte die Firma einen deutlichen Aufschwung. Nun stand niemand mehr an ihrer Spitze, der eine Herausforderung erst dann annahm, wenn sie die Dimension eines Überlebenskampfs hatte. Jetzt lautete die Herausforderung, das Unternehmen aufzubauen und zum Erfolg zu führen.

Ist das angestrebte Ergebnis in Übereinstimmung mit Ihrer Identität?

Diese Frage gilt für Sie persönlich sowie für die gesamte Organisation.

Zunächst die persönliche Ebene. Angenommen, es ginge um eine Aufgabe, die mit einem noch zu bildenden Projektteam gelöst werden soll. Stellen Sie nun die genannte Frage. Die Teilnahme an diesem Projekt würde bedeuten, daß Sie sehr häufig auf Reisen wären. Ferner müßten Sie einige andere Projekte fallenlassen, an denen Sie ebenfalls beteiligt sind. Und schließlich würde diese Aufgabe Sie von ihrem geplanten Karriereweg abbringen. Obwohl Sie sich gerne beteiligen würden, stimmt für Sie die Rechnung unter dem Strich nicht. Fragen Sie sich: „Was habe ich davon, wenn ich in diesem Projektteam mitarbeite?" Wenn es darum geht, wertvolle Erfahrungen zu sammeln, könnte es auch andere Projekte geben; oder vielleicht wäre in diesem Fall ein Training oder eine Beratung vorzuziehen.

Das gleiche gilt auf der Ebene der Organisation. Jedes Unternehmen hat eine bestimmte Unternehmenskultur und eine Reihe von Werten, die seine Identität bestimmen. Die Ziele des Unternehmens müssen mit seiner Firmenidentität kongruent sein. Viele Firmen scheitern daran, daß sie sich in Aktivitäten verzetteln, von denen sie nichts verstehen und die nicht zu ihrer Identität passen. Die Expansion des Unternehmens Sock Shop nach Amerika war ein Desaster, das viele Probleme erzeugte. Die drei wichtigsten Eigenschaften jeder Immobilie sind bekanntlich Lage, Lage und nochmals Lage. Sock Shop kaufte Läden in Gegenden, in denen selbst das brillanteste Management Schwierigkeiten gehabt hätte, irgendeinen Gewinn zu erzielen.

Viele Unternehmen besitzen eine starke, durch ihren Gründer geprägte Identität. Dies kann von Vorteil sein. Richard Branson, der Gründer von Virgin, startete eine Fluglinie – ein Geschäftszweig, der ein bißchen anders funktioniert als das Musikgeschäft, aus dem er stammte. Branson und Virgin werden jedoch identifiziert mit Unternehmertum und Innovation, so daß das Manöver gelang. Natürlich hatte er seinen Zielmarkt gründlich untersucht, bevor handelte.

Die chinesischen Schachteln – oder: Wie passen die Ergebnisse zusammen?

Kennen Sie chinesische Schachteln? Jede ist etwas kleiner als die, in die sie hineingesetzt wird. Wie fügt sich ein angestrebtes Ergebnis ein in Ihre Pläne auf höherer Ebene? Wenn Sie in einem großen Projekt nicht vorankommen, müssen Sie herausfinden, wo das Hindernis liegt, und ein Zwischenziel bestimmen, um es zu beseitigen.

Wenn Ihnen die tägliche Detailarbeit gegen den Strich geht, sollten Sie sich fragen, wozu die Details da sind, und sie in Beziehung setzen zu jenem größeren Ziel, aus dem Sie Ihre eigentliche Motivation beziehen.

Für Unternehmen ist dieser Punkt sehr wichtig. Wie passen die einzelnen Projekte zur Gesamtstrategie? Liegen Aufgaben und Projekte auf der gleichen Linie wie die höherrangigen Zwecke des Unternehmens?

Kapitel 5 wird sich damit im Detail befassen.

Der Aktionsplan

Nachdem Sie Ihren Plan nun anhand dieser Fragen geprüft haben, können Sie handeln und delegieren. Beim Delegieren müssen Sie Ihren Mitarbeitern den größeren Zusammenhang klarmachen, so daß sie Ihre Aufgaben mit dem umfassenderen Projekt in Verbindung bringen können. Sorgen Sie dafür, daß die Mitarbeiter wissen, wie sie ihre eigenen Aufgaben und Ergebnisse analysieren können, so daß dieser Prozeß von der Leitungsebene bis zur Basis immer wieder durchlaufen wird. Dadurch werden die Aufgaben der Mitarbeiter besser durchdacht und mit Ihren Zielen in Einklang gebracht. Wenn alle daran arbeiten, ihre Ergebnisse nach oben und nach unten hin miteinander in Einklang zu bringen, verstärkt dies die gewünschte Entwicklungsrichtung des Unternehmens.

Bei jedem Projekt, daß Sie zu managen haben, müssen Sie die folgenden Punkte im Auge behalten:

➤ Wer ist verantwortlich? Wer ist der Projektleiter? Wo werden die Entscheidungen getroffen?

➤ Wer ist beteiligt? Was sind die Aufgaben der Betreffenden?

➤ Welches sind die Rollen der verschiedenen Beteiligten?

➤ Wer muß dabei informiert werden?

Computergestützte Ergebnisformulierung

Viele Unternehmen verwenden heute Computerprogramme, um Ziele zu definieren und den Fortschritt in ihrer Umsetzung zu verfolgen. Der Vorteil daran ist, daß die Software dafür sorgt, daß diese Fragen in strukturierter Form bearbeitet und die Ergebnisse in geeigneter Form dokumentiert werden, so daß sie bei Projektbesprechungen als gemeinsame Ressource verwendet werden können. Oft ist es nicht leicht, Teamdiskussionen fokussiert zu halten. Der Computer löst dieses Problem, indem er die Arbeit des Teams auf das gewünschte Ergebnis konzentriert. Wir haben eine Software entwickelt[2], die diesen Prozeß Schritt für Schritt durchläuft, so daß Sie Ihre Zieldefinitionen sortieren und klären können. (Siehe auch Seite 247, *Training und Ressourcen*.)

Erforschen der Kundenbedürfnisse

Die oben genannten Fragen bezüglich der geplanten Ziele sind ausgesprochen hilfreich, um genau zu bestimmen, was Ihre Kunden – seien es interne oder externe – wünschen. Kaum ein Unternehmen würde nicht für sich in Anspruch nehmen, die Wünsche der Kunden befriedigen zu wollen, doch vielen gelingt es nicht besonders gut, genau zu erkennen, worin diese Bedürfnisse bestehen. Man rät einfach drauflos und hält dies für eine hinreichende Aufklärung der Kundenwünsche. Dabei kann man Glück haben oder auch nicht. Bedürfnisse und Wünsche sind nicht immer genau definiert, und auch den Kunden selbst sind sie nicht immer klar. Auf jeden Fall werden die Kunden Ihnen aber die Schuld geben, wenn Sie ihnen nicht liefern, was sie brauchen. Es liegt in der Verantwortung Ihres Unternehmens, die Bedürfnisse des Kunden zu eruieren.

Man kann die Ergebnis-Fragen nicht nur dafür verwenden, die Wünsche der Kunden herauszufinden, um ihnen entsprechende Angebote zu unterbreiten, sondern sie sind auch dann von Bedeutung, wenn Sie selbst in der Position des Kunden sind. Wir kennen ein Unternehmen, das auf Anraten seiner Techniker ein sehr teures Datenbank-System installierte. Die Techniker hatten das allermodernste System empfohlen, unter anderem deshalb, weil es einfach zu bedienen war. Unglücklicherweise spielte die einfache Bedienung keine Rolle mehr, als man entdeckte (leider zu spät), daß das System nicht besonders gut konnte, was das Management von ihm verlangte. Dergleichen passiert jeden Tag: Ergebnisdefinitionen werden einfach nicht miteinander koordiniert. Für Manager kann das sehr teuer werden. Computersysteme sind wie Kleidungsstücke: Vielleicht sind die neu, modisch und machen Spaß, aber sie müssen auch passen.

Das Amt für Statistik der US-Regierung hat für 1979 herausgefunden, daß 47 Prozent der in Auftrag gegebenen Software zwar ausgeliefert, aber niemals benutzt wurden. Was für eine Geldverschwendung.
29 Prozent wurden zwar bezahlt, aber niemals ausgeliefert.

19 Prozent der Software wurde benutzt, aber nur nach umfassender Überarbeitung.

3 Prozent kamen nach kleineren Veränderungen zum Einsatz.

2 Prozent wurden benutzt wie ausgeliefert. Dabei handelte es sich um einen COBOL-Präprozessor. Die Anforderungen waren einfach, das Problem war klar, und alle beteiligten Personen kamen aus dem Computergeschäft.

Wir fragen uns, wieweit sich diese Zahlen im Laufe der Jahre verbessert haben.

Es gibt viele Gründe, weshalb die Erfassung der Kundenanforderungen danebengehen kann, und die meisten davon haben etwas mit ungeklärten Fragen bezüglich der Ergebnisse zu tun. Hinzu kommt, daß Managementprobleme oft in einem negativen Bezugsrahmen gesehen werden: Etwas läuft falsch und muß auf die richtige Bahn gebracht werden. Doch es ist unmöglich, eine Lösung zu entwickeln, wenn das Problem nicht zunächst in ein positives Ergebnis umformuliert wird.

Man muß erkennen, um welche Art von Problem es sich handelt:

➤ Ist es ein klar definiertes Problem in einem klar definierten Kontext? Beispiel: die Entwicklung eines Softwarepakets zur Kontrolle der Budgets einer Abteilung. Die entsprechenden Zahlen und Vorgänge sind bekannt und etabliert; sie müssen nur auf möglichst effektive Weise integriert werden. Vielleicht gibt es schon ein Programm-Modell, das man benutzen kann, um Entwicklungszeit zu sparen.

➤ Ist es ein klar definiertes Problem in einem unbekannten Kontext? Beispiel: Wenn ein Unternehmen einen neuen Geschäftsbereich aufbaut, benötigt es Informationen über das neue Gebiet.

➤ Sind sowohl der Kontext wie das Problem undefiniert? Dann muß man verschiedene Perspektiven einnehmen und die logischen Ebenen analysieren, um den Problemraum zu definieren, bevor man die Frage nach den Ergebnissen stellen kann.

Vergessen Sie nicht den Rapport. Die Qualität der Antworten auf diese Fragen hängt stark davon ab. Den Kunden mit den Mitteln der spanischen Inquisition zu befragen kann kontraproduktiv sein, selbst wenn es in bester Absicht geschieht.

Unternehmenszwecke: Was wollen wir?

Früher wurden Unternehmen gegründet, wenn eine Gruppe von Personen sich zu-
sammenschloß, um ein Ergebnis zu erreichen, das aufgrund seines Umfangs niemand für sich allein erreichen konnte. Der Zweck der Unternehmung war es, Geld
für die Investoren zu verdienen. Viele von ihnen trugen zur Förderung des Allge-
meinwohls bei, entweder als Nebenwirkungen bei der Verfolgung der eigenen lang-
fristigen Interessen oder aus Altruismus. Auf oberster Ebene verfolgen Unternehmen mehrere Zwecke. Die wichtigsten sind:

➤ Gewinn zu erzielen
➤ Beschäftigung, Sicherheit, Reputation und Vermögen derjenigen zu sichern,
  die das Unternehmen betreiben
➤ Risiken zu teilen

Manchmal läßt man es zu, daß die Gewinnabsicht die anderen Zwecke überschat-
tet und für den einzigen Unternehmenszweck gehalten wird. Was ist der Zweck
Ihres Unternehmens? In vielen Managementausbildungen ist man bei der Beant-
wortung dieser Frage noch auf dem Stand der sechziger Jahre: „Maximierung des
mittelfristigen Gewinns pro Aktie." Dies ist in mehrerer Hinsicht fragwürdig:

Heißt *maximieren*: so groß wie *möglich*?
Welche ethischen Grenzen gibt es?
Welche strukturellen Grenzen gibt es?
Welches sind die weiteren Konsequenzen für Mensch und Umwelt?
Wie lang ist mittelfristig – drei Monate, sechs Monaten, zwei Wochen?
Kann das Erstreben von mittelfristigem Gewinn langfristig zur Katastrophe
führen?

Ein Unternehmenszweck, der oft nicht genügend berücksichtigt wird, ist das Überleben. Wie groß muß ein Risiko sein, um inakzeptabel zu werden? In jedem komplexen System führt die Maximierung einer Variable *notwendigerweise* zur
Schwächung anderer Bereiche. Eine bessere Formulierung der oben gegebenen
Antwort könnte also lauten: „Optimierung des mittelfristigen Gewinns pro Aktie."
  Welche Auswirkungen hat es auf unsere Werte, wenn der Profit der Shareholder
als primärer Zweck des Unternehmens gilt? Wenn die Vergütung der Manager an
den Aktienkurs gebunden wird, verbünden sie sich eher mit den Shareholdern als
mit den Mitarbeitern. Dadurch entsteht ein Konflikt. Wo Manager als Shareholder
auftreten, werden Mitarbeiter und andere Stakeholder leicht als Kosten gesehen,

die man zu reduzieren hat. Sollen Menschen in der Bilanz des Unternehmens als Kosten oder als Kapital auftauchen?

Shareholder mögen in der Lage sein, mehr Profit zu machen, wenn sie ihr Geld ·aus dem Unternehmen herausziehen, anstatt es darin neu zu investieren. Seit 1975 haben britische Unternehmen durchschnittlich etwa 45 Prozent der Gewinne reinvestiert. Im Vergleich dazu waren es bei amerikanischen Unternehmen 54 Prozent, bei japanischen Firmen 63 Prozent und in Deutschland 67 Prozent. Wenn Profitabilität der Hauptzweck des Unternehmens wäre, müßte es für die Aktionäre doch ganz normal sein, ihr Geld aus den britischen Firmen abzuziehen und in die Unternehmen anderer Länder zu investieren, die sich so verhalten, als glaubten sie mehr an ihre eigene langfristige Zukunft.

Jedes Unternehmen muß Geld verdienen; ohne Einkünfte kann kein Unternehmen funktionieren. Rund um den Globus gibt es Millionen von Unternehmen, die alle Geld verdienen wollen. Was unterscheidet Ihr Unternehmen von den anderen? Eine Antwort geben die Werte Ihrer Organisation. Sie haben Einfluß darauf, *wie* Sie Ihr Geld verdienen. Wenn sich der Zweck des Unternehmens mit den Organisations-Werten verbündet, ist Geld nicht mehr der einzige Imperativ. Es wird Mittel zum Zweck, eher ein Nebenprodukt als das Endprodukt. Es kann als Bestätigung aufgefaßt werden, daß das Unternehmen seine Angelegenheiten richtig macht. Wenn ein Unternehmen seinen Kunden dient, wird es sie an sich binden und Folgegeschäfte abschließen können. Es wird finanziell erfolgreich sein, so daß man sagen kann, wer Geld verdient, beweist, daß er seine Kunden gut bedient.

Werte sind das, was Menschen morgens aus dem Bett treibt. Wie inspirierend ist das Ziel, „die mittelfristigen Gewinne pro Aktie zu maximieren"? Schlagen da die Herzen höher?

Das Geheimnis erfolgreichen Managements liegt darin, den Zweck des Unternehmens zu übersetzen in erfolgreiche Aufgaben und Projekte, die den Mitarbeiter das geben, was sie sich wünschen: Respekt vor sich selbst, Anerkennung, ein Gefühl der Zugehörigkeit und fachlichen Kompetenz. In den folgenden Kapiteln werden wir uns zunächst mit der Frage der chinesischen Kästchen befassen – wie kann der Unternehmenszweck in erfolgreich zu managende Projekte heruntergechunkt werden? Danach werden wir uns dem Thema zuwenden, wie sich die Organisations-Werte mit dem Unternehmenszweck zu einer Vision verbinden lassen und wie dabei die persönlichen Werte gefördert werden.

Ergebnisse: Zusammenfassung

1. Positiv – Was wollen Sie?

Ergebnisse müssen in positiver Form ausgedrückt werden. Das heißt, es geht um ein angestrebtes Ziel, auf das man hinarbeitet, und nicht darum, etwas Unerwünschtes zu vermeiden.

Fragen: Was habe ich davon, wenn ich dieses Ergebnis erreiche?

                Was möchte ich statt dessen?

2. Evidenz – Woran erkenne ich, daß ich das Ergebnis erreicht habe?

Legen Sie von vornherein fest, welches die Anzeichen dafür sind, daß Sie das gewünschte Ergebnis erreicht haben.

Zur Evidenz gehört das, was Sie sehen, hören und fühlen können, wenn das Ergebnis verwirklicht ist.

Fragen: Woran erkenne ich, daß ich mein Ziel erreicht haben?

                Was werde ich in diesem Fall sehen, hören und fühlen?

                Was werden andere in diesem Fall sehen, hören und fühlen?

3. Spezifisch – Wo, wann und mit wem?

Fragen: Wo soll das Ergebnis stattfinden?

                Wann soll das Ergebnis stattfinden?

                Mit wem möchte ich das Ergebnis erreichen oder teilen?

                Gibt es Zeiten, Orte oder Menschen, die von diesem Ergebnis ausgeschlossen bleiben sollen?

4. Welches sind meine Ressourcen?

Fragen: Welche Dinge stehen mir zur Verfügung?

                Welche persönlichen Qualitäten?

                Welche Personen können mir helfen?

                Welche Rollenmodelle habe ich?

                Wie hoch ist das Budget?

5. Kann ich die Aufgabe selbständig in Angriff nehmen und durchführen?

Fragen: Was kann ich direkt unternehmen, um mein Ergebnis zu erreichen?

                Was steht in meiner Macht und was nicht?

                Was kann ich tun, um andere dazu zu bringen, mir zu helfen?

6. Welches sind die weiteren Konsequenzen?

Fragen: Wieviel Zeit und welche Anstrengungen sind nötig, um das Ergebnis zu verwirklichen?

Welche Investitionen sind erforderlich?

Wer ist mit betroffen, und wie werden diejenigen sich fühlen?

Was werde ich aufgeben müssen, wenn ich mein Ziel erreicht habe?

Was finde ich positiv an meinen gegenwärtigen Umständen?

Wie kann ich das, was ich derzeit positiv finde, bewahren?

7. Ist das Ergebnis in Übereinstimmung mit meiner Identität?

Fragen: Ist das Ergebnis zu vereinbaren mit meiner Identität?

Fühle ich mich dabei kongruent?

Entspricht es unserer Art zu arbeiten?

8. Wie paßt dieses Ergebnis zu anderen Ergebnissen?

Fragen: Welches ist das übergeordnete, größere Ergebnis?

Welche kleineren Aufgaben müssen gelöst werden, um Hindernisse zu beseitigen?

9. Wie sieht der Aktionsplan aus?

Fragen: Wer ist verantwortlich?

Wer ist beteiligt?

Wer hat welche Aufgaben?

Wer muß informiert werden?

Die Entwicklung Ihrer Fähigkeiten

1. Arbeiten Sie mit diesen Ergebnisfragen, um Ihre Projekte zu strukturieren.
2. Verwenden Sie diese Ergebnisfragen bei der Teamarbeit als Leitfaden hin zu den gewünschten Ergebnissen.
3. Wenden Sie diese Ergebnisfragen auf Ihre sämtlichen Kunden an – externe wie interne –, um herauszufinden, was sie brauchen. Vergessen Sie nicht, zuerst Rapport herzustellen.
4. Beurteilen Sie alle sechs Monate Ihre eigene Leistung mit Hilfe dieses Ergebnisprozesses.

Weiterführende Lektüre

Drucker, Peter: *The Effective Executive*, Heinemann 1967

Harvey-Jones, Sir John: *Making It Happen*, HarperCollins 1994

Anmerkungen

1.   „VSEL", *Sunday Times*, 13.5.1990
2.   Goal Wizard Outcome Software, ITS Software 1994

5. Von der Zielsetzung zur Praxis

In diesem Kapitel geht es um zwei Prinzipien:

1. Wie übersetzt man die übergeordneten Zielen des Unternehmens in konkrete Projekte? Was bedeutet dies für die Praxis?
2. Wonach entscheidet man, auf welcher Ebene von Detailliertheit man arbeitet?

Der Zweck des Unternehmens bildet den Gesamtrahmen. Um ihn zu verwirklichen, braucht man eine Strategie, wie die Umsetzung erfolgen soll. Beides zusammen ergibt die Formulierung der Unternehmensmission:

Zweck + Strategie = Mission

Wie eine Kaskade fließt die Mission von oben nach unten durch das gesamte Unternehmen und konkretisiert sich in Aufgaben und Projekten auf allen Unternehmensebenen. Ein Eingriff auf der Ebene der Mission verändert die gesamte Organisation. Je höher die Ebene, auf der man eingreift, desto stärker ist das Unternehmen betroffen. Die Mission gibt dem gesamten Unternehmen die Richtung vor. Sie ist die größte der chinesischen Schachteln. Danach kommen die verschiedenen Projekte, Untersuchungen und Entwicklungsschritte, die die Mission voranbringen sollen.

Manche Probleme lassen sich nicht anders lösen als durch Eingriff auf den oberen Ebenen; andere können auf tieferen Ebenen bearbeitet werden. Stellen Sie sich ein firmeneigenes Kraftwerk vor. Sein Zweck besteht darin, Energie zu produzieren. Die Strategie entspricht dem Netz von Rohren und Kabeln, welches Strom und Wärme in alle Gebäude führt. Jeder Teil des Unternehmens kann die Energie verwenden, um Projekte und Aufgaben zu erfüllen und sich selbst zu erhalten. Um bei der Analogie zu bleiben: Wenn eine Sicherung ständig herausfliegt, bringt es nicht viel, am Stromgenerator herumzubasteln, obwohl man theoretisch das Problem dadurch lösen könnte, daß man den Energieausstoß zurückfährt. Ebenso gilt: Bei einem Stromausfall nützt es nichts, die Zahl der Lampen zu erhöhen.

Zentrale Geschäftsziele

Hier ist ein gutes Beispiel für die Formulierung von Unternehmenszielen auf höchster Chunk-Ebene. Es entstammt dem Geschäftsbericht 1994 der Virtuality Group PLC, einem Unternehmen, das im Bereich der Virtual-Reality-Technologie tätig ist. Joseph ist Aktionär dieser Firma und erhielt den Report, während wir dieses Kapitel schrieben.

Der Geschäftsbericht stellt fest, die zentralen Geschäftsziele von Virtuality seien:

➤ finanziellen Gewinn für die Aktionäre zu erzeugen durch die Steigerung des Umsatzes auf über 100 Millionen Pfund bis zum Ende des Jahrzehnts

➤ Virtuality als internationale Marke aufzubauen und sich an der Entwicklung globaler VR-Standards zu beteiligen

➤ die Effizienz der Gruppe zu maximieren durch Erwirtschaftung hoher Erträge pro Angestelltem

Die Strategie der Gruppe zur Erreichung dieser Ziele besteht darin:

➤ die weltweite Führungsposition im Bereich der VR-Unterhaltung zu behaupten durch permanente Verfeinerung der Technologie und Verbesserung des Preis-Leistungs-Verhältnisses

➤ eine miteinander kompatible Kollektion von VR-Produkten anzubieten, die in jedem neuen Markt signifikante Marktanteile gewinnen kann

➤ eigene VR-Technologie in Lizenz an strategische Partner in unterschiedlichen Industriezweigen weiterzugeben

➤ hochtalentierte Mitarbeiter zu gewinnen und ihnen eine Arbeitsumgebung zu bieten, die sie zu innovativem und verantwortlichem Handeln ermutigt

---

Chinesische Schachteln und Stille Post

Manager müssen umfassende Projekte und Zwecke in spezifische Aufgaben übersetzen und diese so managen, daß sie sich zu einem Ganzen zusammenfügen. Dies nennt man herunterchunken (engl.: *chunking down*): Man nimmt eine komplexe Aufgabe und zerlegt sie in ihre Komponenten. Es ist wie bei den chinesischen Kästchen – jedes Projekt muß heruntergechunkt werden in kleinere Projekte, aus denen es aufgebaut wird.

Zwecke, Strategien, Mission-Statements und Projektpläne werden mit Hilfe von Sprache ausgedrückt. Je höher die Ebene, desto allgemeiner die sprachlichen Formulierungen. Ein Mission-Statement z.B. wird notwendigerweise immer sehr allgemein gehalten sein. Doch Begriffe sind nicht die Aufgabe, und Worte können in die Irre führen. In Ihrem eigenen Kopf müssen Sie sich darüber im klaren sein, was zu tun ist, und sie müssen anderen ganz klar mitteilen können, was sie zu tun haben. Worte sind die Währung des Managements. Wir lesen und hören sie, interpretieren sie und geben sie durch Schreiben oder Sprechen an andere weiter. Doch dies kann in zweifacher Weise mißlingen:

➤ Wir können die ursprüngliche Formulierung mißverstehen und unsere Aktionen auf die *von uns* verstandene Bedeutung, nicht auf die ursprünglich intendierte, stützen.

➤ Andere können mißverstehen, was wir ihnen sagen, und ihre Handlungen auf *ihr eigenes* Verständnis stützen und nicht darauf, was wir beabsichtigt haben.

Diesen Vorgang kann man mit dem Spiel „Stille Post" vergleichen. Wenn ein Projekt das Ende der Kette erreicht, wird es völlig anders aufgefaßt, als es ursprünglich gemeint war, und die Summe der Teile hat nichts mehr mit der Ausgangsidee zu tun.

Kommunikationsfehler können jederzeit passieren, weil Worte keine fixierten Bedeutungen haben. Ihre Bedeutung hängt davon ab, was wir glauben, daß sie bedeuten. Jemand interpretiert die Bedeutung bestimmter Schlüsselwörter und handelt danach, statt den Sprecher zu fragen, was sie bedeuten sollen. Die Folgen davon können für einen Manager ausgesprochen kostspielig sein. Darum müssen wir immer wieder Fragen stellen, um zu klären, was die Äußerungen der anderen bedeuten – egal, ob es sich um ein Memo, einen Projektplan oder das Mission-Statement des Unternehmens handelt. Wir müssen für uns selbst klare Vorstellungen entwickeln, und wir müssen die Kommunikationsfähigkeiten besitzen, anderen exakt vermitteln zu können, was getan werden muß.

Viele Projekte scheitern daran, daß die Verantwortlichen nicht energisch und exakt genug nachfragen, um anderen die notwendigen Informationen zu entlocken. Je höher die Stufe des Plans, desto abstrakter seine sprachliche Beschreibung. Worte können auf viele Weisen interpretiert werden. Eine wichtige Voraussetzung für erfolgreiches Projektmanagement ist Klarheit der Sprache.

Schlüsselfragen

Worte übertragen nicht automatisch die beabsichtigte Bedeutung. Der Empfänger handelt auf Grundlage der Bedeutung, die er selbst konstruiert hat und die nicht notwendigerweise mit der Absicht des Senders übereinstimmt. Wir brauchen also eine Auswahl von Schlüsselfragen, um Unklarheiten auflösen zu können. Im NLP gibt es so ein Kommunikationswerkzeug, es wird Meta-Modell genannt.

Das Meta-Modell wurde von Richard Bandler und John Grinder entwickelt und 1975 in ihrem Buch *Die Struktur der Magie* veröffentlicht. Das Meta-Modell besteht aus einer Reihe von Fragen, mit denen sich Sprache klären läßt. Wenn wir einen Gedanken sprachlich ausdrücken, passiert einer von drei möglichen Vorgängen:

Wir *generalisieren* einen besonderen Fall, als ob er alle Möglichkeiten repräsentierte.

Wir *tilgen* oder ignorieren Fakten.

Wir *verzerren* eine Situation, indem wir sie mit Ausdrücken beschreiben, die nicht angemessen sind.

Diese Vorgänge sind an und für sich nicht schlecht. Verzerrung zum Beispiel ist eine Grundlage der Kreativität, indem sie uns erlaubt, bekannten Tatsachen neue Bedeutung zu geben. Wir lernen etwas, indem wir einzelne Beispiele generalisieren, und wir gehen notwendigerweise selektiv vor bei dem, was wir wahrnehmen oder worüber wir sprechen. Wenn wir in diesem Buch Beispiele nennen, läßt es sich nicht vermeiden, daß wir Informationen weglassen, weil es sonst so umfangreich würde wie die *Encyclopaedia Britannica*. Im Gegenteil: Wir liefern die Beispiele ja in der Absicht, einen allgemeineren Sachverhalt darzustellen. Wir laden den Leser geradezu ein, die Beispiele zu generalisieren.

Das Meta-Modell besteht aus einer Serie von Fragen, welche dazu da sind, sprachliche Verwicklungen aufzulösen und Mißverständnisse zu vermeiden. Es klärt die Kommunikation für Sprecher und Zuhörer, indem man mit seiner Hilfe den Sprecher dazu anhalten kann, wichtige, jedoch fehlende Informationen zu ergänzen, seine Sprachäußerungen neu zu formulieren, falls sie mißverständlich sind, und Generalisierungen mit konkreten Beispielen zu untermauern. Richtige Antworten bekommt man, wenn man die richtigen Fragen stellt.

Wer genau?

Angenommen, ein Manager sagt Ihnen: „Man verlangt von uns, das Projekt bis zum Monatsende abzuschließen. Sprechen Sie mit allen Beteiligten und finden Sie raus, was noch zu tun ist." In diesem Beispiel wird niemand persönlich erwähnt. Wer sind die Beteiligten? Der Sprecher nimmt an, Sie wüßten das, und doch kann seine Vorstellung sich von der Ihren unterscheiden. Seien Sie also auf der Hut vor Ausdrücken wie *Leute*, *Personal* oder dem allumfassenden *man*. Auch in einer Passivkonstruktion wird die Person, auf die sich der Satz bezieht, getilgt. In Sätzen wie: „Der Report wurde fertiggestellt" oder: „Die Anweisung wurde verlegt" sind die Person oder Personen getilgt, die die entsprechende Handlungen ausgeführt haben. Das grammatische Passiv kann dazu verwendet werden, Verantwortung zu vermeiden; man beschreibt eine Aktion ohne die ausführende Person.

Die Frage des Meta-Modells „Wer genau?" hilft dabei, die logische Ebene der Identität ins Blickfeld zurückzuholen. Schließlich bedeutet das Managen von Prozessen, die Menschen zu managen, die die Prozesse ausführen.

Was genau?

Jedes Mission-Statement definiert ein Ergebnis, das nicht sehr spezifisch ist. So muß es auch sein, wenn man auf dieser Ebene arbeitet. Das Statement von Virtuality zum Beispiel spezifiziert nicht, welche Technologien verfeinert oder welche Preis-Leistungs-Verhältnisse genau verbessert werden sollen.

Ein anderes Beispiel: „Wir müssen Schritte einleiten, um sicherzustellen, daß so eine Situation nie wieder eintritt." Vielleicht hat eine vorangegangene Diskussion geklärt, was damit gemeint ist. Dennoch könnte es immer noch sinnvoll sein zu fragen: Welche Schritte? Und welche Situation? Oder wie in diesem Beispiel: „Die

Computeranlage muß aufgerüstet werden." Um welche Gerätschaften geht es genau?

Bestimmte Schlüsselwörter sind mehrdeutig, jeder versteht sie anders. Das kann fatale Konsequenzen haben. Im *Fieldbook zur Fünften Disziplin*[1] wird ein interessantes Beispiel genannt. Es ging um ein amerikanisches Chemieunternehmen, das eine Konferenz für seine Händler aus der ganzen Welt organisiert hatte. Sinn des Treffens war der Entwurf eines Mission-Statements. Im ersten Absatz erschien der Ausdruck „ein internationaler Distributor". Ein Teilnehmer aus Deutschland wollte den Begriff „international" in „global" abändern. Die beiden Begriffe bedeuteten doch das gleiche, meinten die amerikanischen Abgeordneten. Weshalb also diese Mühe? Der Deutsche konnte den Unterschied nur schwer mit Worten begreiflich machen und ging zur Flipchart. Er zeichnete ein Rad mit Amerika als Nabe und den anderen Ländern als Speichen. „Das ist international", sagte er. „Ihr seid das Zentrum, ihr entscheidet." Dann malte er auf, was für ihn *global* bedeutete: ein Rad mit der Mission als Nabe und Amerika als einer Speiche wie alle anderen Länder. Die nun folgende Debatte dauerte zwei Stunden. Zum Schluß erkannten die amerikanischen Teilnehmer, daß es tatsächlich einen Unterschied machte. In der Tat unterschieden sich die beiden Ausdrücke, weil hinter jedem eine andere Denkweise steckte. Sie erkannten, daß sie die Diskussionen dominiert hatten und daß dies zu Schwierigkeiten geführt hatte, Märkte in anderen Ländern zu erschließen und erstklassige Manager von außerhalb Amerikas für das Unternehmen zu gewinnen.

Wie genau?

Im Management ist dies die Schlüsselfrage: Wie setzt man die Unternehmensstrategien um? Eine Strategie gibt die Richtung vor und muß, wie eine Reise, in eine Serie von Schritten zerlegt werden. Das Mission-Statement liefert dazu die Landkarte.

Hier einige Beispiele: „Die Kundenzufriedenheit muß erhöht werden", „Die laufenden Kosten müssen gesenkt werden", „Die Mitarbeiter müssen den Umgang mit den Konten lernen." Wie im einzelnen sollen diese Aufgaben erledigt werden? Dies ist eine Frage nach den Fähigkeiten. Keine Strategie wird einem die Details nennen, wie genau sie umgesetzt werden soll.

„Anhaltende Situationen"?

Es gibt einen sprachlichen Vorgang, der die drei obengenannten Vorgänge miteinander verbindet. Sehen Sie sich die Begriffe im Mission-Statement des Unternehmens Virtuality an. Da ist die Rede von Entwicklungen, Standards, Effizienz, Technologien, Innovation und Verantwortung. Dies alles sind Beispiele für das, was man in der Linguistik als Nominalisierung bezeichnet, einen Vorgang, bei dem Verben in Substantive verwandelt werden. Ein anderes Beispiel ist der Ausdruck Management. Projektbeschreibungen und Strategien auf oberer Ebene enthalten notwendigerweise Nominalisierungen, denn diese sind vage genug, um viele verschiedene Bedeutungsnuancen zu umfassen.

Nominalisierungen sind das Sprachmuster des oberen Managements. In jeder der drei genannten Hinsichten – wer genau, was genau und wie genau – bleiben sie unbestimmt. Die Übersetzung eines Mission-Statements oder einer Strategie die Organisation hinab ist im wesentlichen ein Prozeß zunehmender De-Nominalisierung.

In Unternehmen und Verwaltungen kommen Nominalisierungen sehr häufig vor. Kürzlich entdeckten wir einen Geschäftsbericht, der folgende Formulierung enthielt: „Es entstand die Notwendigkeit, unsere Geschäftsbeziehungen zu überprüfen. Die anhaltende Situation bedeutet, daß neue Parameter wirksam wurden." Weil Nominalisierungen so abstrakt und so vage sind, sind sie auch bei Politikern so beliebt. Jedesmal, wenn ein Prozeß (ein Verb) in eine Sache (ein Substantiv) verwandelt wird, wird eine neue Nominalisierung geboren. Geld zu verlieren ist ein

Prozeß. Wenn ein Unternehmen jedoch einen „Rückgang der Einnahmen" meldet, hat es aus dem Prozeß eine Sache gemacht. Diese Sache ist ausgesprochen vage und undefiniert und bedeutete für jeden etwas anderes. Wenn man es sich visuell vorstellt, ist Geld zu verlieren wie ein Film. Es gibt Bewegung, es passiert etwas. Ein Rückgang der Einnahmen hingegen ist statisch wie eine Fotografie. Nominalisierungen verwandeln Filme in Standfotos, und der Prozeß kommt zum Erliegen.

In einer Nominalisierung sind die handelnden Personen verschwunden. Deshalb gelten die zuvor beschriebenen Fragen: Wer genau ist beteiligt? Was genau geht vor? Wie genau ereignete sich etwas? Nominalisierungen sind gefährlich, weil wir die fehlenden Einzelheiten aus unserer eigenen Vorstellung ergänzen. Wie stark ist der Rückgang, und über welchen Zeitraum erstreckt er sich? Wie kam es dazu, und wer war daran beteiligt? Indem wir der Phrase Substanz verleihen, stellen wir uns Antworten auf diese Fragen vor, halten unsere Spekulationen für zutreffend und bilden uns zuletzt ein, sie seien bereits in der ursprünglichen Aussage enthalten gewesen. Hinzu kommt noch, daß sich ein Sprecher oft selbst nicht darüber im klaren ist, was seine Aussage ausdrückt. Die genannten Fragen zwingen ihn dazu, genau über die tatsächlichen Ereignisse nachzudenken und deren Wahrnehmung sowohl für sich selbst wie für den Fragenden zu klären.

Nominalisierungen zu erkennen ist nicht schwer. Meistens sind es Verben oder Adjektive, mit besonderen Endungen versehen wie -ung, -heit, -keit oder -mus. Das Wort *Nominalisierung* ist selbst eine Nominalisierung. Ein Ausdruck, der sich mit dem Adjektiv „anhaltend" schmücken läßt, ist fast immer eine Nominalisierung. Während man beispielsweise von einer *anhaltenden Situation* sprechen kann, hört sich ein *anhaltendes Buch* sehr merkwürdig an. Schön ist auch die Frage: „Kann ich es in eine Schubkarre legen?" Versuchen Sie mal, Produktivität in eine Schubkarre zu tun. Demgegenüber können Sie Dinge, die mit gewöhnlichen Substantiven wie *Auto, Schuh, Computer* oder *Büroparty* bezeichnet werden, durchaus in einer Schubkarre plazieren, wenngleich diese im Falle der Party etwas größer ausfallen müßte.

Bei einer Nominalisierung besteht der Trick darin, sie wieder in einen Prozeß zurückzuverwandeln. Beispielsweise gibt es so etwas wie *Managementbeziehungen* nicht wirklich, obwohl im Management viele Personen zueinander in Beziehung stehen. Wir wurden einmal von einem CEO gebeten zu helfen, „die interpersonelle Unternehmens-Kommunikation zu verbessern". Wir fragten ihn: „Wie genau können wir vorgehen, um die Art und Weise zu verbessern, wie die Menschen miteinander kommunizieren?" Plötzlich war das Thema real geworden, und er nannte uns ein halbes Dutzend verschiedener Möglichkeiten, dieses Ziel zu erreichen. Wir gingen sie durch und ergänzten sie noch um einige eigene Vorschläge. Daraus entstand ein Programm, das wir mit Erfolg umsetzten. Unser Auftraggeber war überrascht, wie leicht sich positive Vorschläge entwickeln ließen, nachdem er die Abstraktion in einen Prozeß verwandelt hatte, bei dem Menschen etwas taten.

Nominalisierungen

Verb	Substantiv
verstehen	Verständigung
kommunizieren	Kommunikation
motivieren	Motivation
entwickeln	Entwicklung
trainieren	Training
effizient sein	Effizienz
managen	Management
organisieren	Organisation
bewerten	Bewertung
entscheiden	Entscheidung

Hier sind einige weitere Nominalisierungen. Welche Verben würden Sie dafür verwenden?

?	Technologie
?	Unternehmen
?	Projekt
?	Team
?	Ziel
?	Qualität

Wir beschäftigen uns mit den Nominalisierungen so ausführlich, weil sie so häufig verwendet werden und so irreführend sein können. Ihr Einfluß reicht weit über die Beschreibung unserer Zielvorgaben hinaus. Das Wort *Unternehmen* ist so eine Nominalisierung, hinter der sich ein Verb versteckt. *Qualität* ist eine andere interessante Nominalisierung. Das Verb dahinter muß etwas ähnliches sein wie *einschätzen, messen* oder *qualifizieren*. Nun können wir einige weitere Fragen stellen:

Wer mißt?

Was wird gemessen?

Wie wird gemessen?

Welche Kriterien oder Standards werden angewandt?

Wie lautet der Schwellenwert für jedes Kriterium? (Ein Schwellenwert muß auf jeden Fall eingehalten werden, ansonsten handelt es sich um einen Richtwert. Die garantierte Auslieferung am nächsten Tag z.B. ist ein Schwellenwert.)

Derartige Fragen helfen beim Herunterchunken, indem sie die speziellen Umstände allgemeiner Instruktionen herausarbeiten. Haben Sie bemerkt, daß es in dieser Liste keine Warum-Fragen gibt? Warum-Fragen führen zu nichts weiter als zu Äußerungen von Überzeugungen und Werturteilen (oder hohlen Rechtfertigungen), auf die wir später eingehen werden; zur Konkretisierung anstehender Aufgaben tragen sie jedenfalls nichts bei.

Schlagwort-Generator

Nehmen Sie ein Wort aus jeder Spalte und erzeugen Sie eine kolossale Management-Phrase, mit der Sie Ihre Kollegen sicherlich beeindrucken können. Zusätzliche Wirkung erzielen Sie durch Anhängen des Begriffs *Prozeß* an jede Phrase.

Beziehungsorientierte/s	Situations-	Unternehmen
Organisatorische/s	Firmen-	Projekt
Zielorientierte/s	Management-	Fähigkeit
Hochqualifizierte/s	Produktivitäts-	Operation
Marginale/s	Umsatz-	Entwicklung
Effiziente/s	Strategie-	Technologie
Erweiterte/s	Mobilitäts-	Programmierung
Funktionale/s	Modular-	Management
Konfliktorientiert/e	Umgebungs-	Beratung

Zum Beispiel: Erweiterte Umsatz-Fähigkeit, Zielorientierte Mobilitäts-Beratung, Effizientes Umgebungs-Management.

Alles weitere bleibt Ihrer Kreativität überlassen.

Nominalisierungen für sich sind nichts Schlechtes, solange wir sie nicht mit der Realität verwechseln oder glauben, wir wüßten, was damit gemeint ist. Auf Vorstandsebene sind sie unentbehrlich, allerdings darf man nicht vergessen, sie anschließend mit Hilfe von konkreten Fragen in echte Aktionen zu übersetzen:

Welches Verb verbirgt sich dahinter?

Wer macht etwas?

Was wird gemacht?

Woran erkennen wir unseren Erfolg?

Nachdem wir unsere Sprache soweit geklärt haben, werden wir nun zwei Konzepte betrachten, über die die Unternehmensmission in die Praxis umgesetzt wird – Teamarbeit und Personalbeurteilungsgespräch.

Teams

Wir leben im Zeitalter der Teams. Man erkennt immer mehr, daß sie die entscheidenden organisatorischen Einheiten sind, durch die die Aufgaben des Unternehmens erfüllt werden. Vielleicht sind Sie bereits Teil eines bestehenden Teams, oder Sie haben die Aufgabe, ein Projektteam zu managen. Was ist ein Team? Antwort: Eine Gruppe von Personen, die gemeinsam für die Erreichung eines Ziels arbeiten, das kein Teammitglied alleine erreichen könnte. Auch am Erfolg sind alle beteiligt. Allmählich beginnen die Unternehmen dies zu erkennen, obwohl Leistungen meistens immer noch auf individueller Basis gemessen und belohnt werden.

Jedes Mitglied eines Teams lernt etwas. Damit diese Lernergebnisse nicht verlorengehen, muß zum Schluß eines Projekts eine Rückschau und Zusammenfassung stattfinden. Dieses Wissen muß anschließend veröffentlicht werden, so daß andere aus den Fehlern und Erfolgen ihrer Kollegen lernen können. Wie auch immer das Ergebnis ausfällt, entdeckt das Team vielleicht einen Weg, wie man es beim nächsten Mal noch besser machen kann.

Lernen schafft Wissen, und Wissen ist Macht. In der Vergangenheit waren es die Manager, die Zugang zu den begrenzten Ressourcen hatten, und Wissen war eine davon. Sie wußten, wie die Arbeit erledigt werden sollte, und teilten dies ihren Leuten mit. Wissen hilft bei der Verteidigung der eigenen Position. In unsicheren Zeiten kann es zur Sicherung des eigenen Arbeitsplatzes beitragen. Die Entwicklung hin zur Teamarbeit wirkt da bedrohlich. Teamarbeit erscheint jedem als Bedrohung, der sich unsicher fühlt oder glaubt, daß Wissen und Ergebnisse nur von Individuen erbracht werden können. Wenn jetzt die gesamte Organisation diese Ansicht noch unterstützt, verschlimmert sich das Problem. Ein Unternehmen, in dem das Lernen in Abteilungen abgeschottet ist und wo jeder sein Wissen für sich behält, arbeitet nicht effektiv. Ein effektiver Manager ist ein guter Team-Player.

Sobald Teams Ergebnisse abliefern, die eine Anzahl von Einzelkämpfern niemals erreicht hätte, wird dies auch innerhalb der Organisation anerkannt.

Das Gefangenen-Dilemma

In einem Team ist Vertrauen die wichtigste Qualität. Erstens das Vertrauen, daß das Team eine effektive Arbeitsform ist: Kooperation schafft Ergebnisse. Zweitens das Vertrauen zwischen den Teammitgliedern als Basis einer guten Arbeitsbeziehung, die zu Teamlernen und überlegenen Ergebnissen führt. Aus der Art und Weise, wie Teams im Sport funktionieren, kann das Management viel lernen. Eine hervorragende Fußballmannschaft ist mehr als die Summe einzelner Talente, und eine Nationalmannschaft besteht nicht notwendigerweise aus den besten Einzelspielern des Landes. Die Spieler müssen sich gegenseitig vertrauen, einander ergänzen und den Sieg der Mannschaft miteinander teilen.

Vertrauen und Zusammenarbeit sind Bestandteil eines aufgeklärten Eigeninteresses. Dies kann an einem interessanten Spiel verdeutlicht werden, das beim Team-Building verwendet wird – dem Gefangenen-Dilemma. In seiner einfachsten Form ist es ein Kartenspiel zwischen zwei Teams. Jede Mannschaft hat zehn Herz-Karten und zehn Pik-Karten; der Kartenwert ist uninteressant, nur die Farbe zählt. Dies sind die Regeln:

> Ohne vorherige Absprache mit dem anderen Team legen beide Mannschaften gleichzeitig je eine Karte offen auf den Tisch.
> Legen beide Mannschaften eine Herz-Karte, bekommt jedes Team drei Punkte.
> Legt Ihre Mannschaft ein Herz und die andere ein Pik, werden Ihnen sechs Punkte abgezogen, und die anderen bekommen sechs Punkte dazu.
> Spielt Ihre Mannschaft ein Pik und die andere ein Herz, bekommen Sie sechs Punkte dazu und die anderen sechs Punkte abgezogen.
> Spielen beide Teams ein Pik, werden beiden drei Punkte abgezogen.

Das Spiel hat zehn Runden. Jedes Team hat die Aufgabe, so viele Punkte wie möglich zu sammeln. Es wird schnell klar, daß der einzige Weg, den eigenen Teamerfolg zu maximieren, darin besteht, dem anderen Team zu vertrauen. Außerdem treten unsere Vorannahmen zum Thema Kooperation zutage. Welche Karte spielt man zuerst? Signalisiert man Kooperationsbereitschaft mit einer Herz-Karte, oder spielt man auf Sicherheit mit Pik? Wenn beide Teams einander vertrauen, erzielen beide hohe Punktzahlen. Wenn nicht, schneiden beide schlecht ab. Das Spiel eröffnet einen neuen Blick auf Kooperation und Wettbewerb. Die Teams müssen kooperieren, damit beide ein gutes Ergebnis erzielen. Spielt ein kooperationsorientierter Spieler gegen einen gleichgesinnten Partner, werden sie rasch so spielen (Herz), daß beide etwas davon haben. Wenn ein kooperativer auf einen konkurrenzorientierten Spieler trifft, wird der kooperative aus Gründen der Selbstverteidigung gezwungen, selbst kompetitiv zu spielen. Zwei Konkurrenz-Spieler versuchen immer, sich gegenseitig fertigzumachen. Konkurrenzverhalten provoziert Rachegefühle und neues Konkurrenzverhalten. Kooperatives Verhalten erzeugt hingegen nicht in gleicher Weise anhaltende Kooperation. Jemand, der überall nur Konkurrenten und selbstsüchtige Opportunisten sieht, wird von diesem Verhalten angesteckt und in seiner Überzeugung bestärkt.

Das Gefangenen-Dilemma unterstützt folgende Erkenntnisse:

➤ Konkurrenzverhalten provoziert eine entsprechende Reaktion.

➤ Kooperation aller Beteiligten erzielt die besten Ergebnisse.

➤ Mißtrauen und Konkurrenz innerhalb eines Unternehmens verstärken sich gegenseitig und führen zum gemeinsamen Untergang. Gibt es Vertrauen, gewinnen alle. Gibt es kein Vertrauen, müssen alle zur Selbstverteidigung übergehen. Vertrauen hat etwas mit Rapport zu tun. Wenn die Mitarbeiter eines Unternehmens fähig sind, miteinander in Rapport zu treten, kann auch gegenseitiges Vertrauen entstehen.

Es macht Spaß, in einem guten Team zu arbeiten, und man kann Großes erreichen. Die Teammitglieder mögen über die ganze Welt verteilt sein und nur im Cyberspace, über E-Mail oder Videokonferenz zusammenkommen. Oder sie sitzen am selben Tisch. Ein Team kann aus Arbeitern, Managern, Technikexperten, Kunden, Zulieferern und/oder externen Beratern bestehen.

Ein Team bildet sich um einen bestimmten Zweck herum. Es muß ergebnisorientiert arbeiten. Außerdem muß den Mitgliedern etwas am Projekt liegen, es muß ihnen irgendwie wichtig sein. Das Team braucht eine gemeinsame Vision, ohne die es nur eine Ansammlung von Individuen wäre. Ohne gemeinsame Vision gibt es keine Synergie, die zur Erzielung jener größeren Ergebnisse erforderlich ist, die nur im Team möglich sind.

Das Fire-Projekt

Ein besonders Beispiel für Change-Management, das Joseph aus nächster Nähe beobachten konnte, betraf ein besonders wichtiges und erfolgreiches Software-

projekt in einem großen Kommunikationsunternehmen. Bestimmte Kräfte innerhalb des Unternehmens hatten beschlossen, schneller auf Veränderungen zu reagieren und sich selbst in veränderter Weise zu managen. Die Mitarbeiter sollten
stärker empowert und eine verbesserte Teamarbeit eingeführt werden. Die Infor-
mations- und Managementprozesse sollten diese neue Arbeitsweise reflektieren.
Die Organisation sollte transparenter werden, die Vorgänge sichtbarer und die einzelnen Manager mehr Kompetenz erhalten. Informationen über Kunden, interne
Budgets und Zulieferer, die bisher getrennt gesammelt wurden, sollten zusammen-
geführt werden.

Manoj, ein Senior Manager der Firma, nahm es auf sich, diese Veränderung ein-
zuführen. Er ging davon aus, daß die künftigen Nutzer des Systems (über 1.000
Personen) sich anders verhalten und anders arbeiten müßten. Daher mußte das
Projekt selbst ein Modell für die künftige Form der Zusammenarbeit werden.

Es war Manoj klar, daß er in dem Team neue Fähigkeiten und eine starke
Zweckorientierung der Vision aufbauen mußte, die sich selbst tragen sollten. Normalerweise hätte man einem solchen Projekt neun Monate Zeit gegeben. Statt dessen gab man ihm sechs Wochen Zeit, um ein System aufzubauen, mit dem man die
Unterstützung der Kunden gewinnen, eine technisch solide Lösung entwickeln,
das Commitment der beteiligten Teams stärken und jegliche Kritik an Projekt,
Teamansatz und Technologie entkräften konnte. Eine Matrix aus zwölf Mitarbeitern
der verschiedenen Abteilungen und Funktionen sollte den Kern des Teams bilden.

Das konkrete Ergebnis des Projekts sollte ein „Produkt" sein, eine bestimmte
Software. Doch sollte diese auch zu einem neuen Verfahren führen, mit dem man
schneller auf die Anforderungen der Kunden reagieren konnte, sowie zur Aufstel-
lung eines Teams, das diese Aufgabe wahrnahm. Das Team mußte neue technische
Fähigkeiten, ein klares Zielverständnis und neue Arbeitsformen entwickeln.
Manoj beschrieb dies so: „Du mußt deine Erwartungen in bezug darauf, was du erreichen willst, in einer bestimmten Weise formulieren, so daß auch dein Team in
einer bestimmten Weise denkt. Wenn das Team nicht lernt, anders zu denken, gibt
es keine Entwicklung, sondern nur Output."

Manoj wußte, daß der Schlüssel zur Bildung selbstverantwortlicher Teams darin lag, ihnen das glasklare Verständnis des angestrebten Ergebnisses und die eigene Verpflichtung darauf zu vermitteln. Ohne gemeinsames Ziel würde es keine
Teams geben. Das Ergebnis mußte sehr konkret in den Köpfen entstehen, bevor es
real wurde. Außerdem mußte es mit den persönlichen Zielen der einzelnen in Einklang gebracht werden. Das Team mußte neue Fähigkeiten erlernen. Die einzelnen
Anstrengungen würden sich nicht auf ein zentrales Ergebnis hin orientieren lassen,

wenn dieses nicht in den Köpfen aller vorhanden war. Zwischen einem Drittel und der Hälfte der Zeit wurde darauf verwandt, die Ideen des Teams zu pacen und den einzelnen dabei zu helfen, ihr Verständnis des erwarteten Endergebnisses zu vertiefen.

Eine klare Auffassung vom angestrebten Ergebnis sollte ermöglichen, daß einzelne Teammitglieder Entscheidungen für das gesamte Team treffen konnten. Statt auf die Entscheidung durch andere zu warten (oft bei so trivialen Fragen wie der Farbe eines Bildschirms), sollten sie Real-Time-Entscheidungen treffen. Sie sollten lernen, miteinander sowohl zu festen Zeiten zu kommunizieren wie immer dann (Real Time), wenn ein Problem auftauchte und sofort gelöst werden mußte.

Man etablierte einen Kommunikationsraum. Statt traditioneller Projektmeetings fanden täglich morgens und abends Besprechungen statt, bei denen sich die Teammitgliedern gegenseitig über die Fortschritte informierten. Es gab keine fixierten Rollen, z.B. des Entwicklers oder Programmierers, sondern nur das Ziel war fixiert, und die Teammitglieder setzten ihre natürlichen Fähigkeiten und Talente so ein, daß die Anforderungen der Teamleiter erfüllt wurden. Man regte an, daß in Paaren gearbeitet werden sollte, bei denen die eine Person für die Aufgabe oder Aktivität verantwortlich zeichnete, während die andere für Unterstützung, Tests und alle erforderlichen Hilfsmaßnahmen zuständig war. Die Teammitglieder verstanden, daß ihre Selbständigkeit für den Erfolg des Projekts ausschlaggebend war, und das gesamte Team organisierte sich immer stärker selbst, je weiter die Arbeit voranging.

Manoj spiegelte das Team und achtet darauf, den Gesamtzustand zu managen. Er regte an, daß die Mitarbeiter auch Teile ihrer Freizeit gemeinsam verbringen sollten. Das Projekt wurde ein voller Erfolg, sowohl für die gesamte Organisation wie für die beteiligten Mitarbeiter. Inzwischen hat sich das System auf über 1.000 Nutzer ausgeweitet. Das Selbstvertrauen der Teammitglieder ist gewachsen. Die Veränderung in ihrem Verhalten, ihren Talenten und ihrer Selbsteinschätzung ist für jeden erkennbar.

Irren ist menschlich, Vergeben aber vielleicht nicht die Sache des Unternehmens

Schon bald begann das Team, sich das Projekt zu eigen zu machen und sich dafür verantwortlich zu fühlen. Im Rahmen der von allen akzeptierten Ergebnisvereinbarungen konnte und sollte jeder die notwendigen Entscheidungen treffen. Wer Verantwortung übernimmt, geht das Risiko ein, Fehler zu machen. In Unternehmen mit einer „Schuld-Kultur" kann das gefährlich sein. Wo eine Organisation keine Fehler akzeptiert oder Verantwortung nur dann kennt, wenn etwas schiefgeht, wird die Initiative der Mitarbeiter gelähmt. Sie werden jedes Risiko vermeiden und ihre Spuren zu verwischen suchen, indem sie den Schwarzen Peter weiterreichen. Sie werden jede Verantwortung ablehnen, weil damit die Gefahr verbunden ist, etwas falsch zu machen. Und so können sie natürlich nichts lernen – und die Organisation auch nicht. Wer stets das tut, was er schon immer gemacht hat, wird auch das bekommen, was er schon immer bekommen hat. Und das ist tödlich in der gegenwärtigen wirtschaftlichen Großwetterlage. Die Welt bewegt sich rasch, und man muß Schritt halten, wenn man nicht niedergetrampelt werden will.

Bei einigen Mitgliedern unseres Teams war die alte Schuld-Kultur noch lebendig. Sie versuchten hauptsächlich, sich den Rücken freizuhalten. Irren ist menschlich, aber Vergebung könnte möglicherweise nicht die Unternehmenspolitik sein. Es gab im Unternehmen das Ritual, daß Mitglieder neu gegründeter Teams Memos umherschickten und Aktennotizen über ihre abweichende Meinung zu bestimmten Teamentscheidungen anfertigten, um sich eine Rechtfertigung zu verschaffen, falls später etwas schiefgehen sollte. So konnte man später immer behaupten: „Ich hab's doch gleich gesagt" und auf entsprechende E-Mails oder Memos verweisen. Manoj kannte diese alten Verhaltensweisen und wußte genau, welche neuen er statt dessen haben wollte. Er machte den Vorschlag, jegliche Kommunikation müsse im direkten Gespräch oder per Telefon erfolgen. Keine E-Mails und keine Tagesprotokolle. Alle saßen im gleichen Boot.

Außerdem kümmerte sich Manoj intensiv um die Stimmungslage der Teammitglieder. Die Briefings fanden jeden Morgen erst um 10.15 Uhr statt, so daß jeder ausreichend Zeit hatte, im Büro anzukommen und sich auf den Tag vorzubereiten. Dadurch wurden die Meetings wesentlich produktiver. Wenn die Stimmungslage mies ist, wird einfach keine gute Arbeit geleistet. Manoj gab also zu verstehen, daß starke Emotionen wichtiger waren als der Zeitplan. Die Meetings am Morgen liefen sehr fokussiert ab. Die Ziele des Gesamtteams wurden in Tagesaufgaben zerlegt; jeder wußte, was er tun hatte. Das Projekt wurde ein toller Erfolg, und nach sechs Wochen war die Software fertig. Dieser Erfolg pflanzte sich fort. Inzwischen führen die ehemaligen Teammitglieder eigene Projektteams auf der Grundlage des Modells, an dem sie selbst teilgenommen hatten. Manoj hatte großen Spaß daran. Er veranstaltete einige Follow-up-Workshops, in denen die neuen Arbeitsformen dargestellt und eingeübt wurden.

Personalbeurteilung oder Personalverurteilung?

Bei einer systematischen Personalbewertung werden Informationen über die Angestellten gesammelt, geprüft und verglichen. Sie kann ein effektives Managementwerkzeug sein, wenn sie genutzt wird, um die Leistung der Beurteilten zu verbessern. Ebensoleicht kann sie aber auch zur Ausbreitung schlechter Managementpraktiken beitragen, wenn durch sie Mißgunst zwischen den Mitarbeitern angestachelt wird. Schlecht gehandhabt, wird die Beurteilung zu einer Verurteilung und erzeugt allseitige Unzufriedenheit.

Die Personalbeurteilung kann ein sehr heilsamer Prozeß sein, wenn der oder dem Beurteilten Gelegenheit gegeben wird, an der Formulierung der Ergebnisse sowie ihrer Überprüfung mitzuwirken. So lassen sich Zielsetzungen für das gesamte Unternehmen, jede Abteilung und den einzelnen nachvollziehen. Ebenso läßt sich mit diesem Instrument das Potential eines Mitarbeiters einschätzen und ein Bedarf für Training und Personalentwicklung erkennen.

Weitere Nutzen der Personalbeurteilung sind:

➤ *Motivation der Mitarbeiter zu einem ergebnisorientierten Verhalten*
Das Beurteilungssystem macht das nicht von alleine. Je nachdem wie es gehandhabt wird, kann es genausogut zur Demotivation führen. Motivation entsteht dann, wenn Aufgaben mit persönlichen Werten in Einklang gebracht werden. Hinzu kommt, daß viele Beurteilende häufig Urteil und Motivation miteinander verwechseln. Um eine Entwicklung bewerten zu können, muß man vergleichen, wo eine Person jetzt steht und wo sie begonnen hat — und nicht, was andere tun. Sie motivieren einen Mitarbeiter, indem Sie ihn auffordern, sein gegenwärtiges Niveau mit *seiner eigenen* Vision von einer inspirierenden Zukunft zu vergleichen, nicht mit Ihrer Vision oder der des Unternehmens. Im Kapitel 8 werden wir uns eingehender mit dem Thema Motivation befassen.

➤ *Hilfe zur Verbesserung der Leistung*
Die Personalbeurteilung ist kein Ersatz für das regelmäßige Feedback an den Mitarbeiter über seine Fortschritte von Tag zu Tag und von Woche zu Woche. Für abgeschlossene Aufgaben kommt sie zu spät und für künftige Aufgaben zu früh. Die Personalbeurteilung kann Ihnen dabei helfen, Ihr System der Personalauswahl zu überprüfen. Im Rückblick auf ein abgelaufenes Jahr kann man sehen, ob eine Mitarbeiterin oder ein Mitarbeiter sich so verhalten hat, wie man gedacht hatte. Das ist Feedback für Sie selbst.

Beurteilungssysteme dienen oft als Grundlage für Beförderungen, weil man jemanden belohnen möchte, der seinen alten Job gut gemacht hat, und weil man sie für einen verläßlichen Indikator für künftige Leistungen hält. Diese Annahmen sind fragwürdig.

Aus Leitern werden Fußwege

Die Karrierestruktur in einer traditionellen Hierarchie ist die einer Leiter, die aufwärts führt und auf der es oben immer weniger Sprossen gibt. Aufstieg bedeutet Erfolg, das Verharren auf einer Stufe ist ein Scheitern (wobei wir im Moment die Frage außer acht lassen, ob die Leiter an der richtigen Wand steht). In den heutigen flachen Organisationen sind jedoch die Leitern zu Fußwegen geworden. Die Personalbeurteilung gibt Aufschluß darüber, womit sich ein Mitarbeiter gerne beschäftigt, was ihm wichtig ist, sowie über die Bereiche, in denen er gerne arbeiten würde. Dies kann dann zur Grundlage weiterer Entscheidungen gemacht werden.

Gute Leistungen in einem Job führen nicht notwendigerweise zu guten Leistungen in einem anderen Job. Manchmal ist das Gegenteil der Fall. Die Qualitäten, die man braucht, um ein guter Verkäufer zu sein, sind recht verschieden von denen, die ein guter Sales Supervisor benötigt. Dennoch werden oft die besten Verkäufer dadurch belohnt, daß man sie zum Supervisor einer Verkaufstruppe befördert. Beförderungen auf Grundlage der Personalbeurteilung können somit zu Effekten des Peter-Prinzips führen – jeder wird bis zu der Stufe befördert, wo er inkompetent ist. Die Arbeit wird von denen getan, die noch nicht zu ihrer Stufe der Inkompetenz aufgestiegen sind.

Ebensosehr muß man warnen vor dem Einsatz der Personalbeurteilung als Grundlage der Gehaltsfindung. Zielüberprüfung, Feedback und Mitarbeiter-Entwicklung müssen unbedingt von allen finanziellen Überlegungen getrennt gehalten werden. Man kann kein offenes und ehrliches Gespräch führen, wenn im Hintergrund die Gehaltsfrage droht. Außerdem würde dies den Vorgesetzten in die unmögliche und zweifelhafte Rolle drängen, gleichzeitig Coach und Zahlmeister zu sein.

Das Büro des Schuldirektors

Die Mitarbeiter entwickeln einen Horror vor der Personalbeurteilung, wenn sie sich zu einem jährlich wiederkehrenden Ritual entwickelt, bei dem man nach Kriterien bewertet, beurteilt und verurteilt wird, die mit dem Job, den man macht,

anscheinend gar nichts zu tun zu haben. Der Alptraum beginnt mit der obligatori-
schen Drei-Minuten-Konversation zur „Entspannung" des Mitarbeiters, bevor
man sich seinen Fehlern im Detail zuwendet. Alle sechs Monate wiederholt sich
dieser Alptraum aus der Schulzeit – die Einbestellung in das Büro des Schuldirek-
tors. Davon hat niemand etwas, weder der Mitarbeiter noch der Manager oder das
Unternehmen. Falls Sie einen Maßstab brauchen, um zu erkennen, wie gut Ihr Beurteilungssystem funktioniert, möchten wir Ihnen die folgenden Überlegungen
empfehlen: Haben beide, Vorgesetzter wie Mitarbeiter, nach dem Beurteilungsge-
spräch den Eindruck, etwas gelernt zu haben, und fühlen sie sich motiviert und
voller Energie? Oder fühlt man sich erleichtert, daß man jetzt wieder ein Jahr lang
Ruhe hat? Hat man einfach alles über sich ergehen lassen und fühlt sich nun depri-
miert oder verärgert?

Regeln für das Personalgespräch

➤ Personalgespräche brauchen keine Zuschauer. Sie sollten in vertraulicher Atmosphäre geführt werden innerhalb eines gemeinsam vereinbarten angemes-
senen Zeitrahmens, in dem man auch über Einzelheiten sprechen kann.

➤ Der Vorgesetzte muß vor Beginn alle erforderlichen Informationen beisam-
men haben.

➤ Der Vorgesetzte ist verantwortlich für das Herstellen und Beibehalten von
Rapport. Dazu verwendet er die Spiegelungs-Techniken der Körpersprache
und des Backtracking aus Kapitel 2. Zuhören ist der Schlüssel zu allem. Egal,
worüber gesprochen wurde, der Mitarbeiter muß zum Schluß das Gefühl haben, daß man ihm zugehört hat. Verwenden Sie die Techniken der zweiten Position. Höchstwahrscheinlich stellt sich der Mitarbeiter solche Fragen wie:
„Wie ist meine Leistung?", „Wohin entwickle ich mich?", „Wie kann ich mich
verbessern?"

➤ Jede Kritik von Ihrer Seite muß auf der Verhaltensebene stattfinden und sowohl spezifisch wie beschreibend sein. Beschreiben Sie die unerwünschten
Konsequenzen des fraglichen Verhaltens. Fragen Sie den Mitarbeiter nach
seiner Meinung hierzu. Vereinbaren sie gemeinsam, wie es weitergehen soll,
und lassen Sie sich die Vereinbarung vom Mitarbeiter bestätigen. Lob sollten
Sie auf jeder logischen Ebene erteilen – der Ebene der Identität, der Werte,
der Fähigkeiten und des Verhaltens.

Das Personalgespräch hat grundsätzlich vier Phasen.

Die Zielvereinbarung

Sie betrifft drei Bereiche, die sich überschneiden können:

➤ Arbeitsziele mit Bezug auf das Unternehmen. Sie sind höchstwahrscheinlich auf der Verhaltensebene anzusprechen.

➤ Generative Ziele im Hinblick auf Managementverhalten, Produktionssteigerung oder Verbesserung der innerbetrieblichen Beziehungen.

➤ Personalentwicklung. Hier geht es um Ziele bezüglich Fähigkeiten und Identität, und zu den erforderlichen Maßnahmen kann das Erlernen neuer Techniken oder die Teilnahme an Seminaren gehören.

Die Zielanalyse

Personalgespräche funktionieren nicht, wenn die Ziele nicht gut durchdacht sind. Oft werden sie zu unspezifisch formuliert, oder sie liegen außerhalb der Kontrolle des Mitarbeiters, oder sie führen zu unvorhergesehenen Konsequenzen. Achten Sie darauf, daß alle Ihre Mitarbeiter wissen, wie man Zielvorgaben macht. Das spart eine Menge Zeit und Arbeit.

Die Ergebnisüberprüfung

In regelmäßigen Abständen, üblicherweise einmal pro Quartal, überprüfen Vorgesetzter und Mitarbeiter gemeinsam die Fortschritte in Richtung der vereinbarten Ergebnisse. Man kommt selten auf einer geraden Linie zum Ziel, sondern mehr im Zickzack, wie beim Segeln gegen den Wind. Das Personalgespräch hat hier die Funktion des Kompasses. Sind wir noch auf Kurs? Fehler sind Feedback, aus dem wir lernen.

Lern- und Entwicklungsschritte nach dem Erreichen des Ergebnisses

Der Lernprozeß nach Erreichen des Ziels kann formell oder informell ablaufen. Folgende Fragen sind hilfreich:

Was würden Sie im nachhinein anders machen?

Gab es irgendwelche unvorhergesehenen Konsequenzen?

120

Haben Sie irgendwelche wichtigen Ressourcen übersehen?

Was haben Sie persönlich gelernt?

Was haben Sie als Mitarbeiter einer Abteilung oder eines Teams gelernt?

Was haben Sie über das Unternehmen gelernt?

Im besten Fall ist die Personalbeurteilung ein Erkenntnisprozeß in zwei Richtungen. Wenn ein Mitarbeiter gute Leistungen bringt, gibt dies auch Aufschluß darüber, wie gut er gemanagt wird (und umgekehrt). Zahlreiche Firmen, z.B. Federal Express, BP und W.H. Smith, haben inzwischen auch eine aufwärts gerichtete Personalbeurteilung eingeführt, bei der die Vorgesetzten von ihren Mitarbeitern bewertet werden. Das kann auf verschiedene Weisen geschehen. Die Angestellten können anonyme Fragebögen ausfüllen, oder ein Manager wird von seinem Team bewertet. Daran können sich Feedback-Gespräche, Aktionspläne zur Umsetzung des Feedbacks oder auch Beratungsgespräche für den Vorgesetzten anschließen. Freilich sollte man nicht vergessen, daß in dieser Situation, wie überhaupt bei jedem Feedback, der Empfänger eine besondere Kette von Reaktionen durchmacht, wenn der Prozeß nicht sorgfältig gehandhabt wird. Sie lautet SARAH – nach den englischen Begriffen Shock, Anger, Rejection, Acceptance und Help! (Schock, Wut, Ablehnung, Akzeptieren und Hilferuf).

Wenn alles gut geht, verbinden sich bei der Personalbeurteilung alle wichtigen Managementtechniken: Rapport, Flexibilität, Zielvereinbarung, Leistungsbewertung und die Abstimmung von persönlichen mit den Unternehmenszielen. Sie trägt dazu bei, die obersten Zwecke des Unternehmens in der gesamten Organisation umzusetzen, und transportiert das Feedback über deren praktische Erfolge wieder zurück nach oben.

Die Entwicklung Ihrer Fähigkeiten

1. Studieren Sie das Mission-Statement Ihres Unternehmens, sofern es eines formuliert hat. Welche Botschaft sehen Sie darin? Wie relevant ist diese Botschaft für Ihr Tagesgeschäft? Welche Relevanz hat sie für die Arbeitvorgänge in Ihrer Umgebung?

2. Denken Sie über einige der Nominalisierungen nach, die Sie im Laufe des Tages hören. Achten Sie auf Ihre Reaktionen. Nehmen Sie an, daß Sie wissen, was damit gemeint ist? Wissen Sie, welche Bedeutung sie für andere haben?

Falls Sie selbst Nominalisierungen gebrauchen: Sind Sie sicher, daß Ihr Gesprächspartner weiß, was Sie meinen? Wenn nötig, lösen Sie eine Nominalisierung mit Hilfe folgender Fragen auf:

Welche Aktion steckt dahinter?
Wer agiert?
Was wird getan?
Wie wird es getan?

3.   Wählen Sie ein Teamprojekt, an dem Sie beteiligt sind.
Sind alle Teammitglieder bezüglich des angestrebten Ergebnisses einer Meinung?
Waren alle an der Zieldefinition beteiligt?
Stehen Wissen und Ressourcen allen Teammitgliedern problemlos zur Verfügung, oder gibt es Informationsengpässe?

4.   Denken Sie über das bei Ihnen verwendete Personalbewertungs-System nach. Welche Ergebnisse streben Sie an, wenn Sie selbst es anwenden?
Woran erkennen Sie, daß Sie diese Ergebnisse erreicht haben?
Wissen Ihre Mitarbeiter, wie man Ziele festlegt und kontinuierlich verfolgt?
Wenden Sie die Techniken von Rapport, Pacing und Leading sowie Backtracking bei jedem Personalgespräch an, das Sie führen.

Weiterführende Lektüre

Bandler, Richard & Grinder, John: *Die Struktur der Magie*, Bd. 1&2, Paderborn: Junfermann ⁹1998/⁷1997
Poundstone, William: *Prisoner's Dilemma*, Doubleday 1992
Tichy, Noel & Sherman, Jack: *Control Your Destiny Or Someone Else Will*, Currency Doubleday 1993
Virtuality Group plc, *Annual Report*, März 1994

Anmerkung

1.   Senge, Peter; Roberts, Charlotte; Ross, Richard; Smith, Bryan; Kleiner, Art: Das Fieldbook zur Fünften Disziplin, Stuttgart: Klett-Cotta 1996

6. Die Werte eines Unternehmens

Die Mission eines Unternehmens hatten wir definiert als die Verbindung von Zweck und Strategie. Das Mission-Statement zeigt den Weg nach vorn. Doch etwas Wichtiges fehlt noch in diesem Bild – die Werte. Sie beeinflussen Organisationen ebenso nachhaltig wie jeden einzelnen von uns. Jedes Unternehmen verkörpert bestimmte Werte, die sich prägend auswirken auf Zielsetzung, Strategie und Mission. In diesem Kapitel wollen wir untersuchen, in welcher Weise die Werte eines Unternehmens zum Ausdruck kommen und wie Sie sie erkennen können.

Die Mission allein ist nicht genug

Die Formulierung einer Mission liefert Reiseziel und Straßenkarte. Doch setzt sich immer mehr die Erkenntnis durch, daß neben der Mission auch die Werte der Organisation eine entscheidende Rolle spielen. Die Werte liefern das Motiv, die Reise überhaupt anzutreten. Die Werte sind der eigentliche Witz an der Sache, der Treibstoff für die Reise. Werte stehen in Verbindung zu unseren Emotionen: Es berührt uns eben, was passiert. Durch sie wird die Mission erst lebendig. Sie machen den Unterschied aus zwischen einer Mission und einer Vision. Werte geben einer Organisation den Takt vor, nach dem sie funktioniert – oder explodiert.

Zur Zeit wird das Thema Vision in vielen Unternehmen heiß diskutiert, obwohl oft nicht klar ist, was damit gemeint ist. Aber das ist ja bei vielen Modebegriffen der Fall. Wir möchten hier eine Definition vorschlagen, die sich als sinnvoll herausgestellt hat:

Mission + Werte = Vision

Eine Vision richtet die Menschen in einer Organisation auf ein gemeinsames Ziel aus. Sie verbindet das, was die Mitarbeiter tun und was ihnen wichtig ist, mit dem, was das Unternehmen erreichen möchte. Jeder einzelne im Unternehmen muß die Vision kennen und außerdem das Gefühl haben, einen eigenen Beitrag zu ihrer Verwirklichung zu leisten. Dies erreicht man am besten, indem man sämtliche Mitarbeiter bei der Gestaltung der Vision befragt und beteiligt. Streuen Sie eine kleine Menge von Eisenfeilspänen auf ein Blatt Papier: Sie werden sich nach dem Zufallsprinzip verteilen. Halten Sie nun einen Magneten unter das Papier. Wie von Zauberkraft gezogen, ordnen sich die Späne zu einem Muster an. Die gemeinsame Vision ist das Muster, und die Werte sind der Magnet.

Unternehmen und Organisationen bestehen aus Menschen, die mit unterschiedlichen Voraussetzungen zusammenkommen, um gemeinsam zu handeln. Man braucht eine gemeinsame Anstrengung, um effektiv zusammenzuarbeiten. Individualistische Lösungen, z.B. mittels Motivation, funktionieren nicht bei Problemen der Organisation. Mit Bezug auf eine Gruppe ist Vision das Äquivalent für Motivation.

Jeder Organisation besitzt Werte, ob sie es weiß oder nicht. Eine Vision kann nur entstehen, wenn diese Werte mit der Mission verbunden und in die gesamte Organisation hinein transportiert werden. Vom Standpunkt des Kunden aus kann man diese Werte oft am leichtesten erkennen. Sie bilden die Basis für alle Schlüsselentscheidungen des Unternehmens. Viele Managemententscheidungen lassen sich nicht klar und einfach fällen. Es gibt keine richtigen Antworten – es sei denn im Rückblick und mit hundertprozentiger Kenntnis der Vergangenheit. Bei jeder Entscheidung geht es mehr um die Balance zwischen verschiedenen Faktoren. Welcher ist jeweils der wichtigste? Je ungewisser die Zukunft, desto wichtiger die Werte als leitende Prinzipien. Wenn eine Entscheidung besonders schwierig ist, zeigt sich dahinter oft ein Wertekonflikt. Häufig ist nicht die eine Entscheidung richtig und die andere falsch, sondern beide verkörpern verschiedene Werte. Im Visions-Statement werden die obersten Werte zum Ausdruck gebracht.

Eine Entscheidung, die wir in Einklang mit unseren Werten treffen, fühlt sich richtig an. Was gegen unsere Werte geht, fühlt sich falsch an. In einem Unternehmen mit klarer Vision fallen Entscheidungen wesentlich leichter; sie fühlen sich richtig an. Die Sache hat jedoch einen Haken. Wenn man eine bestehende Vision abändert oder eine Vision schafft, wo man vorher gar keine hatte, werden sich die Entscheidungen auf Basis der alten Werte richtig anfühlen und diejenigen auf Basis der neuen Werte falsch. Hinzu kommt, daß Unternehmen – explizit oder implizit – solche Mitarbeiter rekrutieren, die sich mit den bestehenden Werten identifizieren. Viele Programme zur Veränderung der Unternehmenskultur scheitern, weil gerade diejenigen, die mit dem Status quo einverstanden sind, die Veränderungen vornehmen sollen. Anfangs fühlt sich jede Veränderung unbequem an, was ein Zeichen dafür sein kann, daß man auf dem richtigen Weg ist.

In diesem Kapitel geht es um drei Fragen hinsichtlich der Werte und Visionen eines Unternehmens:

➤ Wie kann man herausfinden, welches die Werte des eigenen Unternehmens sind?

➤ Was passiert, wenn unter den in einem Unternehmen anzutreffenden Werten keine Übereinstimmung hergestellt werden kann?

➤ Was braucht man zur Schaffung eines Visions-Statements?

Organisationswerte haben heißt, niemals auf den Aufzug warten zu müssen

Organisationswerte sind ungreifbar und durchdringen alles. Sie sind wie der Hintergrundlärm auf einer Party – nach einer Weile nimmt man ihn nicht mehr wahr, man wird einfach lauter, damit man verstanden wird. In manchen Organisationen gibt es mehr Lärm als in anderen.

Vision und Werte eines Unternehmens reflektieren mit einer gewissen Wahrscheinlichkeit die Zeit seiner Gründung und die Menschen, die es gegründet haben. Glücklich sind die Organisationen, wo diese Werte so dauerhaft sind, daß sie eine kontinuierliche Entwicklung ermöglichen.

Ein Beispiel für die Dauerhaftigkeit und Kraft von Werten bietet die Affäre um das Medikament Tylenol. Tylenol ist ein sehr bekanntes schmerzstillendes Präparat des amerikanischen Unternehmens Johnson & Johnson. Die dort herrschenden Werte wurden in den 50er Jahren vom damaligen Firmenpräsidenten Johnson vorgegeben und gelten immer noch:

➤ Erstens: Dienst am Kunden
➤ Zweitens: Dienst an den Mitarbeitern und Managern
➤ Drittens: Dienst an der Gemeinschaft
➤ Viertens: Dienst an den Aktionären

Mit diesen Werten im Hinterkopf: Was würden Sie tun, wenn einige Tylenol-Packungen absichtlich vergiftet worden und mehrere Menschen gestorben wären? Johnson & Johnson nahmen ihre Werte ausgesprochen ernst. Sie riefen alle

Packungen zurück. Kurzfristig verloren sie eine Menge Geld, doch langfristig erhöhten sie ihre Reputation, was möglicherweise sogar die ursprünglichen Verluste mehr als ausgleichen konnte. Werte zeigen sich im Handeln. Es gibt nur eine Sache, die schlimmer ist, als seine eigenen Werte nicht zu kennen: Jedem zu erzählen, welche Werte man hat, um sie dann öffentlich zu brechen.

Das Festhalten an Organisationswerten kann zu einem ungewöhnlichen Umgang mit Ressourcen führen und absurde Ergebnisse zeitigen. Wir denken hier an eine Geschichte über General Motors, die Maryann Keller in ihrem Buch *Rude Awakening* berichtet. Jedesmal, wenn der stellvertretende Verkaufsleiter von General Motors aus der Unternehmenszentrale in Kansas City einflog, wurde ein Mitarbeiter abgestellt, der so lange vor dem Hoteleingang auf ihn warten mußte, bis er eintraf. Gelegentlich mußte die Wache im Schneesturm ausharren, um dem Manager die Tür zu öffnen. Es war allgemein bekannt, daß GM den Hotelaufzug mietete, damit er garantiert frei war, wenn der Verkaufsleiter zu seinem Zimmer wollte. Ferner mußte eine Person den ganzen Tag lang neben seiner Tür Posten beziehen, um eventuell Wäsche in Empfang zu nehmen. Außerdem mußte der Orangensaft jeden Morgen mit einer ganz bestimmten Temperatur serviert werden, was einen weiteren Mann für die Bedienung des Thermometers erforderte. Diese Verhaltensweisen waren Ausdruck bestimmter Werte. Vielleicht war man sich bei GM nicht genau klar darüber, welche Werte damit eigentlich ausgedrückt werden sollten. Um zu vermeiden, sich in derartige Absurditäten zu verstricken, hätte man sich die folgenden drei Fragen stellen sollen:

1. Drücken diese Verhaltensweisen wirklich die Werte unseres Unternehmens aus?
2. Falls ja, gibt es bessere Möglichkeiten, die Unternehmenswerte auszudrücken?
3. Stehen sie noch in Verbindung mit den Unternehmenswerten, oder haben sie sich zu inhaltsleeren Ritualen entwickelt?

Finden Sie eine Metapher

Mit Metaphern meint man im NLP bildhafte Geschichten, Vergleiche oder Analogien, die etwas besonders deutlich machen. Eine Metapher ist der schnellste Weg, um die Kernwerte jeder Organisation zu bestimmen. Oft enthüllt sie mehr als noch so viele Bekenntnisse zur Unternehmenspolitik. Selbst die Begriffe *Unternehmen*, *Organisation* und *Firma* waren ursprünglich Metaphern:

126

- Jedes Unternehmen verdankt seine Bezeichnung dem gleichlautenden Verb *etwas unternehmen* und verrät damit, daß Gewinn ein Ergebnis von Tätigkeit und Initiative ist.
- Der Begriff *Firma* stammt vom lateinischen *firma* ab, was soviel heißt wie *Unterschrift* oder *Bestätigung*.
- *Organisation* hat dieselben Wurzeln wie *organisch* und *Organismus* und verweist auf die Ganzheit lebender Systeme.

Was ist die richtige Metapher für Ihre Organisation?
Diese Frage stellen wir oft in unseren Seminaren. Hier sind einige der interessantesten Antworten:

ein Dinosaurier

ein Bordell

ein Rottweiler

ein kopfloses Huhn

ein Elfenbeinturm

die spanische Inquisition

ein warmes Bad

eine Familie

eine Privatarmee

eine Jazzband

eine Bundesliga-Fußballmannschaft

ein Ameisenhaufen

ein Hochseil

ein Zirkus

Kopfloses Huhn oder Jazzcombo?

Lassen Sie uns über einige der aktuellen Business-Metaphern sprechen. Die Wirtschaft ist ein Dschungel voller Raubtiere. An der Börse tummeln sich Bullen und Bären. Dann gibt es die militärischen Metaphern (Dschungel-Krieg?). Wirtschaft ist Krieg. „Töte den Gegner, bevor er dich tötet." Es gibt Angriffe, Übernahmen und Verluste. Im Verkauf werden militärische Ausdrucksweisen besonders gerne verwendet. Man rüstet seine Argumente auf und nimmt an Trainingsseminaren teil, um sein Arsenal an Verkaufstechniken mit noch wirksameren Waffen zu füllen für den niemals endenden Kampf gegen die Konkurrenz oder, jawohl, den Kunden. Kein Wunder, daß Verkäufer gelegentlich unter Kampfmüdigkeit leiden. Verkaufsorganisationen greifen auch gerne auf die Sprache der Jäger und Sammler zurück: Man ist auf der Jagd nach neuen Kunden oder beackert ein bestehendes Feld.

In seinem Buch *Liberation Management* spricht Tom Peters ausgiebig über die Ähnlichkeiten von Wirtschaft und Mode. Die Mode ist wechselhaft; das einzig Beständige an ihr ist, daß sie sich ändern muß, schnell ändern muß. Andere Metaphern beschreiben ein Unternehmen als Netzwerk, Spinnennetz, Karneval, Jazzcombo oder Zirkus.

Häufig werden Organisationen mit einer Leiter verglichen. Es gibt viele Sprossen auf dem Weg nach oben zum Erfolg, wo man die dünnere Luft des gehobenen Managements atmet – und natürlich tief fallen kann. Gerade in der Metapher der Leiter zeigen sich viele unserer Vorannahmen: Jeder Schritt nach oben sei eine Belohnung, die Mitarbeiter wünschten sich nichts mehr, als die Unternehmensleiter zu erklimmen, und die Leiter hätten nur eine Richtung, nämlich aufwärts. In Wirklichkeit aber möchten viele Mitarbeiter dort bleiben, wo sie sind, oder vielleicht einen Schritt seitwärts tun. Microsoft gehört zu den Unternehmen, wo dies anerkannt wird. Gute Mitarbeiter kann man auch dadurch zufriedenstellen, daß man ein System schafft, in dem sie befördert werden können, ohne die nächste Managementstufe erklimmen zu müssen, wenn sie nicht wollen. Bei Microsoft kann ein guter Software-Entwickler weiterhin als Entwickler arbeiten und dennoch bis zur obersten Ebene des Software-Architekten aufsteigen. Die Architekten stehen im Rang von Direktoren und berichten auf informeller Basis direkt an Bill Gates. So bekommen sie die notwendige Anerkennung, während sie weiterhin das Fachgebiet betreuen, in dem sie Hervorragendes leisten. Viele Unternehmen haben heute ähnliche Systeme installiert, bei denen talentierte Mitarbeiter ausdrückliche Anerkennung erfahren, ohne über die Ebene ihrer Kompetenz hinaus befördert zu werden.

Eine recht bekannte Metapher für Unternehmen ist die der Pyramide. Pyramiden bestehen aus wenigen Leuten an der Spitze, die von den vielen an der Basis getragen werden. (Und es ist nicht leicht, auf der Spitze einer Pyramide zu balancieren.) Daher auch der Ausdruck *höheres Management*. Viele Firmen stellen diese Struktur inzwischen in Frage und verlangen, die Pyramide müsse mit der Spitze nach unten stehen und das *höhere* Management die Basis unterstützen.

Gerade wenn du glaubst, das Rattenrennen wäre vorbei – kommen noch schnellere Ratten

Die Strukturen eines Unternehmens reflektieren und reproduzieren dessen Werte. Jede Metapher führt zu einer bestimmten mentalen Einstellung und trägt dazu bei, daß das Denken innerhalb gewisser Grenzen bleibt. Zum Beispiel: Wenn man eine Leiter hinaufsteigt, kommt irgendwann der Punkt, wo man nur noch wenige Sprossen über sich hat, aber schon sehr viele unter sich. Der weitere Aufstieg ist schwer, und der Kletterer beschließt vielleicht, daß er genug hat. Seine Aufmerksamkeit verschiebt sich jetzt vom Steigen zum Nicht-Fallen. In dieser Phase kann es passieren, daß der Manager beginnt, das Erreichte zu konsolidieren, sich zu schützen, sein eigenes Reich aufzubauen, sich durch das Zurückhalten von Informationen unentbehrlich zu machen, Dinge „nach Vorschrift" zu erledigen und seine Kreativität auf Gebiete außerhalb der Arbeit zu richten. Die Strukturen von Pyramide oder Leiter fördern derartiges Verhalten. Andererseits kann eine Leiter mit klar nach oben gerichtetem Karrierepfad gerade junge Fachkräfte dazu motivieren, in die Firma einzutreten. Wir sagen hier also nicht, bestimmte Metaphern seien gut oder schlecht; vielmehr sind sie, je nach gewünschtem Ergebnis, nützlich oder nicht.

Metaphern haben deshalb so starken Einfluß auf uns, weil sie so ungreifbar sind und bestimmte Denkweisen prägen. Sie liefern uns die klarsten Hinweise auf die jeweils vorherrschenden mentalen Modelle, von denen Peter Senge in seinem Buch *Die Fünfte Disziplin* spricht. Diese Ideen prägen das Managementdenken aus dem Hintergrund heraus. Sobald sich eine bestimmte Denk- und somit Handlungsweise erst einmal etabliert hat, kann sie nur schwer geändert werden. Man gewöhnt sich an sie und nimmt nicht mehr wahr, was ständig da ist. Wir unterhielten uns hierüber mit einem Manager, der uns daraufhin eine Geschichte aus seiner Kinderzeit in Indien erzählte. Er erinnerte sich daran, wie er die gezähmten Elefanten beobachtete und sich wunderte, daß diese gewaltigen Tiere niemals wegzulaufen versuchten. Dabei waren sie nur mit einem dünnen Seil an einem Pfahl festgebunden. Er entdeckte das Geheimnis, als er sah, wie die jungen Elefanten trainiert wurden. Der Trainer band einen Fuß des Elefanten an einen Pflock, der im Boden steckte.

Der junge Elefant war noch nicht sehr stark und konnte, so sehr er sich auch bemühte, den Pflock nicht aus dem Boden reißen. Also gab er auf. Selbst als der Elefant groß und stark wurde, versuchte er nie mehr, sich zu befreien. Daher ließen sich auch die größten Tiere schließlich von einer dünnen Leine im Zaum halten.

Welchen Unterschied macht es, ob man sich seinen Karriereweg als Hochseil oder als Aufzug vorstellt? Auf einem Hochseil zu balancieren ist schwierig. Es kann sogar gefährlich werden (Gibt es ein Sicherheitsnetz?). Ein kleiner Ausrutscher, und schon fällt man tief und hat es schwer, wieder hochzukommen. Außerdem bereitet es jede Menge Streß; es wird einem schwindelig, und man hat keinen sicheren Stand. Man muß sehr geschickt sein, doch große Belohnungen mögen einen erwarten. Außerdem hat das Ganze etwas von einer öffentlichen Vorstellung. Das Publikum schaut zu und hält den Atem an. Wird er es schaffen, oder wird er abstürzen?

Demgegenüber ist ein Aufzug viel bequemer. Man kommt nach oben, ohne sich besonders anzustrengen. Man kann sogar zusehen, wie die Außenwelt an einem vorbeizieht. Niemand steigt schneller auf als die anderen im Aufzug (außer man fängt an, auf dem Aufzug herumzuturnen).

Oder haben Sie das Gefühl, in einem Rattenrennen zu stecken? Das Rattenrennen ist erst dann vorbei, wenn Sie beschließen, nicht weiter mitzurennen.

Militärische Buchhaltung

Gelegentlich werden einzelne Abteilungen innerhalb einer Organisation von ihren eigenen Metaphern beherrscht. Einer unserer Kollegen sollte einmal bei der Integration eines Teams mitwirken, das innerhalb einer großen Organisation an vielen Standorten verteilt angesiedelt war. Das Problem bestand darin, daß die Buchhaltungsabteilung, um die es dabei ging, irgendwie nicht synchron lief mit dem Rest der Organisation. Unser Kollege Duane erkannte rasch den Grund für den Zusammenbruch der Kommunikation. Nach dem Vorbild der meisten Senior Manager dieser Firma hatte sich das gesamte Unternehmen eine militärische Ausdrucksweise angewöhnt. Man sprach davon, *der Konkurrenz den Garaus zu machen, dem Markt den Krieg zu erklären* und *aus der Hüfte zu schießen*. Im Rechnungswesen hingegen herrschte ein anderes Weltbild vor; hier sprach man von Schulden, Krediten, Einnahmen und Budgets. Duane half diesen Mitarbeitern einen ganzen Tag lang, ihre wichtigsten Tätigkeiten und Anforderungen in militärische Metaphern zu übersetzen. Beinahe übergangslos verbesserte sich die Kommunikationslage. Oder wie Duane es ausdrückte: „Wir haben die Verteidigungslinien

Kreis und Rad sind Organisationsmetaphern, die sich steigender Beliebtheit er-
freuen. Mit dem Bild des Kreises wird mehr eine Vorstellung von „zentralem" statt
„höherem" Management unterstützt. Charles Handy prägte in seinem Buch *The
Age of Unreason* den Ausdruck „Kleeblatt-Organisation". Er bezeichnet damit ein
Unternehmen, das von einer zentralen Gruppe von wenigen Personen geführt wird,
die in Form von Netzwerken mit außenstehenden Beratern, Zulieferern und Ge-
schäftspartnern in Verbindung stehen, welche einbezogen werden, sobald ein konkretes Projekt es erfordert.

Eine weitere beliebte Metapher ist die des Geschäftes als eines Ballspiels. Da
tritt Mannschaft gegen Mannschaft an; es gibt Trainer, und es werden Tore geschos-
sen; Stürmer kommen über die Flanken und geben Vorlagen. Die Spiel-Metapher
ist weniger brutal als die Kriegs-Metapher. Wieder andere Firmen haben als Fami-
lienunternehmen begonnen und auch in Phasen des Wachstums an der Vorstellung
von einer großen Familie festgehalten. In einer Familie kümmert man sich um einander und kann dafür eine gewisse Loyalität erwarten.

Manche Manager und Unternehmen favorisieren die Musik. Mit den Worten
von Peter Drucker: „Durch die Informationstechnologie verschiebt sich der
Schwerpunkt bei den Angestellten von Handarbeitern und Schreibtischarbeitern
zu Wissensarbeitern, die etwas dagegen haben, wenn ganze Ebenen von mittleren
Managern ihnen vorschreiben, was sie tun sollen. Diese Mitarbeiter sind mehr wie
Musiker." Es sind Profis, denen es Spaß macht, mit anderen Profis zusammenzuarbeiten. In einem Orchester unterscheiden sich die verschiedenen Instrumente
voneinander und sind doch gleichberechtigt. Gerade ihre Verschiedenheit ermöglicht den Reichtum der Musik. Die Rolle des Dirigenten besteht nicht darin, den
Musikern beizubringen, ihre Instrument besser zu beherrschen, sondern ihnen zu
zeigen, wie man zusammenspielt. Die Partitur entspricht dem Mission-Statement,
die Interpretation der Vision. Ein Vorstandsvorsitzender ist der Dirigent eines
Symphonieorchesters, und jeder Spieler trägt seinen Teil zum Gesamtwerk bei.

Der Wert der Werte: 10 Milliarden Dollar

Manager quantifizieren alles gerne mit seinem monetären Wert. Auch mentale Werte haben einen Preis und nehmen Einfluß auf die Zuweisung von Ressourcen, wie das Beispiel der Aufzug-Geschichte von General Motors belegt. Wertorientiertes Verhalten innerhalb eines Unternehmens läßt sich monetär bewerten, obgleich sich nur wenige Firmen darum kümmern. Eine der Herausforderungen für die Unternehmenswelt besteht derzeit darin, herauszufinden, wie derartige „weiche" Faktoren gemessen werden können. Ihr Einfluß ist enorm, und sie bilden im wahrsten Sinne des Wortes einen Teil des Vermögens jedes Unternehmens – Werte haben einen Wert.

Im Jahre 1988 kaufte Philip Morris für beinahe 13 Milliarden Dollar das Unternehmen Kraft. Was bekam das Unternehmen dafür? Die *hard assets*, also die Produktionsstätten, Büros und Warenhäuser, waren 1,3 Milliarden Dollar wert. Die sogenannten „weichen" Assets waren demnach fast zehnmal soviel wert wie die harten Vermögenswerte. Vielleicht tauchten diese weichen Assets nicht in der normalen Bilanz von Kraft auf, doch wurden sie zum Zeitpunkt des Verkaufs tatsächlich mit *über 10 Milliarden Dollar* bewertet. Weil es schwierig ist, die weichen Werte zu quantifizieren, heißt das noch lange nicht, daß sie nichts wert wären. Für ihre mehr als 10 Milliarden Dollar bekam Philip Morris jede Menge Markenbekanntheit, Marktstellung, Kreativität der Mitarbeiter und Organisationswerte, die all dies möglich gemacht hatten.

132

Falls Sie jetzt glauben, dies sei eine einmalige Ausnahme gewesen, möchten wir Ihnen einige weitere Beispiele für den Wert des Unsichtbaren liefern. Als Sterling Drug im Jahre 1988 von Eastman Kodak übernommen wurde, lag der Nettobuchwert bei knapp über einer Milliarde Dollar. Kodak zahlte mehr als vier Milliarden Dollar. Bristol-Myers kaufte 1989 das Unternehmen Squibb, dessen Nettowert damals auf 1,5 Milliarden Dollar geschätzt wurde. Insgesamt betrug der Verkaufspreis über 12,5 Milliarden Dollar! Bei Dienstleistungsunternehmen ist das Verhältnis noch höher. McCaw Cellular bezahlte 3,8 Milliarden Dollar für Lin Broadcasting, denen 209 Millionen Dollar an harten Vermögenswerten gegenüberstanden.

Das Verhältnis vom Kapitalwert eines Unternehmens in Aktien zum Betrag, den es kosten würde, alle physischen Vermögenswerte zu ersetzen, wird als Tobin-Quotient bezeichnet nach James Tobin, dem Wirtschafts-Nobelpreisträger der Universität Yale. 1991 kalkulierte die Zeitschrift *Fortune* die Quotienten eine Reihe von Unternehmen. Microsoft hatte ein Verhältnis von 8:1 von Marktwert zu physischem Vermögenswert. Selbst Hardware-Unternehmen lagen in der Gegend von 2:1. Der Markt ist bereit, viel Geld auszugeben für Kreativität, intellektuelles Kapital, Markennamen, Image und Werte – alles weiche Positionen, die praktisch in keiner Bilanz auftauchen. Der Mark ist nicht sentimental, aber er schätzt die menschliche Vorstellungskraft sehr hoch. Erkennen die Unternehmen eigentlich, was ihre größten Werte sind? Wie werden diese kostbaren Qualitäten gemanagt? Und wie können diese Werte vergrößert werden?

Betriebsblindheit

Vision und Werte müssen Hand in Hand gehen. Sie haben Auswirkungen auf die nachfolgenden logischen Ebenen der Fähigkeiten, des Verhaltens und der Umgebung.

Vision muß sich in Aktion ausdrücken.

Wenn ein Unternehmen von seiner eigenen Vision abweicht oder diese nicht in seinen Taten zum Ausdruck bringt, bietet die Vision nichts weiter als leere Worte. Die Kurzsichtigen triumphieren dann über die Weitsichtigen. Organisationen sind niemals perfekt, doch sollten sie sich nicht zu weit von den eigenen Visionen entfernen. Eine Kollegin erzählte uns von einem Auftrag für eine Trainingsfirma, die sich auf das Bilden von Teams spezialisiert hatte, wobei sie besonders das Vertrauen zwischen den Mitarbeitern zu fördern versuchte. Es war der erste Arbeitstag, und es kam die Zeit der Kaffeepause. Die ganze Mannschaft begab sich in die Küche, um gemeinsam Kaffee zu kochen. Doch was mußte unsere Kollegin entdecken? Nicht nur der Wasserkessel war mit einer Kette an der Wand befestigt, sondern auch die Zuckerdose und sogar der Kaffeelöffel! Dadurch wurde eine Botschaft vermittelt, die in direktem Kontrast zum Trainingsziel stand – eine Diskrepanz zwischen Werten und Umgebung.

Ein uns bekannter Berater hatte einmal mit einer internationalen Werbeagentur zu tun. Ziel war die Überprüfung von Identität, Überzeugungen und Werten sowie die Vermittlung von Kommunikationstechniken auf der Ebene der Fähigkeiten. Die Agentur besaß ein Visions-Statement, das sie von ihrer amerikanischen Muttergesellschaft übernommen hatte. Unter anderem ging es dabei um den Profit, den man für die Kunden durch die eigene Kreativität schaffen wollte. In der Londoner Niederlassungen wurde gerade ein Programm zur Kostensenkung durchgeführt, bei dem auch die Höhe der Gehälter zur Disposition stand. Also feuerte man die beiden teuersten Mitarbeiter, die aber auch die beiden kreativsten Köpfe gewesen waren und verschiedene Preise gewonnen hatten. Beide fanden sofort wieder einen neuen Job. Dieser Vorgang vermittelte das Gegenteil der erklärten Werte.

Sofern die Vision nicht in der gesamten Organisation präsent ist, kann es geschehen, daß die tatsächlichen Strukturen die Umsetzung der Vision nicht unterstützen. Die genannte Agentur zum Beispiel hatte ihre gesamten Aufträge in drei Gruppen aufgeteilt:

➤ Die Schnellschüsse: Idealerweise sollten diese Jobs nicht mehr als 10 Prozent der gesamten Aufträge ausmachen, weil die Mitarbeiter hier nicht genug Zeit hatten, den Kunden mit wirklich kreativen Lösungen zufriedenzustellen.

➤ Die normalen Jobs: Sie sollten etwa 65 Prozent der Auftragsmenge der Agentur ausmachen. Hier hatten die Kreativen genügend Zeit, um gute Lösungen zur erarbeiten.

➤ Die idealen Jobs: Hierbei hatte man Zeit in Hülle und Fülle, um nach den Vorgaben der Kunden wirklich kreative Lösungen zu finden. Sie sollten etwa 20 Prozent der Aufträge ausmachen.

In Wirklichkeit sahen die Zahlen ganz anders aus. 65 Prozent der Jobs fielen in die Kategorie Schnellschüsse, 25 Prozent in die Kategorie der normalen Jobs und nur 10 Prozent in die Kategorie der idealen Aufträge. Man war gefangen in einer Spirale von dringenden Aufträgen und unrealistischen Anforderungen der Kunden.

Unter diesen Umständen konnte die eigene Vision von kreativer Arbeit nicht mehr erfüllt werden. Damit Kreativität als Wert wieder ernst genommen werden konnte, mußte die gesamte Arbeitsform geändert werden. Um Fähigkeiten und Verhalten mit den eigenen Werten in Einklang zu bringen, muß man in einer Weise arbeiten, die diese Werte zum Ausdruck bringt und unterstützt.

Die Umsetzung der Werte

Tag für Tag demonstrieren Unternehmen ihre Werte in der Art und Weise, wie sie mit ihren Mitarbeitern und ihren Kunden umgehen. Diese Werte mögen aus der Zeit stammen, als das Unternehmen gegründet wurde, oder den persönlichen Vorlieben des Gründers entspringen. Vielleicht sind sie auch im Laufe der Zeit und unter dem Einfluß verschiedener Unternehmensführer mehr oder weniger zufällig entstanden. Und schließlich gibt es Werte, die bewußt gewählt wurden. Wir denken, daß sich jedes Unternehmen unbedingt seiner eigenen Werte bewußt sein muß. Werte bilden die Grundlage für sämtliche Prozesse. Ohne gemeinsame Werte kann man nicht effektiv managen; gemeinsame Werte sind die Voraussetzung einer von allen geteilten Vision. Das obere bzw. zentrale Management kümmert sich um die Vision, wacht über sie, erzeugt die Strukturen und Prozesse, in denen sie realisiert werden kann, und übernimmt schließlich die Verantwortung, wenn etwas dabei schiefgeht. Auf der Ebene des Senior Managements sollten Überzeugungen und Werte die treibende Kraft sein. Eine internationale Untersuchung aus dem Jahre 1989 mit 1.500 Senior Managern ergab, daß von einem CEO insbesondere ein starkes Gespür für die Unternehmensvision erwartet wird.

Wie weit sollte das Top Management in die Schaffung der Vision einbezogen werden? Wie wird ein Visions-Statement überhaupt erschaffen? Hierzu gibt es vier verschiedene Ansätze: *Anweisung (Telling), Verkaufen (Selling), Beteiligung (Sharing)* und *gemeinsames Erschaffen (Creating)*. Ihnen entsprechen jeweils verschiedene Managementstile.

Anweisung (Telling)

Dieser Managementstil hält sich an den Slogan der Firma Nike: *Just do it*. Das Anweisen verlangt Autorität. Man sagt seinen Leuten, was sie zu tun haben, und teilt ihnen damit implizit mit, daß man es selbst am besten weiß. Die Wirkung kann irgendwo zwischen repressiv und paternalistisch liegen. Der Schutzheilige dieses

Stils war Jack Welch, der Chef des Unternehmens General Electric. Er erklärte einmal, daß die Aktivitäten von General Electric in den jeweiligen Marktsegmenten entweder Platz eins oder zwei erreichen müßten oder verkauft würden. Es war unwahrscheinlich, daß jemand, der hierzu eine andere Meinung hatte, im Unternehmen lange überlebte. Dieser direkte Stil funktioniert nur, wenn er mit Macht und Glaubwürdigkeit vertreten wird. Der „Verkünder" muß sich klar, konsistent, kongruent und offen zur jeweiligen Realität äußern. In Krisensituationen ist der Anweisungsstil besonders wirksam. Wo der Druck hoch ist und die Zeit knapp, gibt es vermutlich keine bessere Methode. Im Dauereinsatz jedoch kann diese Methode Ablehnung und Abhängigkeit erzeugen und die Kreativität anderer ersticken. Manager, die sich auf die Anweisungsmethode stützen, können frustriert reagieren, wenn die anderen nicht tun, was man ihnen sagt. Interessanterweise ging Jack Welch selbst später von einem Anweisungsstil zu einem mehr partizipativen Stil über.

Wir glauben nicht, daß man eine Vision auf dem Wege der Anweisung erschaffen kann. Soll eine Vision effektiv wirken, muß jeder an ihr beteiligt sein. Ihre Macht besteht gerade darin, daß die Mitarbeiter das Gefühl haben müssen, an ihr teilzuhaben. Der Versuch, einem Unternehmen eine Vision vorzugeben, ist ein Widerspruch in sich. Man kann den Kuchen nicht aufessen und behalten wollen. Nach unserer Erfahrung kann kein Visions-Statement funktionieren, solange nicht die Mitarbeiter auf allen Ebenen an seiner Formulierung beteiligt werden.

Verkaufen (Selling)

Dieser Stil zielt darauf ab, den Mitarbeitern die Unternehmensvision schmackhaft zu machen. Die Mitarbeiter sind die Kunden, und die Vision ist das Produkt. Eine Vision zu verkaufen ist weniger autoritär, als sie per Anweisung zu verkünden. Dabei stellt man den Nutzen bestimmter Werte heraus und weist auf die Konsequenzen hin, wenn man sich nicht an sie hält. Alles hängt vom Rapport der Führung zu ihren Mitarbeitern ab. Schließlich spielt bei jedem Verkauf die Vertrauensbeziehung zwischen den beteiligten Parteien eine entscheidende Rolle. Kein Vertrauen – kein Verkauf, egal ob es sich um Gebrauchtwagen oder Visionen handelt.

Die Vision muß den Mitarbeitern etwas bieten, was *ihnen* etwas wert ist. „Dadurch werden wir unsere Kosten um 15 Prozent senken können" ist wenig inspirierend. „Sie werden Verantwortung übernehmen und die Entscheidungen in Ihrem Bereich selbständig treffen können" mag schon eher motivieren. Als Manager sollte man sich mittels Einzelgesprächen oder Fragebögen um Feedback bemühen.

Das Feedback muß vertraulich behandelt werden, wenn man ehrliche Antworten bekommen möchte.

Beteiligung (Sharing)

Bei diesem Ansatz bittet das Management die Mitarbeiter, beratend tätig zu werden. Die Verantwortung für die Vision liegt nach wie vor beim Top-Management, doch soll vor einer Entscheidung jeder Betroffene gehört werden. Dabei können sowohl ganz konkrete Anregungen wie generelle Ideen über die allgemeine Richtung geäußert werden. Das Management behält sich vor, die Anregungen der Mitarbeiter zu akzeptieren oder zu verwerfen, ganz so, wie es bei einem externen Berater verfährt.

Diese Methode birgt zweierlei Gefahren. Die erste besteht darin, daß die Mitarbeiter teilnahmslos reagieren im Sinne von: „Fragen Sie nicht uns, das ist doch Ihr Job." Dies kann ein Hinweis darauf sein, daß sich die Mitarbeiter nicht wirklich in die Verantwortung genommen sehen und davon ausgehen, ihre Ansichten würden ohnehin nicht berücksichtigt. Dergleichen kann vorkommen, wenn man ohne angemessenes Pacing sehr abrupt vom Verkündungsstil zum Beteiligungsstil wechselt. Bestehen Sie in einer solchen Situation nicht auf Antworten, sondern prüfen Sie sorgfältig die gesamte Geschichte der Organisation, ihre Werte und Strukturen, die zu solch einer ausweichenden Haltung geführt haben. Man kann das Pacing einleiten mit Formulierungen wie: „Ja, ich weiß, daß wir Ihre Ansichten in der Vergangenheit nicht so stark berücksichtigt haben, wie es möglich gewesen wäre. Doch inzwischen sind wir wirklich daran interessiert." Natürlich muß die Glaubwürdigkeit solcher Aussagen untermauert werden von weiteren überzeugenden Handlungen. Das Management muß auch bei anderen Gelegenheiten die Ansichten der Mitarbeiter einholen und berücksichtigen. Das Verhalten der Vorgesetzten muß kongruent sein, und Erfolg wird größtenteils von der persönlichen Glaubwürdigkeit und den Kommunikationsfähigkeiten der einzelnen Manager abhängen.

Die zweite Gefahr besteht darin, sich von der Vielzahl der geäußerten Ansichten paralysieren zu lassen und zu glauben, man müsse es allen recht machen. Am Ende könnte dabei ein Kompromiß herauskommen, der niemandem zusagt. Werte lösen bei Menschen starke Reaktionen aus. Vergessen Sie nicht, daß verschiedene Standpunkte genau dies sind: persönliche Perspektiven, die niemals die gesamte Wahrheit darstellen. Das Management bleibt dafür verantwortlich, aus diesen vielfältigen Perspektiven eine einheitliche Vision zu formen.

Es gibt viele Möglichkeiten, die Ansichten der Mitarbeiter zu eruieren. Sehr erfolgversprechend ist die Arbeit in kleinen Teams, wobei man vielleicht auf oberster Managementebene beginnt und diesen Prozeß kaskadenartig die gesamte Organisation durchlaufen läßt. Jedes Mitglied eines Teams bildet ein neues Team und führt den Prozeß fort. Die Beiträge können anonym oder in offenen Veranstaltungen gesammelt werden, und die fortschreitenden Ergebnisse müssen jederzeit allen Beteiligten zugänglich sein. Auch diesem Ansatz liegt die Annahme zugrunde, daß Vision und Werte an der Spitze der Organisation gebildet werden. Bei der Verkündungsmethode werden sie von oben nach unten vorgegeben. Bei der Verkaufsmethode werden Sie nach unten hin verkauft, und bei der Beteiligungsmethode sickern sie oder verbreiten sich wasserfallartig von oben nach unten.

Gemeinsame Schöpfung (Creating)

Der kreative Stil ist am schwierigsten zu managen, doch ist er am lohnendsten. Vom Management wird zunächst ein sehr großer Vertrauensvorschuß verlangt, um diesen Prozeß zu initiieren. Dieser Ansatz ist der am wenigsten gebräuchliche, und er markiert eine der Disziplinen, die nach Peter Senge zur Bildung lernender Organisationen erforderlich sind. Man muß sich von der Idee verabschieden, das obere Management wüßte alles besser, und jeden Mitarbeiter der Organisation in den kreativen Prozeß einbeziehen. Der Prozeß beginnt damit, daß jeder einzelne seine persönliche Vision so gut beschreibt, wie er kann. Was ist für ihn oder sie besonders wichtig? Das führt keineswegs in die Anarchie, wie mancher vielleicht glauben mag, denn die Mitarbeiter kommen ja nicht zur Arbeit mit dem Vorsatz, ihr Unternehmen zu ruinieren oder schlechte Arbeit zu leisten. Unter gegebenen Umständen tun sie ihr jeweils Bestes. Ist das Unternehmen sehr repressiv, versuchen sie halt, sich durchzuwurschteln. Zur Erzeugung einer Vision gehört eben unbedingt das Schaffen einer Organisation, zu der zu gehören jeden mit Stolz erfüllt.

Nachdem jeder seine persönliche Vision geäußert hat, werden Teams gebildet, um diese Ideen zusammenzuführen. Die Ergebnisse der Teamdiskussionen werden mit gleicher Geschwindigkeit und Gewichtung in der Organisation aufwärts und abwärts verteilt. Alle sind gleichermaßen beteiligt. Jeder wird gehört. Wir begnügen uns nicht damit, Einzelansichten zu sammeln in der Hoffnung, sie wären repräsentativ. Es brauchen nicht alle die gleiche Meinung zu vertreten, was im übrigen ohnehin kaum geschehen wird. Die Meinungsunterschiede zeugen von unterschiedlichen Ansichten der Mitarbeiter über sich selbst und das Unternehmen und können zu einem besseren Verständnis von beidem führen. Der Prozeß erzeugt seine eigene Dynamik und muß selbst zum Bestandteil der entstehenden Vision werden. Werte und Visionen auf diese Weise zu erschaffen ist ein gewaltiges Vorhaben, und wir haben hier nur die Oberfläche angerissen. *Das Fieldbook zur Fünften Disziplin* ist eine hervorragende Quelle von Informationen und Ideen zu diesem Prozeß.

Zeitreise

Im folgenden listen wir einige Fragen auf, die sich die Teams stellen sollten, wenn sie an ihrer Vision arbeiten. Versetzen Sie sich selbst in die Zukunft: ein Jahr, drei Jahre, fünf Jahre voraus, je nachdem welche Zeitspanne sie berücksichtigen wollen. Sie sind zufrieden. Sie haben das Unternehmen geschaffen, das sie kreieren wollten. Aus dieser Perspektive heraus stellen Sie sich die folgenden Fragen:

Identität

Wie sieht unser Unternehmen aus?
Wie werden wir wahrgenommen, was ist unser Image?
Welche Rolle spielen wir in der Gesellschaft?
Wie werben wir für uns?
Welchen Satz möchten wir unsere Kunden über uns sagen hören?
Welches ist unsere Metapher?

Überzeugungen und Werte

Welches sind unsere Werte?
Wie belohnen wir unsere Mitarbeiter?
Wie sicher ist unsere Position?
Welche Überzeugungen haben wir in bezug auf unsere Mitarbeiter?
Welche Überzeugungen haben wir hinsichtlich unserer Kunden?

Fähigkeiten

Wer sind die Stakeholder dieser Organisation?
Wie erschaffen wir für sie Werte?
Wie verdienen wir unser Geld?
Welchen Gewinn machen wir?
Wie hoch ist unser Umsatz?

Verhalten

Welche Produkte oder Dienstleistungen verkaufen wir?

In welcher Beziehung stehen die verschiedenen Teile des Unternehmens zueinander?

Wie fühlt es sich an, für dieses Unternehmen zu arbeiten?

Umgebung

Wie groß ist das Unternehmen?

Wo befindet es sich?

Wie viele Mitarbeiter sind beschäftigt?

Wie kommunizieren wir?

Wo stehen Sie?

Wir haben die vier Stile des Anweisens, Verkaufens, Beteiligens und Gemeinsamen Erschaffens im Zusammenhang mit den Organisationswerten vorgestellt, doch handelt es sich dabei auch um allgemeine Managementstile. Erkennen Sie Ihre eigene Präferenz? Es gibt keine richtige oder falsche Antwort. In bestimmten Situationen ist das Anweisen die beste Art, andere zu managen. Zu anderen Zeiten möchten Sie Ihre Ideen verkaufen oder mit anderen besprechen. Bei wieder anderen Gelegenheiten, beispielsweise dann, wenn Sie ein Team zum ersten Mal zusammenstellen, werden Sie kreativ vorgehen. Wenn etwas Gemeinsames erschaffen wird, an dem sich jeder beteiligt fühlt, entsteht eine sehr machtvolle Dynamik. Doch egal, welchen Stil Sie wählen: Vergessen Sie nicht, zu pacen und zu leaden. Beim Anweisen oder Verkaufen müssen Sie mit den Bedenken der anderen rechnen und diese berücksichtigen. Wenn Sie bisher vor allem mit diesen beiden Stilen gearbeitet haben, werden sich Ihre Mitarbeiter nur zögernd in den beteiligenden oder kreativen Stil einfinden. Sie werden diesen Widerstand pacen müssen.

Außerdem wird Ihr Talent verlangt werden, aufwärts zu managen. Möglicherweise wird Ihr Vorgesetzter von Ihnen verlangen, ihm beim Verkaufen seiner eigenen Vision zu helfen. Versuchen Sie, seinen Standpunkt zu verstehen. Pacen Sie seine Realität und finden Sie heraus, was seine Absichten sind. Das Verständnis Ihrer eigenen Werte und der Werte der anderen bildet die Basis jeder Vision und liefert den Schlüssel zu Einfluß und Führungskraft. Schließlich gilt: Visionen sind einfach, aber nicht leicht.

Die Entwicklung Ihrer Fähigkeiten

1. Welches sind die wichtigsten Werte Ihres Unternehmens? Wie finden sie Ausdruck?

2. Bitten Sie sowohl die Mitarbeiter wie die Kunden, Ihnen zu erklären, was sie für die wichtigsten Unternehmenswerte halten. Falls es ein Visions-Statement oder Mission-Statement gibt: Kennen es die anderen? (Kennen Sie es?)

3. Welche Metaphern sind über Ihr Unternehmen in Gebrauch? Ist es ein Team? Eine Familie? Eine Armee? Eine Blaskapelle? Oder was?

4. Auf welchen Voraussetzungen beruht die am meisten verwendete Metapher? Stimmen diese Voraussetzungen?

Weiterführende Lektüre

Keller, Maryann: *Rude Awakening*, William Morrow 1989

O'Connor, Joseph & Seymour, John: *Weiterbildung auf neuem Kurs*, Freiburg: VAK 1996

Peters, Tom: *Liberation Management*, Macmillan 1992

Senge, Peter: *Die Fünfte Disziplin*, Stuttgart: Klett-Cotta 1996

Stewart, Thomas: *Fortune*, 3. Juni 1991

Tichy, Noel & Sherman, Jack: *Control Your Destiny Or Someone Else Will*, Currency Doubleday 1993

7. Persönliche Werte

Ergebnisse sind das, was wir wollen. Werte sind das, weshalb wir wollen, was wir wollen. Die im Unternehmen praktizierten Werte sind der Treibstoff für die Unternehmensvision. Unsere persönlichen Werte liefern dementsprechend die Basis für unsere Motivation und unsere Entscheidungen. Sie haben mit dem zu tun, was uns wichtig ist. Werte werde normalerweise in Form abstrakter Nominalisierungen beschrieben mit Begriffen wie Liebe, Glück, Leistung, Anspruch, Gesundheit oder Spaß. Werte lösen Emotionen aus. Die Begriffe mögen abstrakt sein, die dahinterstehenden Gefühle sind es nicht. Im NLP sprechen wir statt von Werten oft von Kriterien. Kriterien sind Werte, die auf einen bestimmten Kontext, beispielsweise die Arbeit, angewandt werden. Je nach Situation sind für uns vermutlich verschiedene Werte von Bedeutung. Zum Beispiel unterscheidet sich das, was Ihnen bei der Arbeit am wichtigsten ist, von dem, worauf Sie im Urlaub besonderen Wert legen. Sicherheit könnte einer der Werte sein, auf den Sie beim Kauf eines Wagens achten; bei der Entscheidung für einen bestimmten Arbeitsplatz könnten hingegen Herausforderung und Risiko im Vordergrund stehen.

In diesem Kapitel wollen wir Ihnen helfen, persönliche Werte besser zu erkennen – Ihre eigenen und die Ihrer Kollegen. Unsere Werte üben starken Einfluß auf unsere persönlichen Entscheidungen aus. Die Werte eines Unternehmens beeinflussen dessen Entscheidungen als Organisation. Ihre persönlichen Werte und die des Unternehmens mögen miteinander in Konflikt stehen oder sich ergänzen. Es ist ausgesprochen unangenehm, innerhalb einer Organisation zu arbeiten, die Werte verkörpert, die von den eigenen radikal verschieden sind. Man wird ständig ein Gefühl der Inkongruenz haben. Sowohl die einzelnen Mitarbeiter wie das Unternehmen als Ganzes werden Schwierigkeit mit ihren Entscheidungen haben, weil man sich vor die Wahl zwischen konkurrierenden Werten gestellt sieht. Es gibt kein *richtig* oder *falsch*, sondern nur *gut* und *weniger gut*.

Um Ihren Einfluß in einer Organisation nach oben, nach unten und horizontal maximal zur Geltung zu bringen, müssen Sie sich auch um die Werte Ihrer Kollegen kümmern. Dies ist einer der Faktoren von Führungsqualität. Drei Aspekte des Themas Werte würden wir gerne genauer betrachten:

➤ Wie setzen Sie bei Ihren Werten die Prioritäten? Manche sind wichtiger als andere. Vor eine Wahl gestellt, werden Sie sich für den höherrangigen Wert entscheiden.

➤ Es gibt verschiedene Arten von Werten. Zu manchen fühlen wir uns hingezogen: Liebe, Freundschaft, Respekt, Verantwortung, Spaß und Sicherheit. Andere bezeichnen etwas, das wir vermeiden möchten: abgelehnt zu werden, Einsamkeit, Versagen und Schuld. Gelegentlich ist es eine Frage der Akzentsetzung, ob wir zum Beispiel nach Anerkennung streben oder Ablehnung vermeiden wollen.

➤ Woran erkennt man, ob die eigenen Werte erfüllt oder verletzt werden? Jeder hat bestimmte Regeln dafür, was geschehen muß, damit seine Werte als erfüllt gelten. Erfüllung oder Versagung erkennen wir an sehr spezifischen Verhaltensweisen.

Arbeit und Werte

Worauf kommt es für Sie bei der Arbeit an? Bitte denken Sie über die folgenden Fragen nach und notieren Sie die Antworten:

Welche drei Dinge helfen Ihnen, Ihren Job gut zu machen?

Weshalb sind sie für Sie wichtig?

Welche drei Dinge schätzen Sie an Ihrem Job?

Weshalb sind sie für Sie wichtig?

Was sagt das über Sie als Mensch aus?

Wenn Sie sich zur Ruhe setzen oder Ihren gegenwärtigen Job aufgeben: Was möchten Sie dann gerne erreicht haben?

Wie wird das, was Sie an Ihrem Job schätzen, Ihnen helfen, dies zu erreichen?

Aus den Antworten werden Sie erkennen, was Sie an Ihrer Arbeit wertschätzen und was Sie weniger mögen. Im nächsten Schritt legen Sie die Bedeutung dieser Werte fest.

Die Hierarchie der Werte

Wie Maslows Bedürfnispyramide zeigt, hängt von den jeweiligen Umständen ab, welche Werte für uns gerade wichtig sind. Am elementarsten sind die physiologischen Bedürfnisse wie Hunger, Durst und Schlaf. Sie müssen zuerst gestillt sein. Wir haben kaum Probleme mit unserer Selbstverwirklichung, wenn wir kurz vor dem Verhungern stehen. Denn wenn wir nichts zu essen bekommen, wird es kein Selbst mehr geben, das man verwirklichen kann. Als nächstes folgen die Bedürfnisse nach Sicherheit, danach die sozialen Bedürfnisse nach Zugehörigkeit, Freundschaft und Liebe. Sobald diese grundlegenden Bedürfnisse befriedigt sind, bewegen wir uns aufwärts in den Bereich von Selbstrespekt, Leistung und Anerkennung. Zu guter Letzt kommen die Bedürfnisse, die Maslow mit dem Begriff der Selbstverwirklichung umschreibt: persönliches Wachstum und die volle Entwicklung des eigenen Potentials.

Auf der Grundlage ausreichender Nahrung, Bekleidung und Behausung treten also normalerweise die Interessen an Zugehörigkeit, Selbstrespekt und Selbstverwirklichung in der Reihenfolge ihrer Bedeutung in den Vordergrund. Hier kommen soziale und kulturelle Faktoren ins Spiel. Eine Untersuchung in den USA und Großbritannien hat ergeben, daß folgende Werte an der Spitze stehen: das Wohlergehen der Familie, wirtschaftliche Sicherheit, Gesundheit, Leistungsstreben und persönliche Erfüllung. Eine befreundete Kollegin war vor kurzem in Rußland tätig. Sie fand heraus, daß in der von ihr untersuchten Gruppe russischer Geschäftsleute Freiheit mit weitem Abstand als höchster Wert angesehen wurde. Ohne Freiheit hatte keiner der anderen Werte besondere Bedeutung. In den USA und Großbritannien wird diese elementare Freiheit für selbstverständlich gehalten, nicht so in Rußland.

Die Arbeit ist ein bedeutender Bereich, in dem sich viele unserer Werte befriedigen lassen. Unser Gehalt trägt dazu bei, unsere grundlegenden physiologischen und Sicherheitsbedürfnisse zu befriedigen. Darüber hinaus erwarten wir von unserer Arbeit, daß auch unsere Ansprüche auf Freundschaft und Anerkennung, ja sogar auf Selbstverwirklichung zu ihrem Recht kommen.

Sie können die Rangordnung Ihrer Bedürfnisse unschwer herausfinden. Wählen Sie einen Kontext, für den Sie die Hierarchie Ihrer Werte bestimmen wollen. Bleiben wir beim Beispiel Arbeit:

1. Erinnern Sie sich bitte an zwei oder drei wichtige Erlebnisse aus dem Umfeld Ihrer Arbeit. Notieren Sie hierzu einige Schlüsselbegriffe. Was haben Ihnen

diese Erlebnisse gebracht? Wie haben Sie sich dabei gefühlt? Was haben Sie daraus gelernt? Was haben Sie dadurch vermeiden können?

2. Nehmen Sie sich jeden einzelnen Schlüsselbegriff vor und fragen Sie sich: „Was ist daran für mich wichtig?“ So kommen Sie zu einer Liste von ungefähr einem Dutzend Begriffen. Wählen Sie daraus die fünf Begriffe, die für Sie am wichtigsten sind.

3. Wenn Sie nun einen davon aufgeben müßten, welcher wäre es? Natürlich müssen Sie ihn nicht wirklich aufgeben, sondern nur ans Ende der Liste setzen. Wenn Sie nun von den übrigen vier wieder einen aufgeben müßten, welcher wäre es? Fahren Sie fort, bis nur noch ein Begriff übrig ist. Dies ist Ihr höchster Werte im Kontext Ihrer Arbeit.

Mit Bezug auf Ihre Arbeit besitzen Sie nun eine Liste von Werten in aufsteigender Reihenfolge der Bedeutung. Einige dieser Werte müssen sicherlich erfüllt sein, damit Sie Ihre Arbeit überhaupt fortsetzen. Und es werden Verbindungen bestehen zwischen den Werten, die sich auf Ihre Arbeit beziehen, und jenen, die in anderen Lebensbereichen gelten. Arbeitswerte und Familienwerte können in Konflikt mit-einander geraten. Manche Leute kündigen zum Beispiel ihren Job, wenn er sie zwingt, längere Zeit von ihrer Familie abwesend zu sein.

Mit dieser Liste Ihrer wichtigsten Arbeitswerte können Sie sich nun die Frage stellen: „Was kann ich tun, um sicherzustellen, daß diese Werte bei meiner Arbeit erfüllt werden?“

Vergegenwärtigen Sie sich die in Ihrem Unternehmen explizit formulierten oder als geltend wahrgenommen Werte. Inwiefern stimmen sie mit Ihren eigenen Werten überein? Liegen sie auf einer Linie, oder gibt es ernsthafte Differenzen?

Versetzen Sie sich nun in die Lage des Unternehmens und fragen Sie sich:

In welcher Weise bin ich für das Unternehmen wichtig?

Wie wichtig bin ich für die Aufrechterhaltung der Umgebung des Unter-nehmens?

Welche meiner Tätigkeiten werden von der Organisation geschätzt?

Welche meiner Fähigkeiten werden von der Organisation geschätzt?

Gute Absichten und der Advocatus Diaboli

Gute Manager behandeln problematische Verhaltensweisen unter der Perspektive der Werte. Sie richten ihre Kritik nicht direkt auf das fragliche Verhalten, sondern sie pacen und anerkennen zunächst die dahinterstehenden Werte. Alles Verhalten folgt einem bestimmten Zweck. Bei jeder Handlung wollen wir etwas erreichen, was für uns wichtig ist oder dem wir einen hohen Wert beimessen. Unglücklicherweise mögen derartige Handlungsweisen kein besonders geeigneter Weg sein, um unser Ziel zu erreichen, und können anderen Probleme bereiten. So kennen wir etwa einen Manager, der Probleme mit einem Mitarbeiter seines Teams hatte. Der Betreffende hatte die Angewohnheit, ständig die Überlegungen und Vorschläge der anderen Teammitglieder zu kritisieren. Er spielte den Advocatus Diaboli und suchte nach Fehlern im Detail. Alle waren einigermaßen genervt, und die übrigen Teammitglieder entwickelten ihm gegenüber eine gewisse Ablehnung. Einer drückte es so aus: „Ich wäre nicht so sauer, wenn er wenigstens ab und zu etwas Positives beitragen würde. Aber alles ist immer so negativ." Das Verhalten des betreffenden Mitarbeiters zerstörte den Rapport im Team; trotzdem wurden seine Kenntnisse gebraucht, und er konnte während des laufenden Projektes nicht ausgetauscht werden.

Wir schlugen unserem Klienten folgendes vor: Er sollte den Mitarbeiter beiseite nehmen und fragen, was er mit seiner Kritik erreichen wolle und was daran für ihn wichtig sei. Es stellte sich heraus, daß er sehr großen Wert auf Sicherheit legte. Ein Projekt, an dem er früher beteiligt gewesen war, war gescheitert, weil die Planung nicht genau genug gewesen war und man entscheidende Details übersehen hatte. Das Unternehmen hatte viel Geld verloren, und er hatte sich geschworen, daß dies bei keinem Projekt, an dem er beteiligt war, jemals wieder geschehen sollte. „Ich möchte, daß der Plan in jeder Hinsicht wasserdicht ist", war seine Aussage hierzu. Für ihn waren Sicherheit und Genauigkeit im Detail ausgesprochen wichtig, und unser Klient teilte ihm mit, daß er diese Werte teile. Doch dann kam die 64.000-Dollar-Frage: „Ist Ihre permanente Kritik effektiv?" Die Antwort war nein. Die übrigen Teammitglieder kümmerten sich nicht um seine Beiträge, sie hörten ihm nicht richtig zu, sondern gaben ihm oberflächlich recht, um möglichst schnell zum nächsten Punkt zu gelangen. Dadurch wurde er nur noch nervöser und verstärkte seine Kritik. Der Manager schlug vor, er solle die für die Gruppe sehr nützliche Rolle des Advocatus Diaboli übernehmen, mit seiner Nachfrage nach den Details allerdings noch so lange warten, bis die Planung weiter fortgeschritten sei. Der Mitarbeiter stimmte zu.

Als Folge hiervon konnte die Gruppe ihre Effektivität deutlich steigern. Die anderen wußten, daß sie genügend Freiraum hatten, um ihre Pläne zu entwickeln – und daß dies wirklich gute Pläne werden mußten. Die Kritik setzte später ein und war dadurch von wesentlich größerem Wert. So konnten einige kleine Verbesserungen vorgenommen werden, die die Kostenstruktur des Projektes verbesserten. Unser Klient hatte erfolgreich die Werte des Mitarbeiters gepacet und zum Nutzen der Gruppe eingesetzt.

Wir gehen im NLP von der Grundvoraussetzung aus, daß jeder bei dem, was er tut, positive Absichten verfolgt. Jeder versucht etwas zu erreichen, was für ihn einen Wert darstellt. Anderen mag dies bizarr oder lästig vorkommen. Die Menschen sind verschieden und betrachten die Welt in unterschiedlicher Weise. Wir wissen nicht wirklich, was andere zu erreichen versuchen. Wir sehen ihre Handlungen nicht von ihrem Standpunkt aus, solange wir uns nicht wirklich darum bemühen. Im NLP nennen wir dies: die zweite Position einnehmen. Entsprechend betrachten die anderen unsere eigenen Aktionen nicht von unserem Standpunkt aus. Ihr Verständnis kann sich erheblich von unseren Absichten unterscheiden. Im NLP sagt man gerne: „Die Bedeutung der Kommunikation liegt in der Reaktion, die sie hervorruft." Dies bedeutet soviel wie: Man soll seine Handlungen und Worte nicht nur vom eigenen Standpunkt, sondern auch vom Standpunkt der anderen aus betrachten. Wenn das, was Sie sagen oder tun, nicht zum gewünschten Ergebnis führt, müssen Sie herausfinden, was los ist, und so lange etwas anderes sagen oder tun, bis die Reaktion erfolgt, auf die es Ihnen ankommt.

Geld

Es ist gut möglich, daß Sie bei der letzten Übung das Geld als einen Ihrer Werte identifiziert haben. Geld für sich ist kein Wert, ermöglicht aber die Erfüllung anderer Werte. Es ist Mittel zum Zweck, man kann sich Dinge – tangible wie intangible – kaufen, die man haben möchte, wie z.B. Anerkennung, Freiheit, Sicherheit, Komfort, Urlaub und Autos. Geld ist wichtig, und es ist besonders ärgerlich, von jemandem, der selber Geld im Überfluß besitzt, gesagt zu bekommen, das sei es nicht. Nichtsdestoweniger wird Geld als Leistungsanreiz überschätzt und zu häufig verwendet.

Nigel Nicholson und Michael West haben die Karriereentwicklung von 2.000 Managern im mittleren und oberen Management untersucht. Die vier am häufigsten genannten Gründe für einen Stellenwechsel waren:

1. größere Herausforderung und Befriedigung
2. ein Schritt in Richtung des Karriereziels
3. ein Wechsel in der Richtung der Karriere
4. Verbesserung des Lebensstandards

Hier deutet nichts hin auf irgendwelches Job-Hopping der Manager auf der Suche nach höherem Gehalt. Ein Ergebnis dieser Untersuchung mußte den Verantwortlichen Sorgen bereiten. Dreimal mehr Manager verfolgten ihre Werte durch einen Wechsel des Unternehmens anstatt durch internen Aufstieg. Erkennen Unternehmen diese Werte überhaupt an? Da die Zahlen darauf hindeuten, daß dies nicht der Fall ist, muß man feststellen: Die Unternehmen sind nicht in der Lage, ihre Mitarbeiter zu pacen. Wie können sie also Aufgaben bereitstellen, die herausfordernd und befriedigend sind?

Die erste Ansatz besteht darin, Strukturen zu schaffen, die den Mitarbeitern erlauben, verschiedene Arten von Arbeiten zu erledigen. Zielorientierte Projektarbeit im Team eignet sich hervorragend. Die Projekte wechseln, und die Mitarbeiter werden ständig herausgefordert, neue Aufgaben zu bewältigen. Demgegenüber mag ein Funktionsjob zunächst herausfordernd und befriedigend erscheinen, verliert aber seinen Reiz, sobald er verstanden wird und in Wiederholung ausartet.

Der zweite wichtige Faktor sind Sie selbst in Ihrer Rolle als Vorgesetzter. Geben Sie Ihren Mitarbeitern Aufgaben, die sie fordern. Woher Sie wissen sollen, was das wäre? Ganz einfach. Fragen Sie. Häufig setzen Vorgesetzte einfach voraus, daß das, was sie selbst oder das Unternehmen als herausfordernd und befriedigend erachten, so auch von jedem anderen empfunden wird. Wenn es so ist, daß bestimmte Aufgaben erledigt werden müssen, sollte man den Mitarbeitern wenigstens die Freiheit geben, sie auf die Weise zu erledigen, mit der sie am zufriedensten sind. Noch einmal unsere Empfehlung: Managen Sie auf der Basis von Werten und nicht von Verhaltensweisen. Sie können sich auf die Schwächen Ihrer Mitarbeiter einstellen. Weisen Sie ihnen Aufgaben zu, bei denen sie nicht nur tun müssen, was sie gut können, sondern sich auch weiterentwickeln können. Neuartige Aufgabenstellungen verlangen, daß man etwas lernt. Bei vertrauten Aufgaben, deren man sich recht flüssig entledigt, gibt es wenig zu lernen (wenn überhaupt). In dem Moment, wo Sie Verantwortung übertragen, müssen Sie auch Unterstützung anbieten. Vergewissern Sie sich, daß jeder weiß, wo er Hilfe finden kann, falls er in Schwierigkeiten gerät.

Wert Nummer vier – die Verbesserung des Lebensstandards – ist von den Unternehmen in hinreichender Weise mit Geld zu befriedigen. Allerdings werden die Mitarbeiter Geld auch als Ersatz für alles andere verlangen, was sie gerne hätten, aber nicht bekommen, wie etwa: Beförderung, Respekt, Anerkennung oder Status. Und sie werden viel verlangen, damit der Ausgleich funktioniert. Doch auch ein Zuviel von dem, was man eigentlich nicht braucht, ist nie genug.

Peanuts und goldene Bananen

Oft wird Anerkennung in Form monetärer Zuwendungen erteilt. Hierzu gibt es die schöne Geschichte von der goldenen Banane bei IBM. Die Legende erzählt, daß der frühere Chairman von IBM, Tom Watson, für eine Idee, die ihn beeindruckte, oft spontan einen Scheck als Belohnung ausstellte. Eines Tages kam wieder jemand mit einer exzellenten Idee, die Watson gefiel. Er kramte auf seinem Schreibtisch nach seinem Scheckbuch, fand aber nichts weiter als – eine Banane, die er, der Gelegenheit entsprechend, feierlich überreichte. So entstand die Legende von der goldenen Banane, und die begehrteste Auszeichnung bei IBM wurde eine goldene Anstecknadel in der Form dieser Banane.

Obwohl Geld nicht in allen Situationen als Motivator funktioniert, kann eine deutlich unfaire oder unangemessene Bezahlung doch ausgesprochen demotivierend wirken. Wer mit Peanuts bezahlt, hält seine Angestellten für Affen. Oder vielleicht sollte man eher sagen: Mit unangemessener Entlohnung gibt man seinen

Mitarbeitern zu verstehen, wie wenig man von ihnen hält – und so werden sie sich entsprechend Mühe geben, diesen geringen Erwartungen zu entsprechen.

Obwohl eine zu geringe Entlohnung demotivierend wirken kann, heißt das nicht: Je mehr Geld, desto größer die Motivation. Die Menschen sind vor allem dann ums Geld besorgt, wenn sie ihrer Ansicht nach nicht fair belohnt werden. Der Mensch lebt nur dann vom Brot allein, wenn es nur wenig Brot zu verteilen gibt. Manche Menschen kümmern sich weniger um die absolute Höhe ihres Gehalts als vielmehr darum, ob sie gutes Geld für gute Arbeit bekommen. Mit anderen Worten, ihnen geht es weniger um Reichtum als um die Werte von Fairneß oder Gerechtigkeit. Wieder anderen Mitarbeitern ist daran gelegen, daß ihr Gehalt ihre Erfahrung und Autorität widerspiegelt.

Geld als Wertmaßstab

Mit Hilfe einer finanziellen Bewertung können Sie die im Zusammenhang Ihrer Arbeit relevanten Werte quantifizieren. Nehmen Sie noch einmal die Liste mit den Arbeitswerten zur Hand, die Sie früher in diesem Kapitel aufgestellt haben. Welchen zusätzlichen finanziellen Bonus würden Sie verlangen als Entschädigung für einen Job, der Ihnen die Erfüllung einzelner dieser Werte vorenthielte? Je größer der Bonus, desto höher rangiert der betreffende Wert. Manche Werte sind sogar mit Geld nicht aufzuwiegen.

Hier einige Fragen, die das Verhältnis von Entlohnung und Wertehierarchie klären können:

Bei welchem Jahresgehalt würden Sie sich finanziell abgesichert fühlen?

Wie groß (wenn überhaupt) ist der Unterschied zwischen diesem und Ihrem gegenwärtigen Gehalt?

Falls eine Differenz besteht: Welche Werte werden in Ihrer Arbeit befriedigt, die für Sie wichtiger sind als das Gefühl finanzieller Sicherheit?

Die Regeln der Wertebefriedigung

Jeder Mensch hat Regeln bezüglich dessen, wie seine Werte zu befriedigen sind. Angenommen, bei Ihrer Arbeit wäre Ihnen Anerkennung wichtig. Woran erkennen Sie, daß Ihnen Anerkennung zuteil wird? Was bedeutet dies für die Ebene des *Verhaltens*? Spezifische Verhaltensweisen, an denen wir erkennen, daß unsere Werte erfüllt wurden, werden im NLP als *Kriterienäquivalente* bezeichnet. Sie liefern die Evidenz für die Befriedigung unserer Werte. Manche Menschen sind mit einer lobenden Äußerung zufrieden, andere brauchen die Anerkennung in schriftlicher Form, am besten gedruckt, wieder andere ziehen eine Gehaltserhöhung vor.

Kriterienäquivalente sind eine faszinierende Sache. Viele Menschen legen z. B. Wert auf Freundschaft. Aber wenn man sie fragt: „Woran erkennst du, ob jemand dein Freund ist?", bekommt man die unterschiedlichsten Antworten. Wir kennen zum Beispiel jemand, der auf diese Frage ohne zu zögern antwortete: „Er würde immer pünktlich sein."

Wir haben viele Testpersonen gebeten, den folgenden Satz zu vervollständigen: „Ein Freund ist jemand, der ..." Dies sind einige Antworten:

> „..., der etwas für mich tun würde, selbst wenn ich ihm nicht genau erklären könnte, weshalb."
>
> „..., der mir sagen würde, wenn ich Mundgeruch habe."
>
> „..., der mich verstecken würde, wenn die Polizei hinter mehr her wäre."

Ebenso besitzen wir Regeln darüber, auf welche Weise unsere Werte verletzt werden. Wir kennen einen Manager, der ein sehr neuartiges Projekt ausgesprochen erfolgreich von Anfang bis Ende organisiert hatte. Er hatte die Planung gemacht, das Team zusammengestellt, ihm eine Vision seiner Leistungsmöglichkeiten vermittelt und zum Schluß die Ergebnisse pünktlich an sein Unternehmen übergeben. Jeder gratulierte ihm. Doch als das Projekt in einer überregionalen Zeitung veröffentlicht wurde, wurde nicht sein Name erwähnt, sondern der seines Vorgesetzten. Dies stellte für ihn eine so starker Verletzung seiner Werte von Respekt und Anerkennung dar, daß er begann, sich nach einem anderen Job umzusehen.

In manchen Unternehmen sind die Größe des Schreibtischs oder des Büros ein Kriterienäquivalent für Anerkennung. Wir kennen Firmen, in denen diese Umgebungsmerkmale exakt normiert sind: wieviel Büroraum einem zusteht, die Größe des Schreibtischs, die Qualität des Teppichs und sogar die Anzahl der Bilder, die man sich an die Wand hängen darf. Das Kriterienäquivalent für Produktivität besteht bei manchem Manager in einem Schreibtisch, der unter Bergen von Papier verschwindet. Dieser Anblick liefert seiner Ansicht nach den Beweis, daß der Besitzer des Schreibtischs sehr beschäftigt und mithin produktiv sein muß. Geschäftigkeit und Produktivität haben jedoch nichts miteinander zu tun, aber die Regeln der Werteerfüllung folgen nicht den Gesetzen der Logik. Status zeigt sich an einem übervollen Eingangskorb. In anderen Unternehmen würde dies als Hinweis darauf gelten, daß jemand schlecht organisiert ist.

Auch die Entscheidungen für oder gegen Bewerber für eine bestimmte Stelle werden auf der Basis von Werteregeln getroffen. Manche Bewerber tragen zum Beispiel eine Krawatte mit dem Symbol der Universität oder Schule, die sie besucht haben. Gelegentlich kann das Eindruck machen, manchmal hat man aber auch das Gefühl, der Bewerber möchte sich weniger mit seinem Können, sondern damit, wen er kennt, einen Vorteil verschaffen. Rauchen wird immer mehr als Werteverletzung empfunden. Wir kennen einen Personalchef, der ein Einstellungsgespräch sofort abbricht, wenn sich herausstellt, daß der Kandidat Raucher ist.

Wir haben einige interessante Werteregeln für die Einschätzung von Kompetenz gefunden. Manche Menschen glauben, daß sie für eine bestimmte Aufgabe kompetent sind, sobald sie sie einmal gelöst haben. Andere fühlen sich erst sicher, nachdem sie die Aufgabe zwei- oder dreimal erledigt haben. Wieder andere kommen niemals zu dem Gefühl, wirklich kompetent zu sein. Sie führen ihre Erfolge auf günstige Umgebungsbedingungen zurück. Mit anderen Worten: Sie finden, sie hätten Glück gehabt oder jemand hätte ihnen geholfen oder ihr Erfolg wäre ein einmaliges Ereignis gewesen. Ein weiterer Typus reklamiert Kompetenz für sich, wenn er das Gefühl hat, er könne eine Aufgabe lösen, sofern er es sich nur ernsthaft vornähme. Möglicherweise hat er sie niemals tatsächlich bewältigt.

Die Sicherheit des Arbeitsplatzes ist ein sehr wichtiger Wert. Viele Leute brauchen eine feste Anstellung, um sich sicher zu fühlen. Manche fühlen sich sogar erst sicher mit einer lebenslangen Beschäftigungsgarantie. Doch solche Jobs sind zunehmend schwieriger zu bekommen. Wieder andere brauchen nichts weiter als das Gefühl, überhaupt employable, also anstellbar zu sein.

Wonach beurteilen wir, ob jemand kreativ ist? Manche Leute glauben, dazu gehöre eine völlig neue Idee, auf die noch niemand zuvor gekommen ist. Andere halten es für kreativ, wenn man in der Lage ist, eine Synthese aus verschiedenen Einzelideen zu schaffen, die in ihrer Kombination mehr darstellt als die Summe der Teile. Es gibt also verschiedene Arten von Kreativität. Unsere Werte sind dann real, wenn sie mit realen Aktionen in der wirklichen Welt in Verbindung gebracht werden können.

Es kann passieren, daß die Regeln, nach denen unsere Werte erfüllt werden müssen, gegen uns selbst arbeiten. In diesem Zusammenhang gibt es drei Möglichkeiten, sich selbst oder anderen das Leben schwerzumachen:

➤ Die Werte können unmöglich eingehalten werden. Sind Werte so ungewöhnlich oder so speziell formuliert, daß ihre Erfüllung äußerst unwahrscheinlich ist, ist die Enttäuschung vorprogrammiert.

➤ Man besitzt keine Kontrolle über die Situation. Wer möchte, daß seine Werte mit einer gewissen Regelmäßigkeit erfüllt werden, muß eine aktive Rolle dabei spielen. Es ist nicht nötig, die Werte zu verändern oder gar aufzugeben; vielmehr muß man gelegentlich seine Regeln dahingehend verändern, daß man mehr und direkteren Einfluß darauf nehmen kann, wie die Werte erfüllt werden.

➤ Die Regeln spielen dann gegen Sie, wenn Sie viele Regeln dafür besitzen, wie Ihre Werte zu verletzen, und nur wenige, wie sie zu erfüllen sind. In diesem Fall haben Sie eine Situation geschaffen mit vielen Möglichkeiten, unglücklich zu werden, und nur wenigen Chancen des Erfolgs.

Es lohnt sich, über das Thema der Werte und Regeln auch in anderen Zusammenhängen nachzudenken. Was ist für Sie in Beziehungen mit anderen Menschen wichtig? Unser Arbeitsleben ist eine Aneinanderreihung solcher Beziehungen. Was ist für Sie in privaten Beziehungen wichtig? Woher wissen Sie, ob Ihre wichtigen Werte erfüllt wurden? Und woran erkennen Sie deren Verletzung?

Zusammenfassung: Werte in Aktion

Wir sind der Überzeugung, daß Werte im Bereich des Managements einen der am meisten unterschätzten und zugleich einflußreichsten Faktoren darstellen. Werte bilden den Antrieb für das Verhalten gesamter Unternehmen.

➤ Sind dem Unternehmen bzw. der Organisation diese Werte bewußt?

➤ Hat man sich für diese Werte bewußt entschieden?

➤ Welches sind die Regeln für die Erfüllung dieser Organisationswerte?

Lassen Sie uns kurz über Werte auf der Ebene des Unternehmens nachdenken und über die Evidenz dafür, ob diese Werte erfüllt werden. Viele Unternehmen wenden erhebliche Zeit und Energie für statistische Qualitätsuntersuchungen auf, um sicherzustellen, daß die Produkte den Anforderungen entsprechen – und sie tun gut daran. Das Aufstellen und Überwachen der Wertmaßstäbe erfährt wesentlich weniger Aufmerksamkeit. Es ist auch nicht so einfach. Doch es gibt keinen Grund, weshalb man sich nicht um beide Arten von Standards kümmern sollte. Im Idealfall gibt es für die Fertigung von Produkten genau spezifizierte Qualitätsmaßstäbe. In gleicher Weise sollte jedes Unternehmen ebensogenau spezifizierte Werte besitzen und nicht nur festlegen, wie der Umgang mit den Kunden stattzufinden hat, sondern auch, wie man mit den eigenen Mitarbeitern umgeht. In einer wohlgeformten Organisation gelten dieselben Werte für den Umgang mit Kunden und Angestellten. *Customer Care* und *Employee Care* gehen Hand in Hand. Mitarbeiter, um die man sich nicht ausreichend kümmert, haben ihrerseits entsprechende Schwierigkeiten, sich angemessen um die Kunden zu kümmern.

Einer unsere Kollegen wurde von einer Wohltätigkeitsorganisation gebeten, sie bei der Restrukturierung zu beraten. Die Organisation war innerhalb weniger Jahre stark gewachsen und wollte nun eine langfristige Strategie formulieren. Im ersten Schritt wurde zwei Tage lang das Thema Werte und Mission bearbeitet. Nachdem die Kernwerte definiert waren, konnten Strategie, Prozesse und Aktionsplan einfach als Regeln definiert werden, nach denen diese Werte in der Organisation umzusetzen waren. Werte und Strategie wurden auf eine Linie gebracht – und die Hilfsorganisation hatte ihre Vision. Der umgekehrte Weg funktioniert weniger gut: wenn man nämlich versucht, Werte an bereits feststehende Strategien und Aktionsplänen anzuhängen. Dies muß zu einer Verzerrung der Werte und zu unbefriedigenden Ergebnissen führen.

Er sollte einem Unternehmen nicht schwerfallen, Regeln für die Erfüllung der Werte zu definieren. Nehmen wir das Beispiel Kundendienst und den Fall des Unternehmens Delta Dental Plan aus Massachusetts. Diese Krankenversicherung verpflichtete sich im Jahre 1990 auf eine sehr spezifische Garantie für exzellenten Service. Diese enthielt u.a. die folgenden vier Punkte:

➤ Wenn ein Kundenunternehmen pro Jahr nicht wenigstens 10% an Zahnbehandlungskosten einsparen kann, wird Delta die Differenz erstatten.

➤ Wenn die Anfrage eines Kunden nicht sofort beantwortet werden kann, erfolgt ein Rückruf innerhalb von 24 Stunden, oder der Kunde erhält von Delta eine Entschädigung von 50 Dollar.

➤ Sämtliche Anträge werden innerhalb von 30 Tagen abschließend bearbeitet. Sollte dies nicht der Fall sein, verpflichtet sich Delta, dem Kunden eine Monatsgebühr zu erstatten, die im Einzelfall bis zu mehreren tausend Dollar betragen kann.

➤ Delta liefert die Monatsberichte bis zum Zehnten jedes Folgemonats ab oder zahlt dem Kunden eine Entschädigung von 50 Dollar.

Delta akzeptiert die Verantwortung für diese Werte. Das Unternehmen entschädigt den Kunden aus eigener Initiative, selbst wenn dieser sich nicht beschwert. Außerdem unterwirft es seine Werte, Zeitvorgaben und Projekte einem Prozeß ständiger Verbesserung, um aus Fehlern zu lernen. Es wurden Verfahren eingeführt, bei denen ein Qualitätskoordinator jedes gemeldete Problem untersucht, die Gründe analysiert und Verbesserungsvorschläge unterbreitet. All dies führte zu einem enormen Erfolg am Markt. Bis zur Jahresmitte 1992 konnten die Verkäufe um 50 Prozent und die Kundentreue auf 98 Prozent gesteigert werden.

Bei der Planung wurden einige Schlüsselkunden von Delta mit einbezogen. Man fragte sie, welche Dienstleistungen für sie besonders wichtig seien, wie die Garantien funktionieren und wie hoch die Entschädigungen sein sollten. Delta kümmerte sich also in besonderem Maße um seine Kunden – sowohl mit den Garantien selbst wie mit der Art, wie sie entwickelt wurden.

Wie zufrieden Sie mit ihrer Arbeitssituation sind, hängt also davon ab, ob Sie Ihre eigenen Werte kennen und wieweit diese mit den Werten des Unternehmens in Einklang zu bringen sind. Die Werte anderer nachvollziehen zu können ist ein Schlüsselfaktor für Motivation und Führungsqualität. Allzuoft haben wir kein Verständnis für die Werte der anderen und versuchen, sie auf der Basis unser eigenen Werte zu überzeugen. Wir argumentieren mit ihnen so, als ob sie an das gleiche glaubten wie wir und als ob ihnen die gleichen Dinge wichtig wären wie uns. Wenn das aber so wäre, gäbe es eigentlich keine Diskussion und keine Notwendigkeit, jemanden von etwas zu überzeugen. Man befände sich ja schon in schönstem Einklang. Wieviel Zeit verwenden wir nicht darauf, das zu geben, was wir eigentlich empfangen möchten? Bitte berücksichtigen Sie die Werte Ihrer Mitarbeiter, und Sie werden Ihre Managementfähigkeiten genau dort einsetzen, wo sie wirklich einen Unterschied bewirken können: auf der Ebene der Vorstellungskraft.

Die Entwicklung Ihrer Fähigkeiten

1. Achten Sie auf die Wertbegriffe, die andere verwenden. Meistens wird es sich dabei um Nominalisierungen, also abstrakte Begriffe, handeln. Es ist schwer zu wissen, was sie bedeuten, wenn man nicht nachfragt.

2. Finden Sie heraus, was Ihnen bei Ihrer Arbeit wichtig ist, und ordnen Sie diese Werte nach ihrer Priorität. In welcher Form hilft Ihnen Ihr Unternehmen beim Erreichen dieser Werte? Und wie behindert es Sie? Was können Sie noch tun, um diese Werte in Ihrer Arbeitssituation zu verwirklichen?

3. Wenn sich das nächste Mal jemand in einer problematischen Weise verhält, sollten Sie versuchen, die positiven Absichten hinter seinem Verhalten zu ergründen. Wenn es angemessen ist: Fragen Sie die betreffende Person nach ihren Absichten!

4. Vervollständigen Sie die folgenden Sätze und bitten Sie Ihre Kollegen, das gleiche zu tun: „Ein motivierter Kollege ist jemand, der ...", „Ein engagierter Mitarbeiter ist jemand, der ..."

Weiterführende Lektüre

Cohen, Paul: „Change the Rules of Your Industry's Game with an Ironclad Guarantee", in: *On Achieving Excellence Magazine*, August 1991

Kotter, John & Haskett, James: „The Caring Company: A Review of Corporate Culture and Performance", *The Economist*, 6. Juni 1992

O'Connor, Joseph & McDermott, Ian: *NLP. Was Sie wirklich darüber wissen müssen*, München: Goldmann 1997

Peters, Tom & Waterman, R.: *Auf der Suche nach Spitzenleistungen*, Landsberg: Moderne Industrie 1982

Philips, Michael & Rasberry, Salli: *The Seven Laws of Money*, Random House 1974

8. Das Minenfeld Motivation

Gehört es zu den Aufgaben des Managers, seine Mitarbeiter zu motivieren? Und wenn ja, wie soll er das anstellen?

Lassen Sie uns einige Vorannahmen aufdecken, die diesen Fragen zugrunde liegen. Ist Motivation etwas, das von außen oder von innen kommt? Und was ist Motivation überhaupt? Was sieht, hört und fühlt jemand, der motiviert ist?

Ist Motivation ein „einschläferndes Prinzip"?

Im Jahre 1654 schrieb der französische Dichter Molière eine Komödie, in der eine Gruppe gelehrter Ärzte herauszufinden versuchte, weshalb Opiumgenuß schläfrig macht. Nachdem man die Frage sorgfältig untersucht hatte, kam man zu dem Schluß, Opium mache schläfrig, weil es ein „einschläferndes Prinzip" enthalte. Das hört sich phantastisch an, sagt aber nichts weiter aus, als daß Opium einen müde macht, weil es etwas enthält, was einen müde macht. Molière hatte für Ärzte nicht sonderlich viel Sympathie, und hier machte er sich lustig über ihre Angewohnheit, aus einem Begriff eine Erklärung zu zaubern.

Der Ausdruck *Motivation* ist eine Nominalisierung – ein abstraktes Substantiv, gefrorene Zeit, die Repräsentation eines Prozesses. Man läuft in die Falle, wenn man nach den Eigenschaften von Motivation fragt. Welcher Prozeß verbirgt sich denn hinter dem Ausdruck? Handelt es sich doch um eine Kombination von Umständen, die übereinstimmen mit den Werten, die uns zum Handeln bewegen. Derartige Umstände können sich außerhalb (extrinsische Motivation) oder innerhalb einer Person (intrinsische Motivation) befinden. *Motivation* kann, ebenso wie der verwandte Begriff *Commitment*, in die Gefahr geraten, zu einem „einschläfernden Prinzip" zu werden, wenn man damit das erklären will, was die beiden Ausdrücke zunächst nur beschreiben. Brauchen Mitarbeiter extrinsische Motivation, und wenn ja, welche? Was motiviert uns?

Traditionellerweise (und etwas vereinfachend gesprochen) gibt es zwei Ansätze, um andere von außen zu motivieren: Zuckerbrot und Peitsche. Der Zuckerbrot-Ansatz belohnt andere für ihre Leistung. Mit der Peitsche hingegen droht man unangenehme Konsequenzen an für den Fall, daß jemand nicht so will, wie wir es möchten. Schließlich möchte jeder Schmerzen vermeiden. Im Verkauf finden wir die ausgeprägtesten Anwendungsformen beider Gedankenschulen. Nach der Methode Zuckerbrot werden Ranglisten der besten Verkäufer aufgestellt mit einer Urlaubsreise in die Karibik als Hauptgewinn für den „Verkäufer des Monats". Eine Extremform der Peitschen-Methode liefert der Verkaufsleiter, der seine Verkäufer am Montagmorgen zusammenruft und ihnen erklärt: „Ihr seid alle gefeuert! Und ihr habt bis Freitag Zeit, mir Gründe zu liefern, euch eure Jobs zurückzugeben."

Das Antreiben geht weiter, bis sich die Moral bessert

Das Management-by-Peitsche wirkt auf mittlere und längere Sicht oft ausgesprochen ineffektiv, weil sich damit kaum Kreativität und Innovation hervorlocken lassen.

Motivation mit der Mikrowelle

Hier ist ein Experiment, daß Sie selbst nachmachen können. Es bietet eine hervorragende Metapher für die Langzeitwirkungen einer Führung nach der Peitschen-Methode. Man bestreiche den Boden eines Mikrowellenherds mit Sonnenblumenöl und lege ebensoviele Trauben entlang einer Seite des Ofens in einer Reihe, wie man Mitarbeiter hat. Dann schließt man die Tür und wettet, welche Trauben das Rennen machen werden. Jetzt den Startknopf drücken. Entsprechend den Gesetzen der Wärmeübertragung gleiten die Trauben über das heiße Öl. Einige Hochleistungs-Trauben sind schneller und gleiten weiter als die anderen. Aufgrund der gleichen Wärmegesetze explodieren sie schließlich.

Nicht nur Trauben verbrennen, sondern auch Mitarbeiter brennen aus, wenn die Temperatur zu heiß wird.

Bestrafung kann andere davon abhalten, bestimmte Dinge zu tun, doch ist das etwas ganz anderes, als sie zu motivieren, nach kontinuierlicher Verbesserung zu streben. Vielleicht machen unsere Mitarbeiter es beim nächsten Mal besser, vielleicht auch nicht. Jedenfalls werden sie versuchen, Fehler zu vermeiden, und darum auch keine Risiken eingehen. Gelegentlich hat es den Anschein, als ob Bestrafung zu einer Leistungssteigerung führen würde. Doch hat das nichts mit Ursache und Wirkung zu tun, sondern einfach mit Statistik. Nach den Gesetzen statistischer Regression wird sich nämlich jede Kette von Ereignissen im Laufe der Zeit um einen gewissen Mittelwert herum gruppieren. Extreme gleichen sich aus. Nach einem Tag mit besonders scheußlichem Wetter ist es wahrscheinlicher, daß sich das Wetter am nächsten Tag eher verbessert als verschlechtert. Sehr gutes Wetter hält wahrscheinlich nicht lange an, denn wenn es das täte, wäre es normal und würde nicht besonders bemerkt. Zwischen zwei Extremen gibt es immer einen Mittelwert, und nach einem starken Klimaausschlag wird eine Bewegung hin zur Mitte wahrscheinlicher. Dementsprechend ist es wahrscheinlich, daß Aktionäre nach einem außerordentlich guten Jahr enttäuscht werden, weil die Dividende kaum das Niveau des Vorjahres erreichen kann. Alle Voraussagen und Entscheidungen auf der Basis von Extremen sind vermutlich falsch.

Nach dem Gesetz der Regression kann man also erwarten, daß auf eine schlechte Leistung eine bessere folgt – ungeachtet irgendwelcher Sanktionen. Diese mögen auf Leistungen soviel Einfluß haben wie ein Regentanz auf das Wetter. Natürlich gilt das Ganze auch umgekehrt: Für gute Leistungen gibt es eine Belohnung. Nach dem Regressionsgesetz wird nun aber eine etwas schwächere Leistung wahrscheinlich, und es hat den Anschein, als ob auch Belohnungen ineffektiv seien.

Das Management per Peitsche motiviert Mitarbeiter vor allen Dingen zu einem – die Peitsche zu vermeiden.

Das Problem mit dem Zuckerbrot

Die meisten Motivationssysteme beruhen auf dem Zuckerbrot-Ansatz – außerordentliche Leistungen werden belohnt. Dies ist die Grundlage aller Bonuspläne mit ihren finanziellen oder anderen Anreizen. Es scheint durchaus vernünftig zu sein, jemanden für gute Arbeit zu belohnen, die über das pflichtgemäß Notwendige hinausgegangen ist. Es gibt jedoch ein sehr starkes Argument dafür, daß Belohnungen nur unter sehr wenigen Umständen motivierend wirken und sogar kontraproduktiv sein können.[1]

Überraschenderweise hat die Forschung der vergangenen 25 Jahre keinerlei Anzeichen dafür erbracht, daß Angestellte in irgendeiner Weise produktiver arbeiten, wenn sie für ihre Leistungen eine Belohnung erwarten, als wenn sie davon ausgehen, stets in gleicher Höhe oder ihren Bedürfnissen entsprechend entlohnt zu werden.[2] Es gibt nur eine Ausnahme: wenn die Aufgabe sehr einfach ist und keine inhärente Befriedigung bei ihrer Erfüllung bietet. Geben Sie jemandem eine einfache, sich wiederholende Tätigkeit, und er wird sie vermutlich schneller erledigen, wenn man ihm dafür eine zusätzliche Entlohnung bietet. Er wird die Tätigkeit nicht notwendigerweise besser ausführen. Die Effektivität von Belohnungen ist am geringsten bei besonders herausfordernden Aufgaben oder solchen, die kreatives Denken erfordern. Bei kreativen Menschen gibt es keine Korrelation zwischen ihrer Bezahlung und der Qualität ihrer Arbeit. Ihre Produktivität hängt nicht vom Gehalt ab, sondern umgekehrt:

> Die kreativsten Menschen bekommen das höchste Gehalt, man bezahlt sie für ihr Talent und ihre Arbeitsergebnisse und nicht, um sie zu motivieren.

Die Arbeiten von Deutsch, Kohn[3] und McGraw liefern überwältigende Beweise dafür, daß Motivation mittels Belohnung komplexer ist, als es den Anschein hat, und zudem meistens unwirksam. Zwar stehen Belohnung und Anstrengung in Beziehung zueinander, doch widerlegen Langzeituntersuchungen die Behauptung, man könne Mitarbeiter alleine durch Incentives zu härterem oder besserem Arbeiten veranlassen. Das Problem bei Bonuszahlungen besteht darin, daß sie die Empfänger auf mechanische Weise behandeln. Doch die Reaktionen der Menschen lassen sich nicht vorhersagen. Wir passen uns an, verändern uns und erfinden Wege, solche Systeme zu unserem eigenen Nutzen zu verwenden. Die verfügbaren Untersuchungen weisen ferner darauf hin, daß Angestellte, denen man Belohnungen anbietet, sich für leichtere Aufgaben entscheiden. Sie arbeiten oft mehr, aber ihre Leistung ist von geringerer Qualität und weniger kreativ als die Leistung von Kollegen, denen für die gleichen Aufgaben keine Belohnung in Aussicht gestellt wurde.

Ein warnendes Beispiel

Im Jahre 1947 fand ein junger Schäfer auf seiner Wanderung durch die Hügel nahe des Toten Meeres in einer Höhle einige große Tongefäße. Die darin verborgenen Schriftrollen entpuppten sich als bemerkenswerter archäologischer Fund und sind heute als die Schriftrollen von Qumram bekannt. Es handelt sich dabei um Aufzeichnungen einer jüdischen Sekte, die tausend Jahre älter sind als alles bis dahin gefundene Material. Sie waren in der Höhle vor den Römern versteckt worden. Die Archäologen weltweit waren begeistert. Sie hofften, es gebe noch weitere Schrift-

rollen, und wollten sie unbedingt finden. Also bot man den Ortskundigen eine Belohnung: Je mehr Pergament-Fragmente sie entdeckten, desto höher die Bezahlung. Das ließen sich die geschäftstüchtigen Bewohner der Gegend nicht zweimal
sagen. Sie rissen die Rollen, die sie noch besaßen, in Tausende von Stücken, mit
dem Ergebnis, daß es nun über 10.000 Bruchstücke gibt und eine gewaltige Kon-
fusion, was wohin gehört.

Man muß die Frage der Motivation aus ihrer Verwicklung mit anderen Themen lösen. Zunächst geht es hier nicht um die Beurteilung von Entwicklungsfortschritten.
Sich selbst mit anderen zu vergleichen, die besser sind, wirkt nicht motivierend,
sondern demoralisierend – besonders, wenn man keine Möglichkeit hat, die Lücke
zu schließen. Wo es nichts gibt, was man tun kann oder tun darf, fühlt man sich nicht
motiviert, sondern machtlos.

Zweitens: Wir alle glauben, wir hätten ein Anrecht auf eine faire finanzielle
Entlohnung für unser Arbeit. Während mehr Geld nicht unbedingt motivierend
wirkt, ist aber eine als unfair empfundene Entlohnung der Hauptgrund für Unzufriedenheit, Widerstand und nachlassendes Interesse. Auf keinen Fall wollen wir
hier etwas gegen faire finanzielle Entlohnung sagen. Vielmehr wollen wir darauf
hinweisen, daß bei vorausgesetzter fairer Entlohnung zusätzliche Anreize oder Bonuszahlungen nicht nur unwirksam sind, sondern manchmal sogar den entgegen-
gesetzten Effekt haben können. Die Demotivation kann aus folgenden Gründen
auftreten:

➤ Die angebotenen Belohnungen sind nicht das, was sich der Empfänger
wünscht. Die meisten Extras sind finanzieller Natur. Und wie wir gesehen
haben, rangiert Geld, anders als gemeinhin angenommen wird, nicht unter
den drei höchsten Werten der meisten Menschen. Jemandem etwas anzubieten, was er nicht schätzt, wirkt nicht motivierend. Eine Belohnung ist nur so
wertvoll, wie der Empfänger sie einschätzt. Und es kommt unter Managern
wirklich nicht oft vor, daß sich jemand die Mühe macht, herauszufinden, was
anderen wichtig ist. (Wann hat Sie jemand das letzte Mal gefragt?) Wenn man
nicht weiß, worauf jemand Wert legt, weiß man auch nicht, was er anstrebt
oder was ihn motiviert.

➤ Belohnungen können sich als Bestrafung herausstellen. Beide entspringen
derselben Einstellung, man könne das Verhalten anderer manipulieren. Viel-

leicht fällt Ihnen ein Beispiel ein, wo Sie oder Ihre Kollegen eine Belohnung erwarteten, die dann doch ausblieb. Wissen Sie noch, wie Sie sich da gefühlt haben? Die meisten Menschen werden in so einer Situation verärgert und demoralisiert reagieren. Incentive-Systeme können also durch die Möglichkeit, daß die Belohnung nicht stattfindet, den gegenteiligen Effekt auslösen.

➤ Belohnungen können die kollegialen Beziehungen beeinträchtigen und tragen häufig nichts zur Förderung der Kooperation in Teams bei. Insbesondere Situationen, in denen die Belohnungen knapp sind und nur eine Person oder ein Team gewinnen kann, führen eher zur Konkurrenz als zur Zusammenarbeit. Die anderen werden zum Hindernis statt zur Ressource. Viele Unternehmen vergleichen ihre Mitarbeiter in Ranglisten oder verteilen einen Bonus an eine ganze Abteilung. Dies kann in der gesamten Abteilung zu enormem Druck der Kollegen untereinander führen; der Fehler eines Mitarbeiters kann zum Verlust des Bonus für alle führen. Das ist die Strategie des Volksschullehrers, der für das Ende der Stunde eine Belohnung verspricht, allerdings nur für den Fall, daß alle Kinder brav sind. Wenn nun der Bonus ausbleibt, wem soll man die Schuld geben? Sicherlich wird man einen Sündenbock finden. Zu knapp gemessene Belohnungen garantieren Konkurrenz und Feindschaft.

➤ Belohnungen ignorieren die Ursachen bestimmter Verhaltensweisen. Wenn jemand seine Aufgaben besonders gut erledigt, möchte man wissen, wie er es macht – damit man ihn modellieren kann, um anderen seine Techniken beizubringen. Vielleicht ist der Betreffende besonders kreativ. In diesem Fall spielen zusätzliche Anreize keine Rolle oder wirken sogar demotivierend. Vielleicht nimmt er aber auch innerhalb des Systems einen besonders günstigen Platz ein und profitiert von Faktoren, die gar nicht seiner Kontrolle unterliegen. (Andere mögen vielleicht durch ebendiese Faktoren benachteiligt werden.) W. Edwards Deming nannte das System der Belohnung von Leistung durch Lob einmal „das stärkste Hindernis für Qualität und Produktivität in unserer westlichen Gesellschaft ... es fördert kurzfristiges Denken, zerstört langfristiges Planen, erzeugt Furcht, demoliert Teamwork, nährt Rivalität ... und sorgt für allgemeine Verbitterung".[4] Weiter erklärte er, es sei unfair, Mitarbeiter für systemische Faktoren verantwortlich zu machen, die jenseits ihrer Kontrolle liegen. Derartige Faktoren können in großen Unternehmen ausgesprochen einflußreich sein und doch unbemerkt bleiben.

➤ Belohnungen ermutigen und verstärken erfolgreiche Verhaltensweisen der Vergangenheit und tragen so zur Entmutigung von Experimenten und Verbesserungsvorschlägen bei. Wer auf den Bonus scharf ist, dem ist der erfolgreiche Abschluß einer Aufgabe wichtiger als der Lerneffekt. Beim kreativen Problemlösen können einem falsche Antworten ebensoviele oder mehr Informationen erschließen wie richtige. Wie viele Produkte verdanken nicht ihre Entstehung einem Zufall. Zum Beispiel entstammen die berühmten Post-its von 3M einem Fehler in der Produktion. Man hatte zu schwachen Kleber verwendet. Doch irgend jemand erkannte den Nutzen von Klebezetteln, die zwar hafteten, aber leicht entfernt werden konnten. Möglicherweise hätten Post-its niemals das Licht der Welt erblickt, wenn man sie nur für ein Versehen gehalten und nicht die Chance darin erkannt hätte.

➤ Durch Belohnungen können Aufgaben zum Selbstzweck werden. Wenn man Ihnen eine Belohnung für den Abschluß einer Aufgabe verspricht, erscheint es sinnvoll, die Sache so schnell wie möglich zu erledigen. Zwischen Ihnen und der Belohnung steht nur die Aufgabe. Wahrscheinlich werden Sie versuchen, die schwierigeren und anspruchsvolleren Aspekte des Projekts zu umgehen, weil sie das Risiko eines Fehlschlags erhöhen. So kann eine versprochene Belohnung beitragen zur Entmutigung von Kreativität, systemischem Denken und der Auseinandersetzung mit den fälligen Herausforderungen.

Können Belohnungen demotivieren?

Diese Frage bringt uns auf eine amüsante Geschichte. Ein alter Mann lebte alleine in einem Haus am Rande des Dorfes. Man duldete ihn als einen Sonderling. Den Kindern des Dorfes machte es Spaß, sich an seinem Gartenzaun zu versammeln, ihm Frechheiten zuzurufen und seine Blumen zu malträtieren. Eines Tages kam der Alte heraus und ging auf die Kinder zu.

„Ihr seid nicht laut genug und nicht frech genug", sagte er. „Morgen bekommt jeder von mir einen Taler, wenn ihr die lautesten und frechsten Beleidigungen ruft, die es gibt."

Die Kinder waren begeistert, trafen am nächsten Tag schon recht früh ein und johlten, was das Zeug hielt. Der Alte kam nach draußen. „Ziemlich gut", freute er sich. „Wenn ihr morgen wiederkommt und genauso schreit, bekommt jedes Kind einen halben Taler."

Die Kinder hielten das immer noch für ein gutes Geschäft. Pflichtgemäß erschienen sie am folgenden Tag und riefen ihre Beleidigungen. Wieder kam der Alte zu ihnen. „Ausgezeichnet!" sagte er. „Kommt morgen wieder, aber dann kann ich euch leider nur einen Pfennig geben." „Nur einen Pfennig!" schrien alle. „Ausgeschlossen!"

Sie kamen nie mehr wieder. Der alte Mann war vielleicht ein Sonderling, aber dumm war er nicht.

Zehn Methoden, um andere zu demotivieren

Es ist wesentlich leichter, andere zu demotivieren, als sie zu motivieren – so wie es viel mehr Möglichkeiten für Ihren Schreibtisch gibt, unaufgeräumt statt aufgeräumt zu sein. Hier ist eine Checkliste, was man *auf keinen Fall* tun sollte. Bitte denken Sie beim Lesen darüber nach, ob Sie irgendeine dieser Verhaltensweisen an sich selbst beobachtet haben. Um andere zu demotivieren, bedienen Sie sich einer oder mehrerer der folgenden Methoden:

1. Ignorieren Sie Leistung.
2. Setzen Sie voraus, daß Sie wissen, was für andere wichtig ist. Stellen Sie keine Fragen. Falls doch, ignorieren Sie die Antwort, nachdem Sie versprochen haben, sie zu berücksichtigen.
3. Halten Sie gute Ergebnisse für normal und seien Sie außerordentlich wachsam und kritisch gegenüber etwaigen Schwächen.
4. Stellen Sie Maßstäbe auf, die keine Bedeutung für die anstehenden Aufgaben haben. Formulieren Sie zahlreiche kleine Regeln, auf deren Einhaltung Sie je nach Laune bestehen.
5. Falls Ihre Mitarbeiter nicht sicher sind, wie eine Aufgabe anzupacken sei, erklären Sie ihnen einfach, sie sollten endlich loslegen. Lassen Sie nicht zu, daß andere Sie mit ihren Problemen behelligen.
6. Geben Sie sich herablassend oder, falls das nicht hilft, sarkastisch – speziell in Gegenwart Dritter.
7. Gestalten Sie Situationen, in denen die Mitarbeiter Konkurrenzangst gegenüber ihren Kollegen entwickeln können.
8. Unterstützen Sie nicht, sondern verlangen Sie hervorragende Ergebnisse.
9. Reklamieren Sie die Erfolge Ihrer Mitarbeiter für sich und überlassen Sie ihnen die Schuld an Fehlschlägen.

10. Tolerieren Sie keine Fehler und achten Sie darauf, daß jeder versucht, seine Spuren zu verwischen. Dies fördert ein Klima des Mißtrauens und der Schuldzuweisungen und ermutigt politische Grabenkämpfe, die die Arbeit beeinträchtigen.

Intrinsische Motivation

Belohnungen können andere also motivieren – nämlich dazu, für die Belohnung zu arbeiten. Extraleistungen kaufen keine Motivation, sondern Verhalten. Man könnte dies akzeptieren, wenn derartiges Verhalten von gewisser Qualität wäre. Doch dafür gibt es keine Garantie. Je kreativer der Mitarbeiter, desto weniger kann seine Produktivität mit Sonderleistungen gesteigert werden. Man kann Einfallsreichtum belohnen, aber nicht mit Belohnungen motivieren, genausowenig wie man sich selbst dazu motivieren kann, körperlich zu wachsen. Extrinsische Anreize verhindern intrinsische Motivation. Wenn wir von Motivation sprechen, wollen wir, daß unsere Mitarbeiter ihre Aufgaben ordentlich erfüllen und die Arbeit mit ihrer Energie, ihrer Persönlichkeit, ihrer Ausdauer und Kreativität bereichern. Diese Art von Energie kommt von innen. Natürlich kann man andere zu bestimmten Verhaltensweisen veranlassen, indem man sie bedroht oder ihnen Belohnungen verspricht. Die Energie jedoch, die uns Menschen *bewegt* (lat. *movere* = bewegen), die Grundlage jeder Motivation, kommt von innen und entspringt den persönlichen Werten jedes einzelnen. Motivation ist also kein Ersatz für Kongruenz.

Kongruenz ist das Gefühl, seine Arbeit gern zu tun, weil sie intrinsisch zufriedenstellend ist. Als Manager haben Sie die Aufgabe, für Ihre Mitarbeiter die bestmöglichen Bedingungen für die Freisetzung von Interesse zu schaffen und alles zu tun, um mögliche Hemmnisse zu beseitigen. Wenn Ihnen das gelingt, wäre dies keine geringe Leistung, und Ihre Mitarbeiter würden dies sicherlich bemerken und anerkennen.

Führung ist ein Begriff, der im Management oft gebraucht und ebensooft mißbraucht wird. Unserer Ansicht nach übt jemand Führung aus, der – selbst unter schwierigen Bedingungen – intrinsische Motivation erzeugen kann. Eine Führungsperson kann andere dazu inspirieren, Dinge zu tun, weil sie es wollen, und nicht, weil sie es müssen. Ein Vorgesetzter oder Teamleiter geht mit seinen Mitarbeitern sorgfältig um und kümmert sich, soweit möglich, um die Erfüllung ihrer Werte. Ein anderer Umgang mit den Mitarbeitern kann mit größerer Wahrscheinlichkeit enorme Produktivitätssteigerungen bewirken als ein verändertes

Gehaltsgefüge. Man braucht niemanden von außen her zu motivieren, etwas zu tun, was er intrinsisch interessant findet. Wir halten es kaum für eine Übertreibung zu behaupten, daß vieles, was heute unter dem Namen Motivationstraining geschieht, nur einen Versuch darstellt, die Unzufriedenheit mit den Arbeitsbedingungen zu übertünchen. Man will die Tatsache überspielen, daß Elemente unserer Arbeit langweilig sind, sich wiederholen und weder unsere Emotionen ansprechen noch unsere Talente zur Geltung bringen.

Ebensowenig kann individuelle Motivation der Ersatz für eine fehlende Unternehmensvision sein. Dies sind zwei verschiedene Ebenen. Wo viele Mitarbeiter demotiviert und unzufrieden sind, wird offenkundig, daß die Organisation Richtung und Vision verloren hat. Verändert die Organisation, statt an die Motivation zu appellieren! Ein Unternehmen mit großem Bedarf an Motivationstrainings ist in schlechter Verfassung.

Führung

"Bei einem großen Führer sagen die Menschen: Wir haben alles alleine gemacht." – *Laotse*

Führung ist eine weitere Nominalisierung – ein abstraktes Nomen, hinter dem ein Verb steckt: führen, anführen. Das Wort *führen* stammt aus dem germanischen *forjan* mit der Grundbedeutung "fahren machen". Führer nehmen ihre Leute also mit auf eine Reise. Das Thema hat im Managementdenken seit Ende der 80er Jahre herausragende Bedeutung gewonnen, so daß man heute praktisch von jedem Manager erwartet, auch eine Führungsperson zu sein. Nur zu managen genügt nicht mehr. Doch es fällt nicht leicht, dies praktisch umzusetzen, da doch das Managen an und für sich bereits eine recht anspruchsvolle Tätigkeit darstellt.

Unserer Ansicht nach sind jeder Manager und jede Managerin herausgefordert, einen eigenen Führungsstil zu entwickeln. Wir haben die Erfahrung gemacht, daß die besten Grundlagen hierfür eine klare Einschätzung der eigenen Person und das Wissen um die eigenen Werte und Ziele sind. Hinzu kommt, daß die erfolgreichsten Führer nicht danach streben, eine abhängige Gefolgschaft zu bilden. Vielmehr halten sie es für die Aufgabe eines Führers, seinen Leuten zu helfen, selbst zu Führern zu werden.

Führer empowern andere; sie übertragen Verantwortung; sie bringen in anderen das Beste zum Vorschein, Qualitäten, die die Mitarbeiter selbst bis dahin nicht an sich erfahren hatten. Sie schaffen eine Umgebung, an der andere teilhaben wollen, weil sie dort ihr Potential verwirklichen können. Man kann Menschen leicht in die Richtung führen, in die sie ohnehin gehen wollen. In diesem Sinne werden sie nicht passiv geführt, sondern sind aktive Mitspieler.

Auf individueller Ebene inspiriert und motiviert eine Führungskraft ihre Mitarbeiter auf intrinsische Weise über deren eigene Werte.

Auf der Ebene des Unternehmens ist jemand ein Führer, der eine Vision durch die eigene Person und andere in Aktion übersetzen kann.

Die rasche Veränderung von Unternehmen und Märkten hat die Bedeutung von Führungsqualität in den Vordergrund gerückt. In Zeiten, in denen sich Entwicklungen langsam vollzogen und die Märkte stabil waren, konnten Organisationen auch mit einer hierarchischen Verwaltung und einer Konzentration der Führungskräfte an der Spitze überleben und sogar prosperieren. Von der Spitze aus wurde die Vision festgesetzt und den Mitarbeitern verkauft oder befohlen. In den 60er und 70er Jahren funktionierte dieses Modell; große, stabile, hierarchisch organisierte Firmen dominierten den Markt. Das Management konnte sich darauf konzentrieren, den Status quo zu erhalten. In den 80er Jahren, dem Jahrzehnt der Entrepreneure, wurde es turbulenter. Überall entstanden kleine Unternehmen, die, angetrieben von der Vision und der Aura ihrer Führer, plötzlich ganz groß wurden. Denken Sie an Anita Roddick, Richard Branson oder Alan Sugar. In der stürmischen See der 90er Jahre ändert sich alles noch schneller. Das Boot schaukelt gewaltig, und Managementberater wie Tom Peters empfehlen uns, es sowieso regelmäßig zu versenken und ein neues zu bauen.

Führer inspirieren zum Wandel und bieten dem einzelnen einen Fokus für seine Loyalität. Sie verkörpern die Werte, die den von ihnen Geführten wichtig sind. Jeder Manager zeigt Führungsqualität, der seine Mitarbeiter inspiriert und motiviert, indem er die Werte, die ihnen wichtig sind, anerkennt und berücksichtigt. „Manager sind Leute, die die Dinge richtig machen, während Führer die richtigen Dinge tun", wie das Sprichwort sagt. Management operiert eher auf den logischen Ebenen Umgebung, Verhalten und Fähigkeiten. Es veranlaßt andere, etwas zu tun. Führung jedoch veranlaßt andere, etwas tun zu wollen. Führer operieren mithin auf den Ebenen der Werte und der Identität, und zwar sowohl bezogen auf die einzelnen Mitarbeiter wie auf die gesamte Organisation.

Wir glauben, es gibt drei entscheidende Führungsqualitäten: Vision, Vertrauen und Kongruenz, also die Eigenschaft, das zu verkörpern, was man verkündet. *Walk your talk.*

Visionen und Werte

Führer verkörpern eine Vision – eine Gesamtheit von Zielen und Werten. Als Führer gibt man nicht nur die Richtung vor, sondern setzt sich selbst und andere entsprechend in Bewegung. Der erste, den man führen muß, ist man selbst. Wenn Sie nicht an das glauben, was Sie tun – wenn Sie nicht kongruent sind -, wird Ihnen niemand folgen. Die Vision braucht keine großartige strategische Erleuchtung zu enthalten. Doch sie muß Sie selbst begeistern, damit andere mitmachen.

➤ Erstens: Als Führer müssen Sie ein klares Verständnis Ihrer eigenen Werte und Ziele haben.

➤ Zweitens: Sie brauchen das richtige Gespür für die Vision des Unternehmens.

➤ Drittens: Sie müssen an die Werte der von ihnen geführten Menschen appellieren.

Eine Führungspersönlichkeit verbindet persönliche mit interpersonalen und organisatorischen Werten.

Worauf kommt es an?

Führer motivieren andere, indem sie herausfinden, was für sie von Bedeutung ist. So lösen sie intrinsische Motivation aus. Sie bringen die Werte der Menschen, mit denen sie zusammen sind, ans Tageslicht. Ein Teamleiter muß die Werte sämtlicher Mitglieder seines Teams kennen. Man kann sie mit Hilfe folgender Fragen aufdecken:

> Was möchtest du?
> Was ist dir wichtig an ...?
> Was schätzt du an ...?
> Was bringt es dir, wenn du ... tust?
> Worauf kommt es dir in dieser Situation an?

Auch Warum-Fragen können Werte aufdecken:

> Warum ist das für dich wichtig?
> Warum möchtest du das tun?

Vielleicht sind Sie es nicht gewohnt, mit derartigen Fragen zu arbeiten, und vielleicht hat man auch Ihnen noch niemals solche Fragen gestellt. Sie wirken ja irgendwie persönlich. Erstaunlicherweise ist es aber so, daß jemand, der Ihnen vertraut, Ihnen sehr bereitwillig mitteilen wird, was ihm wichtig ist und ihn wirklich motiviert. Der Betreffende wird sich freuen, daß Sie sich die Mühe machen, ihn zu fragen. Wir machen anderen ein Kompliment, wenn wir ihnen diese Fragen stellen, ihnen zuhören und ihre Werte anerkennen und pacen. Möglicherweise ist dies das erste Mal in ihrem Leben, daß sich jemand danach erkundigt. Oftmals resignieren Menschen oder werden zynisch in bezug auf die Befriedigung, die ihre Arbeit ihnen verweigert. Schon die Tatsache, daß man sich überhaupt für sie interessiert, ist ein Schritt vorwärts. Manchmal reagiert der Befragte freilich mit Vorsicht. Vielleicht erwartet er, daß er das, was ihm wichtig ist, logisch rechtfertigen oder in irgendeiner Weise erklären soll. Falls das geschieht, müssen Sie diesen Verdacht pacen und anerkennen. Versichern Sie, daß Sie ein echtes Interesse an der Antwort haben und keinerlei Rechtfertigung wollen. Werte sind eben nicht logisch.

Als nächstes müssen Sie die Regeln der anderen verstehen: Was muß geschehen, damit der andere weiß, daß seine Werte berücksichtigt werden? Und ebenso: Was muß geschehen, damit jemand weiß, daß seine Werte verletzt wurden? Was muß er hören, sehen und fühlen? Stellen Sie Fragen wie:

> Woran erkennen Sie, daß Sie ... (Wert) ... sind?
> Was zeigt Ihnen, daß dieser Wert befriedigt wurde?

Wann ist Ihnen zum letzten Mal aufgefallen, daß jemand diesen Wert anerkannt hat?
Wie war das?
Was haben Sie in dieser Situation gesehen, gehört und gefühlt?

Diese Werte-Fragen sind vermutlich die wichtigsten des gesamten Buches. Machen Sie sich die Mühe, herauszufinden, was anderen wichtig ist, und Sie besitzen den Schlüssel zum Erfolg in Management und Führung.

Angenommen, jemand sagt Ihnen, um gut zu arbeiten, brauche er das Gefühl, daß sein Job ihn fordert und sich lohnt. Dies ist ein Wert, und nun brauchen Sie die Regeln. Also fragen Sie: „Woran erkennen Sie, daß Ihre Arbeit Sie fordert und sich lohnt?" Sie interessieren sich für spezifische Verhaltensweisen. Vielleicht bekommen Sie eine Antwort wie: „Ich merke, daß ich mich anstrengen muß. Ich sehe, daß ich etwas Neues lerne." Also fragen Sie weiter: „Was müßte unser Unternehmen tun, damit Sie sich anstrengen müssen und etwas Neues lernen können?" Jetzt bekommen Sie einige spezifische Details: bestimmte Arten von Aufgaben, bestimmte Aufgabengebiete, ein bestimmtes Training usw...

Überprüfen Sie diese Angaben, indem Sie die Frage umdrehen: „Wenn unser Unternehmen also dieses und jenes täte, wüßten Sie dann, daß die Arbeit Sie fordert und Sie etwas Neues lernen?" Sie möchten ein begeistertes „Ja!" hören. Bekommen sie statt dessen ein zögerndes „Ja?", müssen Sie weiterfragen: „Was müßte unser Unternehmen außerdem tun?"

Sobald Menschen anfangen, davon zu sprechen, was ihnen wichtig ist, verändert sich ihre Physiologie. Möglicherweise werden sie lebhafter, und es verändern sich Gesichtsfarbe und Tonfall. Vielleicht werden Werte mit abstrakten Begriffen ausgedrückt, doch sie sind alles andere als abstrakt. Sie ergreifen uns auf einer sehr tiefen Ebene. An den Gesichtern der Menschen können Sie es sehen und an ihrem Tonfall hören.

Der Weise auf dem Thron oder der Trainer am Spielfeldrand?
Führung übersetzt Vision in Aktion. Führer inspirieren andere. Sie müssen ihre Vision so kommunizieren können, daß andere sie verstehen. Eine Führungskraft benötigt also kommunikative Fähigkeiten. Leider jedoch wird Führung oft mit Charisma verwechselt. Und auch die militärische Konnotation eines Anführers, der vor seinen begeisterten Gefolgsleuten eine flammende Rede hält, schwebt im

Hintergrund. In Wirklichkeit brauchen Führungskräfte keineswegs eine solche charismatische Präsenz, ja nicht einmal ein besonders ausgeprägtes Persönlichkeitsprofil. Oft sind sie am effektivsten, wenn sie sich eher zurückhalten. Ein ausgeprägtes Profil zieht Kritik und Opposition schon allein deshalb auf sich, weil es so sichtbar ist; und die eigentliche Botschaft kann im Getöse des Auftritts verlorengehen.

Führer üben Einfluß aus. Es ist wichtig, das nicht zu vergessen. Der persönliche Stil, wie man Einfluß ausübt, ist sekundär. Der Trainer am Spielfeldrand kann ebensoviel, wenn nicht mehr Einfluß ausüben als der Weise auf der Bühne.

> Zwei der bedeutendsten Denker ihrer Zeit im antiken Griechenland waren Sokrates und Demosthenes. Wenn Sokrates sprach, sagten die Zuhörer untereinander: „Was für eine großartige Rede."
> Wenn Demosthenes sprach, sagten alle: „Laßt uns marschieren!"
> Verglichen mit Sokrates war Demosthenes der Führer.

Vertrauen

„Vertraue den Menschen, und sie werden ehrlich zu dir sein. Behandele sie mit Respekt, und sie werden mit Respekt reagieren." – *Emerson*

Vertrauen ist die Grundlage jeder Führungsfähigkeit: das Vertrauen in sich selbst, das Vertrauen, das Sie anderen entgegenbringen, und das Vertrauen, das diese Ihnen gegenüber haben. Diese drei Aspekte ergänzen sich. Indem Sie sich selbst und anderen vertrauen, erkennt man Sie als vertrauenswürdig. Vertrauen schafft man durch Pacing. Pacen Sie zunächst sich selbst. Vergegenwärtigen Sie sich Ihre Fähigkeiten und Stärken und machen Sie sich Ihre eigenen Werte und Ziele klar. Bringen Sie Sprechen und Handeln in Einklang. Auch die Rapport-Techniken aus Kapitel 2 können Ihnen dabei helfen, vertrauensvolle Beziehungen zu anderen herzustellen. Vertrauen entsteht, wenn andere sehen, daß Sie selbst eine Verkörperung der Vision darstellen, die Sie anbieten. Die Vision von einem großartigen Team, in dem alle gleichberechtigt zusammenarbeiten und jeder Beitrag gewürdigt wird, kann nicht zum Leben erweckt werden, wenn der Teamleiter einzelne Mitarbeiter bevorzugt oder einsame Entscheidungen ohne Beratung mit den übrigen Teammitgliedern trifft, selbst wenn es sich dabei um ganz vernünftige Entscheidungen handelt.

Vertrauen entsteht dadurch, daß man praktiziert, was man predigt, und daß man andere so behandelt, als ob sie Vertrauen verdienten. Wer niemandem vertraut, endet als jemand, dem auch niemand vertraut. Das bedeutet praktisch, daß Sie Ihrem Handeln eine Reihe von empowernden Vorannahmen über sich selbst und die anderen zugrunde legen müssen. Wir behaupten nicht, daß die folgenden Vorannahmen zutreffend sind, aber wir wissen, daß sie brauchbare operative Grundsätze liefern.

➤ Jeder möchte bei seiner Arbeit das Beste geben. Als Vorgesetzter übertragen Sie Verantwortung und schaffen die Bedingungen, unter denen jeder sein Bestes geben kann. Handeln Sie aber so, als ob das Gegenteil der Fall wäre, besteigen Sie das ewige Karussell von Belohnungen und Sanktionen, wo Sie die Motivation der anderen managen müssen. Dies ist eine schwere Last, auf die Sie gut verzichten können. Wenn Sie dazu beitragen, eine Arbeitsumgebung zu schaffen, wo andere gerne sind, brauchen Sie Motivation nicht zu erschaffen, sondern sie entsteht auf natürliche Weise. In diesem – indirekten – Sinne motiviert eine Führungskraft ihre Mitarbeiter.

➤ Jeder besitzt alle Ressourcen, die er braucht, oder er kann sie sich verschaffen. Darum ist niemand hilflos oder ein hoffnungslosen Fall. Sehr oft finden sich Ressourcen in einem anderen Kontext. Doch daran erinnert man sich nicht oder glaubt, sie könnten im gegenwärtigen Zusammenhang nicht genutzt werden. Wir kennen zum Beispiel einen jungen Mann, der Automotoren zerlegen kann. Er besitzt also Hartnäckigkeit, die Fähigkeit zur Analyse und ein Verständnis für komplexe Strukturen. Als er dies begriff, konnte er diese Fähigkeiten auch in seinem ersten Job einbringen. Unglücklicherweise bleiben allzuviele Talente ungenutzt. Finden Sie heraus, was Ihre Leute gut können, und entwickeln Sie Möglichkeiten, wie sie diese Qualitäten in ihre Arbeit einbringen können. Sorgen Sie dafür, daß niemand sein Gehirn am Empfang abgibt, wenn er zur Arbeit kommt.

➤ Hinter jeder Handlung steckt eine positive Absicht. Wenn Sie dies voraussetzen, können Sie jenseits des Verhaltens einer Person ihre Überzeugungen und Werte in den Blick nehmen. Das Verhalten mag schwierig, lächerlich oder sogar tadelnswert sein, doch man kann die dahinterstehende Intention respektieren. Arbeiten Sie mit dem anderen daran, Möglichkeiten zu finden, diese Intention besser zu erfüllen.

➤	Die Bedeutung der Kommunikation ist die Reaktion, die sie beim anderen hervorruft. Vielleicht haben Sie schon einmal etwas mit besten Absichten unternommen, nur um festzustellen, daß jemand anders darauf sehr negativ reagierte. Möglicherweise fühlten Sie sich danach bedrückt oder mißverstanden. Ihr Verhalten bedeutete etwas Bestimmtes für Sie und etwas anderes für die andere Person. Die meisten Menschen klammern sich an die Idee: „Die Bedeutung meines Verhaltens liegt in meinen positiven Absichten." Wenn es aber um das Verhalten anderer geht, gelten andere Maßstäbe: „Die Bedeutung deines Verhaltens liegt in der Reaktion, die es bei mir hervorruft." *Solange man mit diesem doppelten Maßstab arbeitet, bleibt man inkonsistent und machtlos.*

Ihre Power nimmt zu, sobald Sie die Verantwortung dafür übernehmen, daß Ihr Verhalten bestimmte Reaktionen bei anderen auslöst. Nicht, daß diese Reaktion notwendigerweise korrekt wäre, sondern es ist einfach die Reaktion des anderen, und Sie müssen sich damit auseinandersetzen, ob Sie es mögen oder nicht.

Um eine Führungspersönlichkeit zu werden, müssen Sie lernen, Verantwortung zu übernehmen für die Ergebnisse dessen, was Sie sagen und tun. Stützen Sie sich auf die vier Säulen des NLP, die am Anfang des Buchs beschrieben wurden. Etablieren Sie Rapport und Vertrauen. Definieren Sie Ergebnisse, Zweck und Vision. Achten Sie auf Feedback, auf die Reaktionen, die Ihr Verhalten auslöst. Und seien Sie schließlich flexibel genug, um auf das Feedback mit verändertem Verhalten zu reagieren, damit das eintritt, was Sie sich wünschen. Dies sind die vier Säulen des Erfolgs als Führungspersönlichkeit.

Wir behaupten hier nicht, daß die obengenannten Glaubenssätze wahr sind. Wir wissen es nicht. Was wir wissen ist: Wenn Sie so handeln, als ob sie wahr wären, und die Ergebnisse Ihres Handelns registrieren, handeln Sie wie eine Führungspersönlichkeit.

Ein Führungsmodell

Eine Führungskraft muß die Balance halten zwischen:
➤	den Bedürfnissen des einzelnen. Gute Führungskräfte entwickeln ihre Mitarbeiter und deren Führungsqualitäten. Sie achten auf und respektieren deren Werte.

➤ den Bedürfnissen des Teams. Eine Führungskraft schmiedet ihr Team nicht dadurch zusammen, daß sie Differenzen zukleistert, sondern indem sie sie vorantreibt und löst. Unterschiede im Denken, im Stil und in der Arbeitsweise bereichern das Team und lassen es kreativer sein. Ein Teamleiter sollte sich stets fragen: „Wie können die Unterschiede der einzelnen Mitarbeiter genutzt werden, um eine produktivere Zusammenarbeit zu gewährleisten?" Die besten Teams sind diejenigen, wo es zwar einen nominalen Teamleiter gibt, aber alle Teammitglieder Führungsqualitäten besitzen.

➤ den Anforderungen der Aufgabe. Es liegt in der Verantwortung des Managers, dafür zu sorgen, daß ein Projekt erfolgreich abgeschlossen wird. Teamleiter können außerordentliche Ergebnisse erzielen, wenn sie besondere Anforderungen an sich selbst stellen. Die anderen im Team werden versuchen, Schritt zu halten. Dies ist Führung durch Vorbild. Bei jeder Unternehmung gibt es ein Wechselspiel von Aufgabe und zwischenmenschlichen Beziehungen. Ist die Aufgabe klar definiert, sind die Beziehungen zwischen den Teammitgliedern relativ unwichtig. Sind die Ziele aber unklar und die Mitarbeiter unsicher, dann macht die Qualität der Beziehungen den Unterschied zwischen Erfolg und Fehlschlag aus. Weil Führer in Beziehungen investieren, blühen sie auf in Situationen der Ungewißheit, der Veränderung und der Ambiguität.

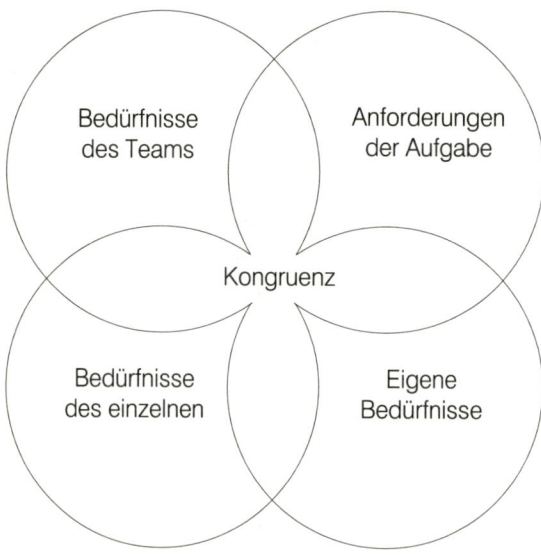

Abb. 8.1: Führungsmodell

➤ den eigenen Bedürfnissen. Wir wollen hier nicht die Vision eines führenden Workaholic aufbauen, der seine Gesundheit und sein soziales Umfeld vernachlässigt. Eine Führungskraft ohne Ressourcen nützt niemandem, und ein Workaholic ist jemand, der das Investieren von Zeit mit dem Erzielen von Ergebnissen verwechselt. Auch der Leiter ist Teil des Teams, und die Sorge für das Team schließt die Sorge für sich selbst ein. Einige Führungsmodelle haben die Tendenz, diese persönliche Dimension auszublenden. Doch der erste, den man führen muß, ist man selbst. (Siehe Abb. 8.1)

Drei Arten von Autorität

Es gibt drei Arten von Autorität oder Einfluß, den man auf andere haben kann. Die erste ist die Autorität der Position, die einem Weisungsbefugnis und Verantwortung für seine Mitarbeiter gibt. Sie ist nicht von Persönlichkeit oder Stil abhängig. Der betreffende Manager kann durchaus ein gefühlloser Tyrann sein, der überall Ablehnung provoziert. Ob man ihn liebt oder haßt, ist ihm gleichgültig, solange es nicht seine Arbeit oder die seiner Abteilung beeinträchtigt.

Die zweite Art von Autorität wird vom Wissen des Betreffenden bestimmt. Als Experte mit Zugang zu bestimmten Informationen übt man Autorität in diesem bestimmten Bereich aus. Selbst Vorgesetzte werden auf einen hören. Die Autorität aufgrund von Können oder Wissen umgeht die Autorität der Position. Eine Computertechnikerin mag in der Unternehmensstruktur unterhalb eines bestimmten Managers stehen, doch wenn sein Rechner zusammengebrochen ist oder er wissen will, wie ein bestimmtes Programm funktioniert, wird er ihr sehr genau zuhören. Einfluß aufgrund von Wissen stellt für alle streng hierarchischen Strukturen eine Gefahr dar.

Zuletzt gibt es noch die Autorität durch Vorbild. Sie ist nicht von den beiden anderen Formen abhängig, kann beide jedoch sehr unterstützen. Natürlich wirkt sie auch für sich allein. Sie bildet die wichtigste aller Führungsqualitäten. In der Regel sind Rollenvorbilder effektiver als Kontrollsysteme.

Obwohl man immer wieder hören kann, dieser oder jener sei ein geborener Führer, glauben wir nicht, daß Führungsqualität von einem geheimnisvollen angeborenen Talent abhängt. Führer werden in Zeiten der Veränderung gebraucht, und solche Zeiten fördern ihr Auftreten. Doch zu jeder Zeit gibt es Menschen mit der Fähigkeit, andere zu inspirieren. Wir glauben, daß Führungsqualität erlernbar ist. Es handelt sich um keine angeborenen Identitätsmerkmale. Das NLP liefert Führungsinstrumente – z.B. wie man Klarheit über Ziele und Werte für sich selbst und andere schafft. Alles, was zuvor über Ziele, Ergebnisse und Werte gesagt wurde, ist auch für das Thema Führung von Bedeutung. Ferner benötigen Führungskräfte auch die entsprechenden Fähigkeiten, die es ihnen erlauben, ihre Vision zu kommunizieren. Auch hier liefert das NLP sehr hilfreiche Modelle sowohl der verbalen wie der nonverbalen Kommunikation.

Führungsqualitäten

Eine Führungspersönlichkeit

➤ erschafft für sich selbst und für andere die langfristige Vision einer inspirierenden Zukunft

➤ akzeptiert die Verantwortung, anderen diese Vision zu vermitteln

➤ motiviert sich selbst und andere durch Vorbild und Teilhabe an dieser Vision

➤ pacet und anerkennt, was für sie selbst und für andere wichtig ist

➤ kann sich selbst führen

➤ entwickelt die Führungsqualitäten anderer

➤ schafft einen Ausgleich zwischen den eigenen Bedürfnissen, den Bedürfnissen anderer als Individuen und als Gruppe sowie den Anforderungen der Aufgabe

➤ führt eher durch Vorbild als durch Wissen oder Position

Führung und logische Ebenen

Bestimmt wird es in Ihrem Leben Gelegenheiten gegeben haben, wo Sie eine Führungsrolle übernommen haben: möglicherweise während der Schulzeit, während des Studiums, im Sport, in Ihrer Familie oder gegenüber Ihren Kindern. Führung gibt es überall, nicht nur im Konferenzraum des Vorstandes. Wenn Sie andere inspirieren und eine Vision in Aktion umsetzen, handeln Sie als Führer, egal in welchem Bereich. Nehmen Sie sich einen Moment Zeit, um sich an derartige Situationen zu erinnern.

**Sie haben bereits die Ressourcen,
um eine Führungspersönlichkeit zu sein.**

Vielleicht haben Sie dies bisher nicht bemerkt, weil die Ressourcen in einem Kontext stehen, den Sie nicht mit dem Begriff *Führung* in Verbindung bringen. Vielleicht glauben Sie aber auch, daß diese Qualitäten nicht zählen, weil sie nur gelegentlich oder für kurze Zeit wahrnehmbar waren. Man muß sich nicht 24 Stunden am Tag wie Napoleon verhalten, um sich als Führer zu qualifizieren. Im NLP brauchen Sie nichts weiter als eine leise, kurze Ahnung von diesen Qualitäten, um daraus, wenn Sie möchten, ein prachtvolles Gewächs zu ziehen. Dazu ist nur ein Samenkorn erforderlich.

Sobald es Ihnen gelungen ist, sich einen Moment in Erinnerung zu rufen, wie kurz er auch gewesen sein mag, in dem Sie Führungskraft gezeigt haben, sollten Sie sich die folgenden Fragen stellen und die Antworten so detailliert wie möglich aufschreiben.

➤ Wie war die Umgebung, in der Sie als Führer gehandelt haben? Was war das für eine Situation? Wer war dabei? Was hat es Ihnen leichtgemacht, in dieser Situation und mit diesen Menschen Führungsqualität an den Tag zu legen?

➤ Was haben Sie getan? Erinnern Sie sich an Ihr tatsächliches Verhalten. Was haben Sie gedacht? Welche Handlungen haben Sie ausgeführt?

➤ Welche Kenntnisse haben Sie eingesetzt? Haben Sie besondere Denkweisen benutzt? Haben Sie sich irgendwelcher körperlichen Fähigkeiten bedient? Was hat es Ihnen ermöglicht, ein Führer zu sein?

➤ Was haben Sie als Führer in dieser Situation geglaubt? Welche Wahrheiten gab es für Sie in diesem Moment? Was waren Ihre Werte? Was war Ihnen wichtig?

➤ Wer waren Sie damals? Wer sind Sie jetzt? Haben Sie sich verändert? Wenn ja, wie? Wie paßt all das, was Sie über sich selbst als Führer entdeckt haben, mit dem zusammen, was Sie heute sind?

Das Modellieren von Führungsqualitäten

Erinnern Sie sich an drei Führungspersönlichkeiten, die Sie kennen. Sie können aus jedem Lebensbereich stammen, nicht nur dem der Arbeit. Sie können sogar frei erfunden sein – aus einem Film, dem Fernsehen oder Büchern.

Was sind ihre herausragenden Eigenschaften?

Gibt es irgend etwas an ihrer Erscheinung, woran man sie als Führer erkennen kann?

Gibt es etwas an ihrer Sprechweise, was sie als Führer kenntlich macht?

Welche Fähigkeiten besitzen sie?

Welche Überzeugungen und Werte haben sie?

Welche Reaktionen rufen sie bei anderen hervor?

Welche ihrer Eigenschaften würden Sie gerne übernehmen?

Wie würde sich das anfühlen?

Können Sie sich nun vorstellen, wie Sie selbst die gleiche Art von Reaktionen von anderen erhalten?

Die Entwicklung Ihrer Fähigkeiten

1. Tun Sie sich für diese Übung mit einem Arbeitskollegen oder einer Kollegin zusammen. Stellen Sie Rapport her. Finden Sie die Werte Ihres Kollegen heraus. Wenn Sie die Werte haben, wenden Sie die Technik des Backtracking an, damit beide Gewißheit haben. Wie reagiert der andere auf Ihr Interesse an dem, was ihm wichtig ist?

2. Denken Sie über Ihre wichtigsten Werte nach und notieren Sie die dazu gehörenden Regeln. Was muß bei jedem einzelnen Wert geschehen, damit er erfüllt wird? Was muß geschehen, damit er verletzt wird? Achten Sie darauf, ob irgendwelche dieser Regeln im Laufe des Tages erfüllt werden.

3. Erkundigen Sie sich nach den Regeln eines Ihrer Kollegen bezüglich dessen wichtigster Werte.

4. Denken Sie nach über jede der vier empowernden Grundannahmen, die früher in diesem Kapitel genannt wurden:

    ➤ Jeder möchte bei seiner Arbeit sein Bestes geben.

    ➤ Jeder hat alle Ressourcen, die er braucht, oder kann sie sich verschaffen.

    ➤ Jeder handelt mit positiver Absicht.

    ➤ Die Bedeutung der Kommunikation liegt in der Reaktion, die sie beim anderen hervorruft.

    Was würde sich bei Ihrer Arbeit ändern, wenn Sie sich so verhalten würden, als ob diese Annahmen wahr wären?

    Nehmen Sie sich jeden Tag eine dieser Grundannahmen vor. Wählen Sie sodann eine bestimmte Interaktion an diesem Tag und verhalten Sie sich so (solange es ohne Zwang möglich ist), als ob diese Grundannahme wahr wäre.

Weiterführende Lektüre

Adair, John: *Effective Leadership*, Gower 1983

Bennis, Warren: *On Becoming a Leader*, Hutchinson Business Books 1990

Harvey-Jones, Sir John: *Making it Happen*, HarperCollins 1988

Maslow, A. H.: *Motivation and Personality*, Harper 1954

O'Connor, Joseph & Prior, Robin: *Fair verkauft (sich) gut*, Freiburg:VAK 1996

Peters, Tom: *The Tom Peters Seminar – Crazy Times Call for Crazy Organisations*, Macmillan 1994

Anmerkungen

1. McGraw, Kenneth: „The detrimental effects of reward on performance" in: M. Lepper und D. Greene (Hrsg.): *The Hidden Costs of Rewards*, Earlbaum 1978
2. Deutsch, Morton: *Distributive Justice. A Social-Psychological Perspective*, Yale University Press 1985
3. Kohn, Alfie: *Punished by Rewards*, Houghton Mifflin 1993
4. Deming, Dr. W.: *Out of the Crisis*, Cambridge University Press 1988

9. Eine gemeinsame Sprache finden

Menschen schaffen Organisationen. Sie tun dies in der Absicht, auf diese Weise ein gemeinsames Ziel leichter zu erreichen. Die Struktur jeder Organisation muß den Bedürfnissen der Menschen dienen, die darin arbeiten. Sie bilden schließlich deren größtes Vermögen. Ein erfolgreicher Manager macht das Beste aus sich selbst und seinen Mitarbeitern, indem er Strukturen schafft und bestehende Strukturen nutzt. Eine unsere größten Ressourcen ist unsere Vorstellungskraft. Der ungeschriebene Untertitel dieses Buches lautet: *Das Management der menschlichen Vorstellungskraft.*

Der Kreis schließt sich

Eines der faszinierendsten Gebiete im NLP ist das Zusammenspiel von Organisation und Individuum: wie sich die Ideen, Hoffnungen und Befürchtungen einzelner in einem Unternehmen ausdrücken und wie Zweck und Vision eines Unternehmens ein eigenes Leben gewinnen, welches mehr ist als die Summe seiner Teile. Wir haben dieses Buch aus der Perspektive des einzelnen Managers begonnen: mit den Techniken von Rapport, Pacing und Leading. Danach haben wir uns dem Thema der Vision und Mission von Unternehmen und deren Wechselwirkung mit den Werten und Zielen der einzelnen Mitarbeiter zugewandt. Jetzt schließt sich der Kreis, und wir kehren zum einzelnen zurück.

In diesem Kapitel untersuchen wir, wie man eine gemeinsame Sprache schaffen kann, um sensibler zu werden, um besser zu verstehen, wie Menschen denken und fühlen. Wir wollen Ihr Verständnis von Körpersprache und Verhalten verfeinern und Ihre Fähigkeiten entwickeln, auf andere in Ihrem Unternehmen Einfluß zu nehmen. Die Kunst, andere zu verstehen und das Beste aus ihnen zu machen, wird oft für selbstverständlich gehalten. Sie kann nicht leicht gemessen werden. Oft überläßt man es der „Intuition" oder dem „natürlichen Talent" des Managers. Im NLP modellieren wir solche Talente und verwandeln sie in erlernbare Fähigkeiten. Der Begriff *Kommunikationszeitalter* wird leider oft verwendet, um sich auf die Technologie zu beziehen statt auf die sozialen Fähigkeiten, die man braucht, um die Technologie zu nutzen und zu erklären. Neue Systeme und Informationstechnologien werden jedoch ohne entsprechende Kommunikationsfähigkeiten der Menschen hinter ihrem möglichen Nutzen zurückbleiben.

Gute und schlechte Zirkel

Was passiert, wenn Sie kommunizieren? Sie benutzen Ihre Körpersprache, Worte und Tonfall. Der andere hört zu, versucht zu verstehen, was Sie sagen, denkt darüber nach und antwortet dann. Danach hören Sie wieder zu, denken nach und antworten ihrerseits. Was man sagt, wird beeinflußt von dem, was man gerade gehört hat. Kommunikation ist ein Geben und Nehmen (siehe Abbildung 9.1).

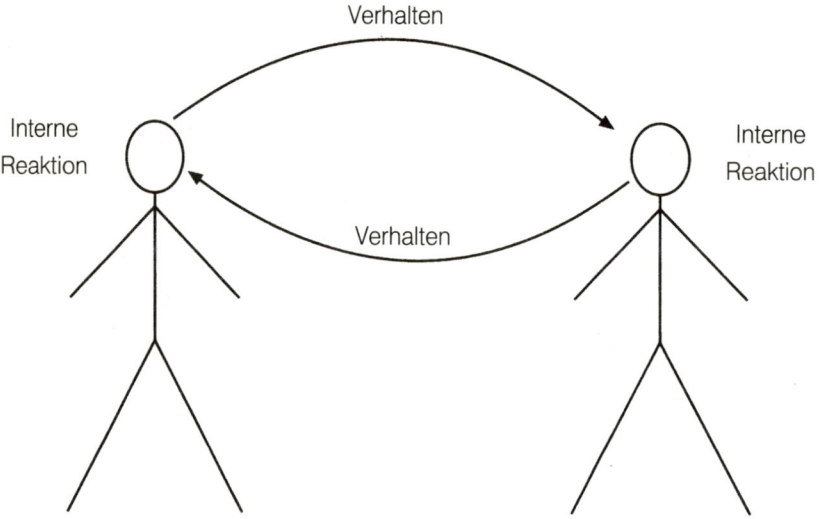

Abb. 9.1: Der Kommunikationskreislauf

Der Kreislauf der Kommunikation kann besser oder schlechter funktionieren. Er kann zur Verstärkung von Mißverständnis und Konflikt führen oder zur Vertiefung von Verständnis und Übereinstimmung. Wir sind davon überzeugt, daß Sie aus Ihrer täglichen Arbeit zahlreiche Beispiele hierfür kennen. Rapport und zweite Position können dabei helfen, daß der Kreislauf nicht in einer Sackgasse endet. Die andere Perspektive des Gegenübers hält den Kreislauf in Gang. Der andere denkt und versteht anders, so daß die Bedeutung, die er unserer Kommunikation gibt, sich subtil (oder weniger subtil!) von der von uns beabsichtigten Bedeutung unterscheidet. Wie geben wir also dem, was uns gesagt wird, seine Bedeutung?

Wie man eine Erinnerung aufbauen und zerstören kann

Stellen Sie sich bitte innerlich eine Arbeitsbesprechung vor, die vor kurzem stattgefunden hat. Schließen Sie Ihre Augen, wenn es Ihnen so leichter fällt. Erinnern Sie sich daran, wie der Raum aussah, und an die Gesichter der Teilnehmer. Hören Sie wieder möglichst realistisch ihre Stimmen sowie alle anderen Geräusche, die im Raum zu hören waren. Erinnern Sie sich, wie Sie sich gefühlt haben. Haben Sie bequem gesessen? Gab es Kaffee? Können Sie sich an den Duft erinnern? Haben Sie noch den Geschmack auf der Zunge? Wie waren Ihre Emotionen bei diesem Meeting? Lief alles wie gewünscht?

Streichen Sie nun mental alle optischen Eindrücke des Raums und der anwesenden Personen. Stellen Sie in der Erinnerung alle Stimmen und Geräusche ab. Streichen Sie nun sämtliche Gerüche, Geschmackseindrücke und Gefühle. Ist noch etwas übrig? Vielleicht führen Sie noch einen inneren Monolog *über* das Meeting, doch er ist nicht das Meeting selbst. Wenn Sie jetzt auch diese Stimme abstellen, was ist dann von der Besprechung noch geblieben? Die ursprüngliche Erfahrung hatten Sie über Ihre Sinne gemacht. Und über Ihre Sinne haben Sie diese Erfahrung auf neue wachgerufen. Ihr inneres Erleben wird durch die Sinne konstituiert. Im NLP wird die These vertreten, daß es sinnvoll ist, sich das Denken als den Gebrauch unserer inneren Sinne vorzustellen.

Gedanken über das Denken

Sämtliche Erfahrungen machen wir vermittels unserer Sinne, gleichgültig, ob sie intern in unserer Vorstellungen oder extern durch unsere Umgebung ausgelöst werden. Wenn Sie an ihren Chef denken, „sehen" Sie in Ihrer Erinnerung vermutlich ein Bild von ihm. (Woran sonst können Sie ihn oder sie das nächste Mal erkennen?)

In unserem Kopf befindet sich nicht die wirkliche Welt, sondern eine Repräsentation von ihr. Wir sehen und hören selektiv, je nach unseren Interessen, unseren Sorgen oder unserem Gesundheitszustand. Aus denselben Gründen erinnern wir uns nur an eine schmale Auswahl dessen, was wir wahrgenommen haben. Es ist z.B. sehr unwahrscheinlich, daß Sie sich an die Farben der Krawatten all Ihrer Kollegen vom Vortage erinnern, obwohl Sie sie doch direkt vor der Nase hatten. Es ist einfach nicht wichtig.

Auch bei unseren Gefühlen sind wir selektiv. Vermutlich hatten Sie gerade kein Bewußtsein vom Gefühl in Ihrer linken Hand, bis wir Sie darauf aufmerksam machten. Zu vergessen ist genauso wichtig wie sich zu erinnern, andernfalls wären wir ständig überlastet. Wir sind keine „objektiven" Beobachter und keine Tonbandgeräte. Wenn es so wäre, würden wir alle in allem übereinstimmen, während in Wirklichkeit unsere einzige Gemeinsamkeit darin besteht, daß wir alle verschieden sind.

Wir reagieren auf unsere selektiven Repräsentationen der Welt, nicht auf die Welt selbst. Diese Einsicht führt zu einigen unglaublichen Implikationen. Verändern Sie Ihre Repräsentationen, und Sie werden Ihre Reaktionen verändern. Verändern Sie das Flickenmuster Ihrer Wahrnehmung, und es ändert sich die Welt. Wir haben die außerordentliche Fähigkeit, innere Erfahrungen zu erzeugen, die reale Wirkungen auf unserem Körper haben. Man kann unmöglich feststellen, wo das „bloße" Denken aufhört und die Körpererfahrung anfängt. Nichts ist „nur im Kopf". Erinnern Sie sich an ein schmerzhaftes Erlebnis, und Sie werden wieder das Gesicht verziehen. Die Erinnerung an etwas Schönes wird die guten Gefühle wiederbeleben. Stellen Sie sich Ihr Lieblingsgericht vor, und Ihnen läuft das Wasser im Mund zusammen. Auf einer etwas ernsteren Ebene heißt das: Es steht fest, daß andauernder Streß zur Entstehung von Magengeschwüren und Herzkrankheiten beitragen kann. Unsere Gedanken haben einen machtvollen Einfluß auf uns, ob wir sie kultivieren oder nicht. Darum ist es sehr wichtig, wie wir das, was wir sehen, hören und fühlen, innerlich repräsentieren. Wir benutzen unsere Sinne, um innerlich das zu „re-präsentieren", was wir in der Außenwelt wahrgenommen haben. Im NLP werden die Sinne daher als *Repräsentationssysteme* bezeichnet.

Entsprechend unseren fünf Sinnen gibt es fünf Repräsentationssysteme:

➤ Sehen   das visuelle System (V)
➤ Hören   das auditive System (A)
➤ Fühlen   das kinästhetische System (K)

| ➤ Schmecken | das gustatorische System (G) |
| ➤ Riechen | das olfaktorische System (O) |

Das visuelle System kann erinnerte Bilder (z.B. was Sie zum Frühstück hatten) oder konstruierte Bilder (z.B. Ihr Chef mit grünen Haaren) enthalten. Das auditive System kann erinnerte Geräusche und Stimmen ebenso enthalten wie konstruierte (z.B. wie es sich anhört, wenn ein Klavier die Treppe herunterfällt). Das kinästhetische System besteht aus verschiedenen Komponenten: u.a. dem Gleichgewichtssinn, den Berührungsreizen aus der Außenwelt und den Emotionen. Die Sinneseindrücke versehen wir mit Bedeutung vermittels unserer Werte, Überzeugungen und Interessen. Die Emotionen sind unsere gefühlten Reaktionen auf die Bedeutungen, die wir unseren Sinneseindrücken gegeben haben. Sie entstehen nicht aus dem Nichts, sondern werden durch die Art und Weise ausgelöst, wie wir unsere Erlebnisse intern repräsentieren.

Denken in Aktion

Wir alle haben für unsere Art des Denkens bestimmte Präferenzen. So wie manche Menschen ein scharfes Auge oder ein gutes Gehör besitzen oder stark gefühlsmäßig reagieren, entwickeln wir auch bestimmte Denkweisen stärker als andere. Mit einer visuellen Präferenz interessieren Sie sich möglicherweise für die darstellenden Künste, für Fernsehen, Film, Mathematik oder Physik. Man kann zum Beispiel kein guter Grafikdesigner sein ohne die Fähigkeit, sich detailreiche, lebhafte Bilder vorzustellen, die sich auf Papier übertragen lassen. Mit einer auditiven Präferenz entwickeln Sie vielleicht ein Interesse für die Leitung von Seminaren, für Sprache, Schriftstellerei, Theater oder Musik. Eine kinästhetische Präferenz kann zu einer Vorliebe für Sport oder Musik führen. So wie wir alle unsere Sinne benutzen, wenden wir auch all diese verschiedenen Denkweisen an; freilich benutzen wir einige mehr als andere, die sich dadurch stärker entwickeln.

Die Theorie der Lernstile stellt eine direkte Anwendung des Konzepts der Repräsentationssysteme dar. Der Lernerfolg ist dann am größten, wenn die Lernenden den Stoff sehen, hören und erleben können. Sie müssen ihn sehen: in Form von Schaubildern, Grafiken und Diagrammen; sie müssen ihn hören: in Vorträgen, Gesprächen und über Kassetten; und sie müssen ihn erleben können: durch Rollenspiel, Übungen und praktische Demonstrationen. Wenn Sie als Ausbilder tätig sind, beziehen Sie alle Repräsentationssysteme mit ein. Natürlich haben verschiedene Menschen unterschiedliche Lernstrategien. Unter einer solchen Strategie verstehen wir die konsistente Reihenfolge, in der die einzelnen Repräsentationssysteme beim Denken eingesetzt werden. Ein Beispiel: Jemand möchte das Lernmaterial zuerst betrachten, dann darüber sprechen und zum Schluß fühlen, wie es zusammenpaßt. Jemand anders möchte zuerst etwas darüber hören, es dann sehen und danach einen Plan machen. Sie müssen die Fähigkeit entwickeln, verschiedene Strategien pacen zu können – die Ihres Vorgesetzten etwa und die Ihrer Kollegen. Auch beim Verkauf spielt dies eine wichtige Rolle: Hier müssen Sie die vom Kunden bevorzugte Art der Informationsaufnahme pacen können.

Was nicht schriftlich vorliegt, ist nicht real

John fand heraus, daß seine Vorgesetzte geschriebene Arbeitsberichte brauchte. John war mehr ein auditiver Typ und hatte es lange Zeit dabei belassen, mit ihr über seine Arbeit nur zu sprechen. Allerdings hatte er sich immer gefragt, warum seine Vorgesetzte ihm dabei so wenig Aufmerksamkeit schenkte. „Warum will sie schriftliche Berichte?" beschwerte er sich. „Ich habe ihr doch alles schon zweimal erklärt!" Natürlich aus dem Grunde, weil sie eine visuelle Präferenz hatte. Was nicht schriftlich vorlag, war für sie nicht real. Als er sie dann mit einer geschriebenen Zusammenfassung pacete, war sie bereit, sich mit ihm darüber zu unterhalten. Das steigerte natürlich auch Johns Zufriedenheit.

Wenn Sie wissen, wie andere denken, dann verstehen Sie auch, was ihnen wichtig ist und was sie irritiert. Menschen, die bildhaft denken, finden es zum Beispiel oft schwierig, in einer unaufgeräumten Umgebung zu arbeiten. Es lenkt sie ab. Sie wollen ihren Arbeitsplatz sauber halten. Personen mit auditiver Präferenz können leicht von Geräuschen gestört werden. Vielleicht haben Sie schon mal gehört, wie sich jemand beschwerte, vor lauter Lärm „könne er seine eigenen Gedanken nicht hören". Wieder andere Menschen müssen es bequem haben. Ein neuer Schreibtischsessel kann schon einen großen Unterschied in der Qualität ihrer Arbeit bewirken. Wenn Sie diese Präferenzen kennen, können Sie Ihre eigene Umgebung so gestalten, wie es Ihnen am besten paßt und wie es auch den Bedürfnissen der anderen entgegenkommt.

Denken und Körpersprache

Unser Gehirn arbeitet nicht isoliert vom restlichen Körper. Wie wir denken, wird durch unsere Körpersprache reflektiert. Betrachten Sie die Cartoons. Welche Figur verspürt Ärger? Welche ist ratlos? Welche ist tief in Gedanken versunken?

Karikaturisten und Comiczeichner müssen Gefühle und Geisteszustände darstellen können, und sie tun dies über eine deutliche Körpersprache ihrer Figuren. Bestimmte Gesten und Haltungen sind oft mit bestimmten emotionalen Zuständen verbunden. Wir können sie intuitiv verstehen. Auch mit den verschiedenen Denkweisen sind charakteristische Körpersignale verbunden. Sie sind vielleicht nicht so offensichtlich, sprechen jedoch eine deutliche Sprache für den, der darauf achtet. Wenn Menschen visualisieren, neigen sie dazu, aufwärts oder auch ohne Fokus geradeaus zu blicken. Vielleicht runzeln sie die Stirn, so als ob sie etwas deutlich in den Blick nehmen wollten – was sie ja, in bezug auf ihre inneren Bilder, auch tatsächlich tun. Wenn dies jemand macht, während wir mit ihm sprechen, sollte man am besten einfach den Mund halten. Denn der andere befindet sich in seiner eigenen Vorstellungswelt und achtet überhaupt nicht auf Sie. Ferner neigt man beim Visualisieren dazu, aufrecht zu stehen oder zu sitzen und rasch im oberen Brustbereich zu atmen. Die Atem ist flach und der Sprechrhythmus schnell. Schließlich können sich Bilder rasch ändern, und sie enthalten viele Informatio-

nen auf einen Blick. Und dann ist es für visuelle Menschen wichtig zu sehen, mit wem sie sprechen. Beim Telefonieren erzeugen sie daher häufig für sich ein mentales Bild des Gesprächspartners. Sie fühlen sich ungemütlich, wenn derjenige, der ihnen beim Gespräch gegenübersitzt, sie nicht ansieht. Für sie ist das gleichbedeutend damit, daß er ihnen nicht zuhört. Demgegenüber mag sich ein kinästhetischer Mensch am wohlsten fühlen, wenn er beim Zuhören nach unten blickt – wodurch dann beide Seiten leicht den Rapport verlieren.

Wer in Bildern denkt, neigt dazu:
➤ nach oben zu blicken oder ohne Fokus in die Ferne zu starren
➤ im oberen Brustbereich zu atmen
➤ aufrecht zu sitzen oder zu stehen
➤ schnell zu sprechen

Die Körpersprache, die ein auditives Denken begleitet, ist anders. Solche Menschen machen kleine, rhythmische Körperbewegungen oder schwingen von einer Seite zur anderen. Oft haben Sie eine angenehme, melodische Stimme. Vielleicht neigen sie ihren Kopf zur Seite, so als ob sie intensiv auf etwas lauschten. Und das tun sie ja auch. Vielleicht bewegen sie sogar die Lippen, während sie mit sich selbst sprechen.

Wer in Tönen und Geräuschen denkt, neigt dazu:
➤ den Kopf wie beim intensiven Zuhören zur Seite zu neigen
➤ im mittleren Brustbereich zu atmen
➤ die Stimme expressiv einzusetzen
➤ sich rhythmisch zu bewegen

Kinästhetische Denker denken mit ihrem Körper. Oft nehmen sie eine zusammengesunkene Körperhaltung mit hängenden Schultern ein. Sie atmen eher langsam und tief aus dem Bauch. Dabei sprechen sie gemächlich und mit eher tiefer Stimme. Die Unterhaltung eines kinästhetisch mit einem visuell Denkenden kann für beide ein frustrierendes Erlebnis sein. Der visuelle Denker trommelt vor Ungeduld über den langsamen Vortrag seines kinästhetischen Gesprächspartners mit den

Fingern, während dieser den atemlos vorgetragenen Äußerungen seines visuellen Gegenübers kaum folgen kann. Auch hierbei handelt es sich um allgemeine Muster, die man nicht zu stereotyp auffassen darf.

Wer in Form von Gefühlen denkt, neigt dazu:
- ➤ nach unten zu blicken
- ➤ im unteren Brustbereich zu atmen
- ➤ eine entspannte Körperhaltung mit runden Schultern einzunehmen
- ➤ langsam zu sprechen
- ➤ mit eher tiefer Stimme zu sprechen

Achten Sie auf die Augenbewegungen Ihres Gegenübers. Haben Sie sich noch nie gefragt, was sie zu bedeuten haben? Ihre Bewegung ist keineswegs rein zufällig. Im NLP geht man davon aus, daß es einen Zusammenhang zwischen Augenbewegungen und Denkweisen gibt. Wir machen solche Bewegungen, um unseren Körper einzustimmen und uns bestimmte Denkweisen leichter zugänglich zu machen. Ein geschulter Beobachter kann daraus seine Hinweise ziehen. Man bezeichnet die Augenbewegungen daher im NLP als *Augenzugangshinweise*.

Die folgenden allgemeinen Muster gelten für die meisten Rechtshänder. Beim Visualisieren neigen wir dazu, aufwärts zu schauen oder zu defokussieren – nach rechts oben bei konstruierten Bildern und nach links oben bei erinnerten Bildern. Die Augen bewegen sich zur Seite, wenn man auf innere Geräusche und Töne hört, und sie wandern nach rechts unten beim Denken in Gefühlen. Bei Selbstgesprächen, dem inneren Dialog, gehen die Augen nach links unten. (Siehe Abbildung 9.2, nächste Seite)

Karikaturen arbeiten mit Elementen einer allgemeinen und zugespitzten Körpersprache, die unmittelbar verständlich sind. Doch diese Prinzipien gelten nur bis zu einer gewissen Grenze. Wesentliche Bereiche unserer Körpersprache spielen sich auf viel subtilerer Ebene ab und sind nicht so leicht zu verallgemeinern. Jeder Mensch ist einzigartig. Wir dürfen nicht davon ausgehen, daß die Bedeutung unserer eigenen Körpersprache auf den Rest der Welt übertragen werden kann. Wir verziehen zum Beispiel das Gesicht, wenn wir anderer Meinung sind; eine visuelle Person mag das Gesicht verziehen, um sich zu konzentrieren, weil sie die Gesichtsmuskeln anspannt, um die Dinge auf der mentalen Leinwand besser erkennen zu können.

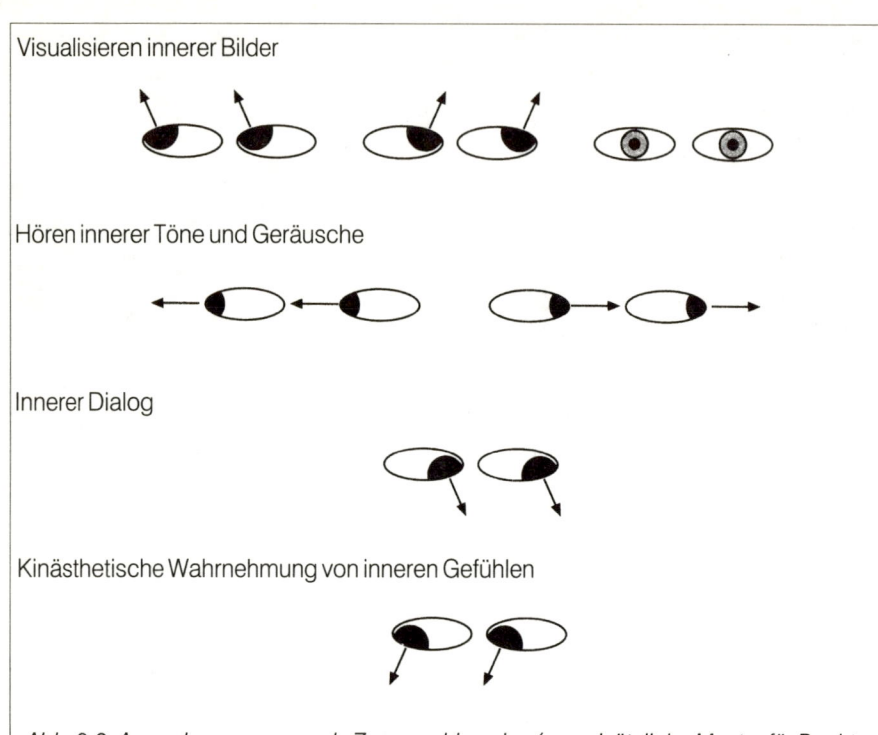

Visualisieren innerer Bilder

Hören innerer Töne und Geräusche

Innerer Dialog

Kinästhetische Wahrnehmung von inneren Gefühlen

Abb. 9.2: Augenbewegungen als Zugangshinweise (grundsätzliche Muster für Rechtshänder, aus der Perspektive des Gegenübers)

Begehen Sie nicht den gleichen Fehler wie ein uns bekannter Kriminalbeamter. Als er von den Augenzugangshinweisen erfuhr, nahm er sofort an: Wenn sich die Augen eines Verdächtigen vor der Antwort nach oben rechts bewegen, wird seine Antwort gelogen sein, denn schließlich wird diese Augenbewegung normalerweise mit konstruierten und nicht mit erinnerten mentalen Bildern in Verbindung gebracht. Doch hinter dieser Annahme stecken wenigstens zwei Fehler. Erstens bewegen auch einige Rechtshänder sowie die meisten Linkshänder ihre Augen nach rechts oben, um sich an Bilder zu erinnern. Zweitens: Nur weil ein Bild konstruiert ist, ist es damit noch lange nicht falsch oder gelogen.

Man kann sich allerdings auf die Bewegungen und Körperhaltungen einer bestimmten Person einstellen. Im NLP spricht man hier von Kalibrieren. Beim Kalibrieren erkennt man die inneren Zustände einer anderen Person, indem man ihre Körpersprache liest. Wenn Sie dazu übergehen, auf jene minimalen Hinweise, die jeder Mensch ständig zu erkennen gibt, genauer zu achten, werden Sie allmählich bestimmte Muster wahrnehmen. Derartige Hinweise erfolgen nicht zufällig, sondern erscheinen regelmäßig wiederkehrend in bestimmten Situationen.

Manchmal gibt der Gesprächspartner seine Reaktion zu erkennen, indem er beschreibt, wie er sich fühlt. Zum Beispiel runzelt ein Kollege die Stirn und sagt: „Ich kriege einfach nicht raus, wie das funktioniert." Daraus schließen Sie, daß er verwirrt ist. Bei nächster Gelegenheit stellen Sie wieder diesen Gesichtsausdruck fest, doch er sagt nichts. Vielleicht fragen Sie ihn, ob er Schwierigkeiten hat zu verstehen, wie etwas Bestimmtes funktioniert, und er bejaht das. Wenn Sie dann diesen Gesichtsausdruck wieder einmal bei ihm sehen, sagen Sie: „Nicht ganz leicht zu verstehen, wie das funktioniert." Ihr Kollege wird wahrscheinlich das Gefühl haben, daß Sie verstehen, wie es ihm geht. Je mehr Sie in die Lage kommen, diese subtilen Zeichen zu erkennen, desto besser werden Sie die Wirkung dessen, was die anderen sagen, einschätzen können, ohne raten oder Gedanken lesen zu müssen. Sie kennen doch das Sprichwort: „Führung ist die Fähigkeit, die zweite Hälfte eines Satzes zu verändern je nach der Reaktion, die man mit der ersten Hälfte hervorruft." Allerdings müssen Sie zunächst die Wirkung der ersten Hälfte erkennen.

Vielleicht betreibt Ihr Unternehmen Marktforschung, um herauszufinden, was sich Ihre Kunden wünschen, oder es kontrolliert gewisse Kennziffern, um bei Arbeits- und Produktionsprozessen auf dem laufenden zu bleiben. Das NLP überträgt dies auf die individuelle Ebene und zeigt, wie Sie Kollegen und Kunden besser verstehen können. Wir machen von diesen Konzepten in unserem Verkaufstraining lebhaften Gebrauch. Noch bevor der Kunde etwas sagt, wird er seine Kaufbereitschaft oder seine Einwände durch Körpersprache zu erkennen geben. Vielleicht äußert er sich gar nicht. Doch ein guter Verkäufer erkennt den Widerstand und wählt einen anderen Ansatz. Der blinde Verkäufer hingegen stolpert nur tiefer in die Sackgasse.

Man kann ohne Übertreibung behaupten, daß wir in unserer Kultur dahingehend erzogen werden, die Reaktionen anderer auf dieser subtilen Ebene nicht wahrzunehmen. Falls wir sie doch wahrnehmen, haben wir uns angewöhnt, ihnen keine besondere Bedeutung beizumessen. Wir achten sehr darauf, *was* gesagt wird, und richten nur wenig bewußte Aufmerksamkeit darauf, *wie* etwas gesagt wird. Und auch das, *was* gesagt wird, enthält mehr Informationen, als es beim ersten Hören den Anschein hat.

Was Worte verraten

Im NLP verstehen wir Sprache als wörtlichen Ausdruck unseres inneren Erlebens. Bitte stellen Sie sich drei Personen vor, die gerade an einer Präsentation teilgenommen haben. Die erste sagt: „Das war sehr *erhellend*. Ich kann *sehen*, wie uns diese Strategie auf die wichtigsten Themen *fokussiert*. Wir können unsere gegenwärtige Situation *untersuchen* und *voraussehen*, welche *Schwierigkeiten* vor uns liegen."

Der zweite Teilnehmer sagt: „Das war eine ausgezeichnete *Diskussion*. Die wichtigsten Dinge wurden *laut und deutlich* benannt. Derartige *Fragen* müssen wir uns unbedingt stellen, bevor wir *sagen* können, was in den nächsten Jahren auf uns zukommt."

Der dritte Teilnehmer äußert sich so: „Das war *stark*, wie die Hauptprobleme angesprochen wurden. Wir müssen unsere Unternehmensstrategie *in den Griff bekommen* und Veränderungen im Markt *aufspüren*. Sonst *stehen wir im Regen*, bevor wir wieder *zu Atem gekommen* sind."

Dies sind drei mögliche Weisen, von ein und derselben Veranstaltung zu sprechen. Der erste Teilnehmer verwendet *visuelle* Begriffe, der zweite *auditive* und der dritte *kinästhetische*. Wir haben diese Beispiele etwas extrem formuliert, um klarzumachen, wie die Sprache unsere Gedanken und mithin unsere Repräsentationssysteme reflektiert. Derartige sinnesorientierte Begriffe werden im NLP als Prädikate bezeichnet. Hier sind einige bekannte Beispiele; schauen Sie, wie sie sich anhören, damit Sie ein Gefühl für die Idee bekommen:

Visuelle Begriffe und Redewendungen

sehen, visualisieren, reflektieren, klären, enthüllen, Aussicht, Vorsicht, Vision

eine strahlende Zukunft

ein Geistesblitz

Licht in eine dunkle Angelegenheit bringen

eine erhellende Bemerkung

Ich sehe, was Sie meinen.

sich eine Sache einmal näher anschauen

Auditive Begriffe und Redewendungen

sagen, anhören, erklären, diskutieren, hören, fragen, besprechen, verlangen

sozusagen

sich taub stellen

etwas läuten hören

eine deutliche Sprache sprechen

Laß uns darüber reden.

Erzähl das, wem du willst.

Kinästhetische Ausdrücke und Redewendungen

anfassen, berühren, fest, rauh, sanft, enthalten, sensibel, heiß

etwas begreifen

eine feste Grundlage

sich die Finger verbrennen

Ich setze mich mit dir in Verbindung.

Jetzt halt mal die Luft an!

Ich kann es nicht fassen.

Es gibt Tausende solcher Redewendungen, und die meisten davon benutzen wir, ohne nachzudenken („Ich sehe, was Sie meinen."). Ferner gibt es auch olfaktorische und gustatorische Redewendungen (z.B.: Die Sache stinkt. Jemand riecht den Braten. Das schmeckt mir nicht. Etwas hat einen schlechten Geschmack.). Manchmal verschluckt sogar jemand seine eigenen Worte.

Hier sehen Sie, wie sich einige häufig benutzte Redewendungen in verschiedene Repräsentationssysteme übersetzen lassen:

Neutral	Visuell	Auditiv	Kinästhetisch
über etwas nach-denken	etwas in Betracht ziehen	sich etwas anhören	etwas erfassen
Ich verstehe.	Ich sehe, was Sie meinen.	Ich höre, was Sie sagen.	Ich habe dabei ein gutes Gefühl.
Ich bin anderer Meinung.	Das sehe ich anders.	Wir haben nicht die gleiche Wellenlänge.	Unserer Ansichten prallen aufeinander.

Viele Ausdrücke haben keinen Bezug zu irgendwelchen Sinneseindrücken. Hierzu gehören Begriffe wie *wissen, erkennen, wollen, denken, lernen, motivieren, verändern* oder *überlegen*. Wenn man sorgfältig darauf achtet, wie sich unsere Mitmenschen ausdrücken, stellen wir fest, daß sich die meisten mit Vorliebe auf ein bestimmtes Repräsentationssystem beziehen

Das Matching von Sprache

Das Matching sinnesspezifischer Prädikate kann ein wirksamer Weg sein, Rapport zu etablieren bzw. zu verstärken. Mit Hilfe dieser Technik gelingt es uns im wahrsten Sinne des Wortes, die Sprache des anderen zu sprechen.

Visuell:

Ich würde Sie gerne *sehen*, damit ich Ihnen das, was ich vorbereitet habe, *zeigen* kann. Wir können uns dann *ein Bild* davon machen, wie das Material in künftigen Veröffentlichungen *aussehen* könnte.

Antwort: Das *sehe* ich ein. Ein Meeting scheint mir eine gute Idee zu sein. Ich *schaue* gerade mal in meinen Kalender, um zu *sehen*, wann wir uns treffen können. Donnerstag *sieht* gut aus.

Auditiv:

Ich *rufe* Sie an, um zu fragen, ob wir einen Termin finden können, um ein paar Dinge zu *besprechen*. Ich würde gern Ihre Meinung *hören*, wie wir meine Ideen in künftigen Veröffentlichungen nutzen können.

Antwort: Ich habe *verstanden*. Ein Meeting *hört sich* nach einer guten Idee *an*. Sie können mir Ihre Ideen *erzählen*, und wir können sie gemeinsam besprechen – *sagen* wir: Donnerstag.

Kinästhetisch

Ich *habe das Gefühl*, daß es gut wäre, wenn wir uns *treffen*, um uns mit meinen *Vorschlägen* zu *befassen*. Ich möchte, daß Sie einen *Eindruck* bekommen, wie wir das Material bei künftigen Veröffentlichungen *handhaben* wollen.

Antwort: Ausgezeichneter *Vorschlag*. Mein *Gefühl* sagt mir, daß wir nach Ihrer Vorarbeit schon einiges *in der Hand* haben. Ich *wühle* mal in meinem Kalender – wie wäre es mit Donnerstag? Wir *nehmen* uns Ihr Konzept *vor* und *kauen* es gemeinsam noch mal durch.

Das Pacing von Sprache

Es folgen drei Aussagen. Wählen Sie jeweils die Antwort mit dem besten Pacing des sinnesspezifischen Prädikats:

1. Ich sehe nicht, wie diese Idee funktionieren soll.
   (a)   Darf ich Ihnen eine andere Perspektive vorschlagen?
   (b)   Vielleicht können wir das Problem gemeinsam knacken.
   (c)   Wenn mein Vorschlag so schwer zu begreifen ist, werde ich ihn noch einmal durcharbeiten.
   (d)   Was genau verstehen Sie nicht?

2. Meine Gespräche mit dem Projektmanager führen zu nichts.

   (a)   Ich werde mal sehen, ob ich etwas Licht in die Sache bringen kann.

   (b)   Wie können wir es schaffen, daß ihr beide auf gleiche Wellenlänge kommt?

   (c)   Ja, der ist ein harter Brocken.

3. Ich kriege die Kalkulation für dieses Projekt nicht in den Griff.

   (a)   Laß uns darüber reden.

   (b)   Ich habe auch kein gutes Gefühl; wir sollten die Sache noch mal durch-
         arbeiten.

   (c)   Laß mal sehen – das sieht wirklich nach einem Haufen Arbeit aus.

Dies sind recht einfache Beispiele, die Ihnen helfen sollen, das Pacing der Sprache
Ihrer Mitmenschen zu lernen.

Lösungen: 1 (a), 2 (b), 3 (b)

Jemand, der viele visuelle Prädikate verwendet, wird uns vermutlich sehr gut verstehen können, wenn wir ihm Diagramme und Abbildungen vorlegen. Wir zeigen
ihm, was getan werden soll, und machen ihm so seine Aufgabe klar. Ein langer Vortrag mit vielen Einzelheiten wäre vermutlich wesentlich weniger effektiv. Der
andere wäre wohl – recht wörtlich – nicht in der Lage einzusehen, was wir ihm mitteilen wollen.

Das gleiche gilt auch für Organisationen. Vor einigen Jahren wurde einer unserer Kollegen von einem der führenden Hersteller von Luxusfahrzeugen gebeten,
die Verkaufsstrategien seiner besten Verkäufer zu untersuchen und daraus ein Programm zu entwickeln, mit dem sich diese Strategien den anderen Verkäufern vermitteln ließen. Im Erfolgsfalle sollte er das Training durchführen. Es ging also um
einen lukrativen Auftrag, und entsprechend gründlich machte er seine Hausaufga-
ben. Doch während des ersten Trainings nagte an ihm beständig das Gefühl, daß irgend etwas nicht richtig lief, und das Feedback der Teilnehmer bestätigte seine Ahnung. Dennoch erklärten alle Beteiligten, daß sein Trainingsmaterial sehr hilfreich
sei. Dementsprechend machte das Unternehmen für jeden seiner Verkäufer zur
Pflicht, während der nächsten 18 Monate an diesem Training teilzunehmen. Leider
hatte unser Kollege davon absolut gar nichts, denn sein Auftrag hatte darin bestanden, das Programm für das Unternehmen zu entwerfen. Nun war es Eigentum des
Automobilherstellers, der damit sehr zufrieden war. Weniger zufrieden war man mit

dem Präsentationsstil des Kollegen, so daß das Unternehmen nur mit eigenen Trainern arbeitete.

Als er seine Auftraggeber fragte, was genau er denn hätte anders machen sollen, um den Trainingsauftrag zu bekommen, tat man sich recht schwer mit der Antwort. Man sprach davon, der Trainingsraum habe „unaufgeräumt" ausgesehen; er habe den Overhead-Projektor zwischen dem Auflegen einzelner Folien angelassen, wodurch seine Präsentation „unordentlich" gewirkt habe; die Teilnehmer seien irritiert gewesen von seinem – wie sie es nannten – „zusammengewürfelten" Trainingshandbuch. Schließlich faßte es einer der Trainer des Unternehmens so zusammen: „Das Ganze hatte für ein Unternehmen wie das unsere einfach nicht die richtige Optik. Optik spielt bei uns eine große Rolle." Unser Kollege hatte den Fehler begangen zu glauben, der Inhalt seiner Arbeit müsse den Ausschlag geben. Mit seiner Präsentationsweise war es ihm nicht gelungen, die Kultur des Unternehmens zu pacen, das einen so großen Wert auf das äußere Erscheinungsbild legte. Was ihm wie unwichtige Nebensächlichkeiten vorgekommen war, stellten für das Unternehmen die Regeln des visuellen Erscheinungsbildes dar. Beide Seiten hatten die Welt nicht durch die gleiche Brille betrachtet.

Bringen Sie mehr Farbe in Ihre Sprache!

Je sinnesorientierter Ihre Sprache, desto stärker sprechen Sie die Sinne Ihrer Zuhörer an, und desto lebendiger wird Ihre Kommunikation. Je lebendiger, desto interessanter – und je interessanter, desto besser läßt sich das von Ihnen Gesagte erinnern. Warum wirken so viele Präsentationen dermaßen langweilig? Weil sie in nicht-sinnlicher, d.h. *digitaler* Sprache vermittelt werden. Mit einer blutleeren Sprechweise lassen sich aber keine lebendigen Erfahrungen vermitteln.

Hören Sie sich diese Passage aus den Anweisungen zu einem „Action-betonten" Outdoor-Training an: „Die Rollen werden an diesen Seilen befestigt, die ihrerseits an diesen Bäumen festgebunden werden. Sodann wird die Konstruktion der Seilbrücke unter Anleitung von Nigel und mir fertiggestellt. Die Person, die als Nummer eins aus südlicher Richtung diese Brücke überquert, wird an den zuvor genannten Rollen gesichert und dann unter Hilfestellung der Nord-Gruppe eine Traverse entlang des Führungsseils durchführen ..."

Ob Sie es glauben oder nicht, dies war die Einleitung des Trainers zu einer Gruppenübung, bei der es um die Überquerung einer Schlucht ging. Die anfängliche Begeisterung der Teilnehmer verflüchtigte sich nach der ersten Minute.

Es ist eine echte Kunst, die Aufmerksamkeit anderer an sich zu binden. Sie müssen Bilder entwerfen, in denen das Gesagte zum Leben erweckt wird. Dies ist die Kunst des Geschichtenerzählers, des After-Dinner-Speakers und des professionellen Autors. Schon im Jahre 1962 bemerkte der Nestor der öffentlichen Rede, Dale Carnegie:

> „Die erste Aufgabe des Redners ist es, die Aufmerksamkeit des Publikums zu gewinnen und festzuhalten. Hierfür gibt es eine Hilfe, eine Technik, die von höchster Bedeutung ist und die doch ständig vergessen wird. Der durchschnittliche Redner scheint von ihrer Existenz nichts zu wissen... Ich spreche davon, wie man Worte benutzt, um Bilder zu erschaffen. Demjenigen Redner hört man gerne zu, der vor Ihren Augen Bilder zum Fließen bringt. Mit schwammigen, farblosen Allgemeinplätzen wiegt man sein Publikum in den Schlaf...“[1]

Im NLP gehen wir noch einen Schritt weiter. Es kommt nicht nur auf die Bilder an, sondern auch die anderen Sinne wollen beschäftigt werden. Am besten gelingt dies mit einer Mischung von Prädikaten. Dies ist besonders wichtig, wenn man vor einer Gruppe von Zuhörern spricht. Lassen Sie die visuellen Menschen sehen, was Sie meinen; geben Sie den auditiven Teilnehmern etwas zum Hören und den kinästhetischen etwas, das sie begreifen können. Man gewinnt die Aufmerksamkeit der Menschen, indem man ihren bevorzugten Sinneskanal anspricht. Etwas in verschiedenen Formen auszudrücken mag eine Wiederholung sein, doch ist das nur vorteilhaft: Untersuchungen des Kommunikationsverhaltens haben gezeigt, daß Wiederholungen wichtig sind, wenn man möchte, daß die betreffende Botschaft im Gedächtnis bleibt. Wenn Sie die gleiche Aussage auf drei verschiedene Arten und Weisen machen, schaffen Sie extrem gute Chancen, daß das, was beim erstenmal nicht verstanden wurde, bei einem der folgenden Male beim Zuhörer ankommt. Und das gilt, egal ob Ihr Publikum nun aus einem oder aus tausend Menschen besteht.

So gestaltet man eine mitreißende Präsentation
➤ Variieren Sie den Ausdruck Ihrer Stimme.
➤ Bilden Sie aktive Sätze mit Subjekt, Verb und Objekt. Zum Beispiel: „X tat Y" und nicht: „Y wurde gemacht".
➤ Richten Sie Ihre volle Aufmerksamkeit auf das Publikum.

➤ Verwenden Sie eine sinnliche Sprache – farbig, konkret und wirkungsvoll.

➤ Sorgen Sie für genügend Unterbrechungen – mindestens eine Pause pro Stunde.

➤ Setzen Sie visuelle Hilfsmittel ein wie Folien oder Videos.

➤ Arbeiten Sie mit interaktiven Übungen, bei denen die Teilnehmer aufstehen und sich bewegen müssen.

So gestaltet man langweilige Präsentationen

➤ Variieren Sie Ihre Stimme so wenig wie möglich.

➤ Bilden Sie Passivsätze ohne konkretes Subjekt. Zum Beispiel: „Es wurde erledigt" statt: „Jemand hat das und das getan".

➤ Sehen Sie Ihr Publikum nicht an und verweigern Sie ihm Ihre Aufmerksamkeit.

➤ Lesen Sie von einem vorbereiteten Manuskript ab.

➤ Verwenden Sie viele Nominalisierungen (abstrakte Substantive).

➤ Keine Pause, bevor Sie nicht gut eine Stunde gesprochen haben!

➤ Keine Körpersprache!

➤ Keine Folien oder Videos; ein Minimum an visuellem Input. (Sie werden feststellen, daß Decke und Fußboden plötzlich für viele Zuhörer eine völlig neue Faszination gewinnen.)

➤ Veranstalten Sie keine interaktiven Übungen, bei denen sich die Leute bewegen müßten.

Weshalb sind Firmendokumente oft so langweilig?

Dokumente im digitalen Stil lassen sich nur schwer lesen. Stellen Sie sich vor, sie müßten viele Seiten dieser Art lesen: „Mit Bezug auf die Entscheidung in der letzten Arbeitssitzung hinsichtlich Option fünf sind noch nicht genügend Daten vorhanden, um festzustellen, ob eine vorteilhafte Lösung hinsichtlich unserer Außenstände konzipiert werden kann."

Es scheint unter Managern den seltsamen Glauben zu geben, daß ein Dokument um so glaubwürdiger und wichtiger erscheint, je abstrakter und unverständlicher seine Sprache ist. Objektivität und Professionalität werden irgendwie mit abstrakter Sprache in Verbindung gebracht. Natürlich kann eine abstrakte Sprachform durchaus sinnvoll sein, wenn damit etwas Substantielles zum Ausdruck gebracht wird. Aber leider hören wir auch im Unternehmensbereich allzuoft Abstraktionen ohne konkreten Inhalt. Die Sätze unseres Beispiels oben sagen eigentlich überhaupt nichts aus.

Im NLP sind sehr genaue Untersuchungen der Wirkung von Sprache durchgeführt worden. Daher können wir mit Bestimmtheit sagen, daß das obige Beispiel genau die Sprache verwendet, mit der man andere in eine hypnotische Trance versetzen kann. Wir möchten annehmen, daß dies nicht in der Absicht des Verfassers lag!

So schreibt man packende Dokumente

➤ Verwenden Sie sinnesspezifische Begriffe und Redewendungen.

➤ Schreiben Sie Aktivsätze mit Subjekt, Verb und Objekt.

➤ Machen Sie Ihre Sätze kurz.

➤ Gliedern Sie das Dokument in überschaubare Absätze, und verwenden Sie eine Schriftart, die sich leicht lesen läßt.

➤ Wählen Sie wirkungsvolle Überschriften.

➤ Verwenden Sie einfache deutsche Begriffe statt Fremdwörtern lateinischen Ursprungs.

➤ Nennen Sie konkrete Fakten zur Untermauerung Ihrer Argumente.

So schreibt man langweilige Dokumente

➤ Man verwendet viele Nominalisierungen (abstrakte Substantive) und vermeidet sinnesspezifische Begriffe und Redewendungen.

➤ Man bildet Passivsätze mit unpersönlichem Subjekt. Zum Beispiel: „Es wurde erledigt" statt: „Herr X tat Y."

➤ Man bildet recht lange Sätze mit zahlreichen Verschachtelungen, was, sofern man sich strikt an diese Methode hält, zu dem Ergebnis führt, daß eine kontinuierliche Abnahme des Interesses und der Verständlichkeit des Satzes, so wichtig dieser auch sein mag, zu verzeichnen ist sowie vollständiger Gedächtnisschwund bezüglich jedes sachlichen Inhalts, sofern ein solcher überhaupt jemals vorhanden gewesen sein sollte. (Verstehen Sie, was wir meinen?)

➤ Gestalten Sie das Dokument durchgängig ohne Absätze und mit platzsparender, schwierig zu lesender Schrift.

➤ Vermeiden Sie die Auflockerung des Textes durch hilfreiche Zwischenüberschriften.

➤ Man nimmt keinen einfachen deutschen Begriff, wo zwei oder mehr lateinische Fremdwörter zur Verfügung stehen.

➤ Und vor allem: keine konkreten Fakten!

Manche Unternehmen oder Insidergruppen entwickeln ihren eigenen Jargon. Da wimmelt es dann von Abkürzungen und Akronymen. Wir kennen ein Unternehmen, das seinen neuen Mitarbeitern ein Glossar solcher Begriffe überreicht. Hier erfahren sie dann, daß ein OAP keine Oft Angerufene Person, sondern ein „Outside Awareness Panel", gemeinhin „Fenster" genannt, ist. Solche Sprache ist ein Hindernis für klares Denken, genaue Zielvereinbarungen und entschlossenes Handeln.

Jemand, der sich häufig in dieser Weise ausdrückt, vermittelt einem den Eindruck, mit den Dingen nicht ganz in Kontakt zu stehen. Um hier Rapport aufzubauen, muß man mit Pacing beginnen. Matchen Sie den Sprachstil Ihres Gegenübers. So entsteht ein Minimum an Rapport, von dem aus man den anderen zu einer mehr sinnesorientierten Unterhaltung hinführen kann. Achten Sie auf seine Augenzugangshinweise. Was er nicht mit Worten sagt, wird er mit seinen Augen zeigen. Innerlich wird er sich durchaus auf seine Sinne beziehen. Blickt er nach oben, drücken Sie sich visuell aus: „Sie werden sehen, daß ..." Wandern seine Augen nach rechts unten, sagen Sie: „Während Sie darüber nachdenken, haben Sie vielleicht das Gefühl ..."

Verhandlung und Mediation

Ian wurde einmal vom Managing Director eines Kunststoffherstellers als Berater angeheuert. Zwei seiner leitenden Mitarbeiter waren nur noch damit beschäftigt, sich gegenseitig zu behindern, und ihr Vorgesetzter wußte nicht, wie er mit diesem Problem umgehen sollte. Beide waren Fachleute auf ihrem Gebiet und für den weiteren Erfolg des Unternehmens unentbehrlich. Doch wenn sie ihre Konfrontation fortsetzten, wäre dies ebenfalls fatal für die Firma gewesen.

Der einzige Termin, der sich für ein Treffen der beiden Herren mit Ian finden ließ, war eine halbe Stunde in der Abflughalle des Flughafens Heathrow, bevor die beiden abreisten, um das Unternehmen auf einer wichtigen Messe zu vertreten. Ian fand schnell heraus, daß Jeff von Bill dachte, dieser hätte „die Bodenhaftung verloren". Bill hingegen hielt Jeff für „kurzsichtig". Aus diesen einfachen Äußerungen ergab sich klar, daß keiner von beiden verstand, worum es dem anderen ging. Ians Job war sehr einfach: Er mußte einfach nur übersetzen.

Jeffs Aussage, er hätte bei Bills Plänen zur Unternehmensexpansion kein gutes Gefühl, übersetzte Ian für Bill so, als ob Jeff von sehr dunklen und verschwommenen Bildern gesprochen hätte. Bill reagierte überrascht. Wenn dies Jeffs Vorstellungen waren, dann verstand er sofort, weshalb er seine Pläne nicht unterstützte. Bill war deshalb von seiner Vision nicht weniger überzeugt, doch er erkannte, daß er sie Schritt für Schritt und in größerem Detail erklären mußte. Diese Verlangsamung trug entscheidend zur Etablierung eines neuen Rapports mit Jeff bei, der viel stärker kinästhetisch orientiert war. Als ihr Flug endlich aufgerufen wurde, verstanden beide wesentlich besser, was zwischen ihnen abgelaufen war, und sie konnten für die bevorstehende Geschäftsreise eine pragmatisches Abkommen treffen. Jeff sollte sich um die öffentliche Präsentation des Unternehmens kümmern, während sich Bill um den Aufbau neuer Kundenbeziehungen im persönlichen Gespräch bemühen wollte.

Diese Strategie stellte sich als sehr erfolgreich heraus. Es gelang den beiden, sehr viele neue Aufträge zu gewinnen, und sie waren mit sich und ihrer Reise ausgesprochen zufrieden. Besonders auffällig war, daß sie sich gegenseitig nicht hoch genug loben konnten. Der Managing Director war darüber zugleich erfreut und verwirrt. Seine beiden leitenden Mitarbeiter hatten die Erfahrung gemacht, wie effektiv sie sein konnten, wenn sie als Team arbeiteten.

Zu einem effektiven Management gehört es oft, Meinungsunterschiede aufzuklären, um voranzukommen. Wenn man verschiedene Sprachstile beherrscht, kann man Arbeitsbeziehungen schon dadurch transformieren, daß man einem Mitarbeiter die Verhaltensweisen eines anderen Mitarbeiters übersetzt und verständlich macht, der die Dinge eben auf ganz andere Weise behandelt. Unterschiede im Sprachstil verweisen auf Unterschiede im Denken und damit auf eine unterschiedliche Ausprägung der jeweiligen Stärken und Schwächen. Ein Beispiel: Wer häufig eine visuelle Sprache spricht und dazu auch eine visuelle Physiologie einnimmt, hat sicherlich eine große Begabung dafür, Dinge vorauszusehen und mit Charts, Diagrammen und Plänen umzugehen. Wer sich häufig in auditiven Begriffen ausdrückt und dazu die entsprechende auditive Physiologie einnimmt, mag sehr gut darin sein, Dinge zu diskutieren, die Vor- und Nachteile anzuhören oder sich darüber am Telefon zu unterhalten. Menschen mit kinästhetischer Sprache und Physiologie schließlich haben die Tendenz, zwischenmenschliche Beziehungen in ihrem Arbeitsumfeld zu fördern, weil sie positive Gefühlsbeziehungen zwischen sich und ihren Kollegen wünschen. Es lohnt sich, wenn Sie künftig bei der Zusammenstellung von Teams auf diese Punkte achten. Eine Organisation braucht alle drei Stile.

Jede extreme Ausformung eines dieser Stile wird jedoch unausgewogen aussehen bzw. sich merkwürdig anhören oder anfühlen. Ian hatte einmal mit einem Einrichtungsunternehmen zu tun, das extremen Wert auf die Gestaltung seiner Präsentationsräume legte. Die Firma verkaufte sehr teures Mobiliar, und es mußte einfach toll aussehen. Entsprechend makellos waren die Ausstellungsräume. Doch bei der Besichtigung fühlte sich Ian ausgesprochen unwohl, und anderen Besuchern ging es genauso. Es wirkte alles ausgesprochen unpersönlich. Bei einer Kundenbefragung stellte sich heraus, daß die Räume als klinisch empfunden wurden. Man hatte wenig Lust, sich darin einfach einmal unverbindlich umzusehen. Die Kunden fühlten sich eingeschüchtert. Man hatte das Gefühl, in ein makellos sauberes Haus zu kommen, wo man Angst hat, die teuren neuen Teppiche mit seinen schmutzigen Schuhen zu betreten und die Gastgeberin zu verärgern. Es verlangte einiges an Diplomatie, dem Unternehmen diese Erkenntnis nahezubringen. Schließlich waren dessen visuelle Ambitionen praktisch zu einem Teil seiner Identität geworden.

Die Präferenzen visueller, auditiver oder kinästhetischer Art bilden nur einen Aspekt unserer unterschiedlichen Denk- und Arbeitsstile. Im nächsten Kapitel werden wir einige weitere Stile kennenlernen, die ebensoviel Einfluß haben.

Die Entwicklung Ihrer Fähigkeiten

Führen Sie diese Übungen zunächst in Situationen mit geringem Risiko durch, also beispielsweise im Familienkreis oder mit Ihren Freunden. Sobald Ihr Selbstvertrauen es zuläßt, können Sie sie dann auch bei der Arbeit ausprobieren.

1. Entwickeln Sie Ihre Wahrnehmung von Körpersprache. Unterstützt sie das Gesagte, oder scheint sie eine andere Botschaft auszusenden? Studieren Sie Moderatoren und Schauspieler im Fernsehen.

2. Achten Sie, zunächst in Situationen mit geringem Risiko, auf die sinnesspezifischen Ausdrücke, die andere verwenden. Können Sie Präferenzen für eine bestimmte Ausdrucksweise entdecken? Auch hier können Sie wieder mit Personen aus dem Fernsehen oder Radio beginnen. Je abstrakter das behandelte Thema, desto abstrakter wird vermutlich auch die Sprache sein.

3. Finden Sie heraus, bei welchem Repräsentationssystem Ihre eigenen Präferenzen liegen. Schreiben Sie oder diktieren Sie auf Band eine kurze Beschreibung Ihres Tagesablaufs im Büro. Überlegen Sie nicht lange, sondern bleiben Sie bei den ersten Formulierungen, die Ihnen einfallen. Gehen Sie Ihre Aufzeichnung anschließend durch und zählen Sie die Prädikate aus jedem der Repräsentationssysteme. Dasjenige mit den meisten Treffern ist vermutlich

das von Ihnen bevorzugte. Wiederholen Sie diese Übung bei drei verschiedenen Gelegenheiten.

4. Um den persönlichen Stil Ihrer Kollegen und Kunden matchen zu können, müssen Sie alle drei Systeme (das visuelle, das auditive und das kinästhetische) fließend beherrschen. Üben Sie, indem Sie Ihre Memos in jedem der drei Stile verfassen. Übersetzen Sie ein Memo auch einmal in eine Mischung aus diesen Stilen. Betreiben Sie dies zunächst nur zu Übungszwecken, bis Sie sich sicher fühlen.

Wenn Sie diese Übungen einigermaßen ernsthaft betreiben, werden Sie feststellen, wie schnell sich Ihre Aufmerksamkeit für die Prädikate anderer entwickelt. Wenn Sie nun dazu übergehen, Ihre neuen Fähigkeiten bei der Arbeit anzuwenden, wird Ihnen dies vermutlich leichter fallen, als Sie zunächst glauben. Viele Manager haben uns berichtet, daß sie sich auf den Sprachstil ihrer Gesprächspartner keineswegs besonders zu konzentrieren brauchten, sondern daß sich dieser nach einer Weile geradezu wie von selbst offenbarte.

Weiterführende Lektüre

O'Connor, Joseph & McDermott, Ian: *NLP. Was Sie wirklich darüber wissen müssen*, München: Goldmann 1997

O'Connor, Joseph & Seymour, John: *Weiterbildung auf neuem Kurs*, Freiburg: VAK 1996

Anmerkungen

1. Carnegie, Dale: *Effective Speaking*, Association Press 1962

10. Arbeitsstile

Den Elementen unserer Umgebung widmen wir unsere Aufmerksamkeit mit unterschiedlicher Intensität. Wir filtern alles, was wir sehen, hören und fühlen, durch das Sieb unserer Interessen, Überzeugungen und Stimmungen. Unsere Fähigkeit, selektiv ignorieren und vergessen zu können, ist genauso wichtig wie unser Vermögen der Wahrnehmung und Erinnerung. Andernfalls würden wir in einer Flut von Informationen ertrinken. Das Wahrnehmen mancher und das Herausfiltern anderer Ereignisse geschieht nach bestimmten Gewohnheiten und führt zu konsistenten Mustern in der Art und Weise unseres Denkens und Arbeitens. In diesem Kapitel geht es darum, einige dieser einflußreichen Muster – im NLP spricht man von Metaprogrammen – kennenzulernen und die daraus resultierenden Stärken und Schwächen unserer Arbeitsstile zu verstehen. Metaprogramme – ein weites Feld. Wir werden einige der wichtigsten kurz darstellen und ihre Anwendungsmöglichkeiten und Implikationen für das Thema Management aufzeigen. Manche dieser Metaprogramme mögen Ihnen bekannt vorkommen. Andere mögen Ihnen bizarr erscheinen. Wieder andere werden Ihnen sympathisch sein – dies sind vermutlich Ihre eigenen.

Die Initiative übernehmen

In der Harvard Business Review wurde eine interessante Untersuchung veröffentlicht, die man in den Bell Laboratories durchgeführt hatte. Man hatte nach den Unterschieden zwischen durchschnittlichen und Top-Performern geforscht – im wesentlichen ein dem Modellieren im NLP ähnliches Projekt, jedoch ohne dessen begriffliche Unterscheidungen. Vertreter beider Gruppen gaben an, regelmäßig „die Initiative zu übernehmen". Interessant war, wie unterschiedlich die beiden Gruppen dieses „Initiative übernehmen" jeweils verstanden. Die Mitarbeiter mit durchschnittlicher Leistung gaben an, dies haben etwas mit dem Umgang mit Informationen zu tun und erfordere beispielsweise das Abfassen einer Notiz an den Vorgesetzten über einen entdeckten Softwarefehler. Die wirklichen Leistungsträger hingegen erklärten, die Initiative zu übernehmen hieße, sich selbst um die Behebung des Fehlers zu kümmern. Das Wort *Initiative* hatte also zwei verschiedene Interpretationen, eine reaktive und eine aktive.

Die Initiative im Sinne der Top-Performer zu übernehmen, also etwas direkt zu tun, wird im NLP als *proaktives* Verhalten bezeichnet. Sein Gegenstück, das *reaktive* Verhalten, beschreibt die Tendenz, abzuwarten und sich darauf zu verlassen, daß sich andere um ein Problem kümmern. Proaktive Menschen agieren, reaktive reagieren. Die meisten von uns zeigen eine Mischung beider Verhaltensweisen. Im allgemeinen wird proaktives Verhalten ermutigt, zum Beispiel dadurch, daß man Mitarbeitern größere Verantwortung überträgt. Doch jemand kann nur so proaktiv sein, wie es ihm die Struktur des Unternehmens erlaubt. Es ist nicht sinnvoll, in einem Unternehmen mit reaktiver Unternehmenskultur proaktive Mitarbeiter einzustellen. Wenn ein Unternehmen sich von Krise zu Krise schleppt und seine Mitarbeiter zwingt, ständig auf dringende Notsituationen zu reagieren, haben proaktive Menschen keine Chance.

Warnung 1

Wir enthalten uns jedes Werturteils über die beschriebenen Verhaltensmuster. Sie sind gleichwertig und ergänzen einander. Oberflächlich betrachtet mag es scheinen, als wäre Proaktivität grundsätzlich gut und Reaktivität grundsätzlich schlecht, doch das ist nicht der Fall. Es hängt davon ab, welche Art von Aufgaben zu erledigen sind.

Warnung 2

Diese Muster definieren keine säuberlich trennbaren Persönlichkeitstypen. Sie beschreiben Verhaltensweisen, nicht Menschen. Außerdem verweisen sie auf Tendenzen und nicht auf absolute Werte. Niemand verhält sich ausschließlich proaktiv oder reaktiv.

Warnung 3

Ebenso wie Werte hängen Metaprogramme vom Kontext ab. Jemand kann bei der Arbeit proaktiv und zu Hause reaktiv sein.

Warnung 4

Einige Menschen mögen eines dieser Muster in extremer Form vertreten, die meisten jedoch weisen eine Mischung der beiden auf.

Proaktiv/Reaktiv

Proaktive Menschen leiten Aktionen selbständig ein. Sie sind „Selbststarter" und zeigen gute Leistungen bei Projekten, die sie selbst begonnen haben. Sie neigen zu Fehlern, die dadurch entstehen, daß sie bestimmte Sachverhalte zu schnell beurteilen, ohne vorher genügend Informationen gesammelt zu haben.

Reaktive Menschen warten auf andere. Sie möchten eine Situation verstehen, bevor sie handeln. Ihre Stärke liegt darin, Aufgaben zu analysieren und vor dem Handeln Informationen zu sammeln. Sie reagieren auf andere. Sie neigen dazu, die Arbeit aufzuhalten, weil sie anfänglich zuviel analysieren. Ebenso neigen sie dazu, ihre Handlungsalternativen als von den Umständen diktiert anzusehen.

Zuckerbrot und Peitsche, Teil 2

Wie schaffen Sie es, sich auf Ihre Arbeit zu konzentrieren? Manche Menschen denken an ihre Ziele. Sie bewegen sich *auf das hin*, was sie sich wünschen. Andere möchten Probleme vermeiden. Sie erwarten Schwierigkeiten und möchten sie im voraus lösen. Dies ist eine Bewegung *weg von* etwas. Bei seinen Mitarbeitern wünscht man sich normalerweise ein Hin-zu-Muster, vor allem bei der Zielvereinbarung. Hin-zu-Menschen glauben an Motivation durch Anreiz und Belohnung, Weg-von-Menschen glauben an den Stock, and Motivation durch Vermeidung von Problemen.

Hin-zu-Menschen fühlen sich oft zum Verkauf hingezogen mit seinen bekannten Systemen von monatlichen Verkaufstabellen, Bonuszahlungen und Incentives. Als Verantwortlicher für den Verkauf sollten Sie Hin-zu-Menschen als Verkäufer einstellen. Pacen und respektieren Sie aber auch Ihre Mitarbeiter mit einer Weg-von-Tendenz. Deren Stärke liegt darin, drohende Gefahren und Probleme vorherzusehen. Weg-von-Menschen kann man motivieren, indem man ihnen die Gefahren vor Augen führt, die drohen, wenn man *nicht* zur Tat schreitet; die Gefahren, die drohen, wenn man zur Tat schreitet, werden sie sich schon selbst ausgemalt haben.

Finanzdienstleister und Versicherungsunternehmen beschäftigen mit Vorliebe Weg-von-Menschen mit ihrer ausgezeichneten Gabe, Risiken aufzudecken. Kennen Sie Kollegen, die ständig hart am Rande ihrer Deadlines arbeiten? Die das drohende Aus brauchen, um eine Aufgabe anzugehen? Sie haben vermutlich eine Weg-von-Orientierung. Die unangenehmen Konsequenzen der Nichtbeendigung treiben sie an, ihre Aufgaben (meistens) zu erledigen. Ohne Deadlines fehlt ihnen einfach der Anreiz.

> **HIn-zu/Weg-von**
>
> Ein *Hin-zu*-Mensch bewegt sich auf ein Ziel hin. Er möchte etwas erreichen und konzentriert sich darauf. Als Manager versorgt man ihn am besten mit Aufgaben, die sehr zielorientiert sind. Er mag weniger begabt dafür sein, Probleme vorherzusehen oder Fehler zu finden.
>
> Ein *Weg-von*-Mensch erkennt Probleme und Schwierigkeiten, denen man besser aus dem Weg geht. Oft braucht er den Druck eines Termins als Ansporn, um seine Arbeit zu beenden. Er ist besonders geeignet für Aufgaben, bei denen es um das Aufdecken von Fehlern geht – Controlling, Qualitätskontrolle oder das „Debugging" von Softwarefehlern.

Was machen wir Montag früh?

Eine Direktmarketing-Agentur stand einmal im Wettbewerb um einen bedeutenden Neuauftrag. Obgleich sie ihre Präsentation mit äußerster Sorgfalt konzipiert hatte, scheiterte sie. Alle waren sehr enttäuscht. Man bekam jedoch die Chance, sich anschließend noch einmal mit dem Kunden zu unterhalten. Die Agenturleute fragten, was sie falsch gemacht hatten. Der Kunde bestätigte, daß die Konzeption im Grunde richtig und vernünftig gewesen sei. Doch dann meinte er: „Aber wir konnten nicht erkennen, was wir Montag früh machen sollten." Einem Beobachter mit Kenntnis der Metaprogramme wäre sofort klar gewesen: „Aha, die Konzeption war zu allgemein gehalten."

Menschen, die gerne im globalen Rahmen arbeiten, die gerne den Überblick haben, besitzen das, was wir im NLP als allgemeines Metaprogramm bezeichnen. Sie mögen große Chunks und konzentrieren sich lieber auf das Ergebnis als darauf, wie und in welcher Reihenfolge der Schritte es zu erreichen ist. Sie leisten Hervorragendes bei der strategischen Planung, der Richtungsvorgabe sowie der Formulierung von Mission und Vision eines Unternehmens.

Nicht weniger wichtig, wenn auch in anderer Weise, sind Mitarbeiter, die sich gerne um *spezifische* Details kümmern. Der große Plan wird von ihnen heruntergechunkt in eine Folge kleiner, praktischer Schritte. Sie setzen das große Bild aus einem Puzzle kleiner Stücke zusammen. Spezifische Menschen können gut herunterchunken und einem genau sagen, was man am Montagmorgen zu tun hat. Die Direktmarketing-Agentur hätte einen Detail-Spezialisten im Team gebraucht, um die Konzeption ausgewogen zu gestalten.

Allgemein/Spezifisch

Allgemeine Menschen können gut mit großen Chunks von Informationen umgehen. Sie erkennen die zentralen Strukturen einer Aufgabe und haben Talent für die strategische Planung. Sie neigen dazu, sich eher allgemein auszudrücken, und zeigen mehr Interesse an umfassenden Konzeptionen als an Reihenfolgen, Schritten und Zwischenstufen.

Spezifische Menschen haben am liebsten mit kleinen Informations-Chunks zu tun. Sie beschäftigen sich gerne mit Details und Sequenzen von Handlungen. Beim Sprechen und Schreiben verwenden sie zahlreiche modifizierende Einschränkungen, weil sie ihre Aussagen so präzise wie möglich formulieren wollen.

Es lebe der Unterschied!

Eine unserer Kolleginnen arbeitete einmal als Beraterin für eine schnell wachsende Werbeagentur. Werbeagenturen stehen im allgemeinen in dem Ruf, als Pioniere auf neuen Feldern tätig zu werden und Arbeiten abzuliefern, die innovativ sind und sich von früheren Kampagnen unterscheiden. Anna berichtete uns von ihren spannenden Erkenntnissen, wie das abläuft. Sie nahm an einem Briefing teil, das der Kreativdirektor nach dem erfolgreichen Gewinn eines Kunden mit seinem Team durchführte. Hierin stellte er drei Fragen:

„Wie sieht das wirtschaftliche Umfeld unseres Kunden derzeit aus?"

211

„Welche Regeln gelten zur Zeit für die Werbung in dieser Branche/für dieses Produkt?"

„Wie können wir sämtliche dieser Regeln brechen?"

Hier haben wir einen Mann, der davon getrieben wird, herauszufinden, was anders ist. Er möchte die Regeln herausfinden, damit er sie brechen kann. Im NLP wird dieses Metaprogramm als *Mismatching* bezeichnet, das Sortieren nach Unterschieden. Wir stellen ständige Vergleiche an. Dabei konzentrieren sich manche, wie der genannte Kreativdirektor, auf das Feststellen von Unterschieden. Sie überlegen, wo sie eine Regel übertreten können. Hüten Sie sich davor, solchen Leuten Routineaufgaben zu geben; sie werden nach Möglichkeiten suchen, sie zu verändern. Sie lieben Arbeiten, die ständig Neues bieten. Falls sie das nicht bekommen, wechseln sie vielleicht sogar den Job. Sie interessieren sich auch für die Ausnahmen, die jede Regel hat. Jedes Team braucht zumindest einen Mismatcher. Er kann neue Richtungen aufzeigen.

Mismatching ist nicht ganz dasselbe wie das Finden von Gegenbeispielen. Manche Menschen können ganz besonders gut herausfinden, welche Kehrseite ein Plan hat und wo er nicht funktioniert. Sowohl Mismatching wie das Finden von Gegenbeispielen streben nach Ausgleich und unterscheiden sich insofern von der Polaritäts-Reaktion. Der Polaritäts-Reagierer wird davon getrieben, anderen zu widersprechen. Oft findet er darin eine Bestätigung seiner Identität. Seine Lieblingsredewendung lautet „ja, aber ...", was anderen ziemlich auf die Nerven gehen kann. Das Pacing eines Polaritäts-Reagierers beginnt man damit, daß man ihn wissen läßt, wie sehr man seine Fähigkeit schätzt, Ausnahmen zu entdecken; machen Sie von diesen Fähigkeiten Gebrauch, wenn es angezeigt ist. Möchte man den Streit mit solchen Leuten vermeiden, formuliert man seine Aussagen am besten in negativer Form. Statt zu sagen: „Dies und das werden wir unternehmen", verwendet man Formulierungen wie: „Ich bin nicht sicher, ob wir dieses oder jenes unternehmen sollten." Als konsistenter Mensch wird sich der Mismatcher nun auf Ihre Ungewißheit und negative Formulierung stürzen und für die angestrebte Handlungsweise argumentieren. Für die Polaritäts-Reagierer unter unseren Lesern möchten wir feststellen: Dieses Kapitel enthält möglicherweise nicht die Erkenntnisse, die Sie sich erhofft hatten ...

Mismatching hilft beim Entwickeln innovativer Geschäftsideen. Anita Roddick, die Gründerin des Body Shop, beschreibt ihre Unternehmensphilosophie so: „Erstens sollte man Spaß dabei haben. Zweitens muß man seine Arbeit mit Liebe tun. Drittens muß man in die entgegengesetzte Richtung gehen wie alle anderen."[1]

Masura Ibuka, der Mitbegründer von Sony, sagt folgendes: „Der Schlüssel zum Erfolg für Sony, aber auch zum Erfolg für jedes andere Unternehmen, jeder Wissenschaft oder Technologie ... besteht darin, niemals den anderen zu folgen."[2]

Das komplementäre Muster zu alldem ist das Matching, das Sortieren nach Ähnlichkeiten. Matcher erkennen, welche Übereinstimmungen es bei Menschen oder Situationen gibt. Sie sind damit zufrieden, immer die gleichen Aufgaben zu erledigen, und wechseln ihren Job nur selten. Manche Menschen nehmen zuerst Ähnlichkeiten wahr und dann die Abweichungen; sie mögen es, wenn sich Veränderungen allmählich ergeben und sich ihre Arbeit im Laufe der Zeit entwickeln kann. Wieder anderen Menschen fallen zuerst die Unterschiede auf und danach dann die Gemeinsamkeiten.

Stellen Sie sich eine Unterhaltung zwischen einem allgemeinen, proaktiven Matcher und einem spezifischen, reaktiven Mismatcher vor – ein Stück aus dem Tollhaus. Der proaktive Matcher möchte vorankommen, um sein Ziel zu erreichen, und mit seinem allgemeinen Metaprogramm wird er einen sehr generellen Plan konzipieren. Der reaktive Mismatcher erkennt sämtliche Gefahren und Sackgassen und wird, was noch schlimmer ist, sich vor allem mit Einzelheiten aufhalten. Beide können sich gegenseitig in den Wahnsinn treiben. Falls Sie in der beneidenswerten Lage sind, solche Mitarbeiter in ihrem Team zu haben, müssen Sie sie pacen und leaden. Anerkennen Sie den Standpunkt jedes der beiden; sie sind einander komplementär. Zu guter Letzt bekommen Sie so einen detaillierten Plan mit minimalen Risiko, der auf ein spezifisches Ziel hinführt und auf einem gut durchdachten, weitblickenden Konzept beruht.

Matchen/Mismatchen

Menschen, die matchen, achten auf Ähnlichkeiten. Sie suchen nach Punkten der Übereinstimmung mit anderen und besitzen die Fähigkeit, aus wenigen Beispielen Verallgemeinerungen zu bilden. Eine weitere Stärke liegt in der Mediation. Solche Mitarbeiter sind eine Zeitlang mit einer Aufgabe zufrieden, wollen sich dann aber etwas Neuem zuwenden.

Mismatcher suchen Unterschiede. Sie brechen die Regeln, sind oft innovativ, aber verwerfen ein Standardverfahren oft aus keinem anderen Grund, als weil es der Standard ist. Ihre Stärke entfalten sie bei Tätigkeiten, die sich rasch entwickeln und verändern, oder als Mitglied eines Teams mit ständig wechselnden Aufgaben.

Wie leicht sind Sie zu überzeugen?

Angenommen, Sie bekommen einen neuen Mitarbeiter und weisen diesem eine bestimmte Aufgabe zu. Was kann Sie davon überzeugen, daß er die nötige Kompetenz dafür besitzt?

➤ Müßte er die Aufgabe mehrmals erledigen, bis Sie überzeugt sind? Wenn ja, wie oft?

➤ Würden Sie ihm zunächst einmal vertrauen und seine Kompetenz voraussetzen?

➤ Würden Sie ihn, um sich zu überzeugen, eine Zeitlang bei der Arbeit beobachten? Wenn ja, wie lange?

➤ Können Sie jemals völlig überzeugt sein? Müssen Ihre Mitarbeiter Ihnen ständig ihre Kompetenz beweisen? Könnte das, was heute wahr ist, morgen anders sein?

Je nach Komplexität der Aufgabe sind die meisten Manager entweder durch eine gewisse Anzahl von Wiederholungen oder durch den Erfolg über eine bestimmte Zeitspanne hinweg zu überzeugen. Einige wenige geben einen Vertrauensvorschuß und registrieren danach etwaige Anzeichen von Inkompetenz (Sortieren nach Abweichungen). Am schwierigsten sind Vorgesetzte, die permanent überzeugt werden müssen. Dieses Muster hat übrigens auch einen Einfluß darauf, wie wir unsere eigene Kompetenz einschätzen. Manche Menschen brauchen eine bestimmte Anzahl von Wiederholungen, andere eine bestimmte Zeitspanne, wieder andere sind von vornherein von ihren Fähigkeiten überzeugt, und dann gibt es noch die, für die jedesmal das erste Mal ist.

Welche Art von Beweis brauchen Sie selbst? Manche Menschen müssen etwas sehen; sie möchten den Mitarbeiter arbeiten sehen oder die Ergebnisse seine Arbeit begutachten. Andere müssen zum Beweis etwas hören. Sie fragen zum Beispiel die Kollegen. Wieder andere möchten Berichte und Referenzen lesen. Zuletzt (und dies kommt bei Managern sehr selten vor) gibt es Vorgesetzte, die Hand in Hand mit ihrem Mitarbeiter arbeiten müssen, bevor sie von seiner Kompetenz oder Inkompetenz überzeugt sind.

Überzeugt werden

Es gibt vier Möglichkeiten, sich von der eigenen oder der Kompetenz anderer überzeugen zu lassen:

➤ Man braucht eine bestimmte Anzahl von Beispielen.

➤ Man braucht einen Beweis über eine bestimmte Zeitspanne hinweg.

➤ Man muß nicht überzeugt werden, sondern gibt einen Vertrauensvorschuß.

➤ Man ist niemals wirklich überzeugt – jeder Fall zählt für sich.

Vielleicht muß die Überzeugung über einen bestimmten Sinneskanal geschehen:

➤ Manche Menschen wollen Beweise sehen.

➤ Manche Menschen wollen etwas darüber lesen.

➤ Manche Menschen wollen mit anderen darüber sprechen.

➤ Manche Menschen müssen es tun.

Verfahren und Optionen

Dieses Muster spielt im Management eine wichtige Rolle. Manche Menschen können gut bestehende *Verfahren* befolgen. Sie arbeiten eine vorgegebene Sequenz ab. Es macht ihnen Freude, etwas auf „richtige" Art und Weise zu tun, und sie geraten aus dem Tritt, sobald etwas Unvorhergesehenes passiert. Andere Menschen möchten *Optionen* haben. Sie möchten wählen können und entwickeln Alternativen. Ungern folgen Sie den ausgetretenen Pfaden, obwohl sie recht gut darin sind, neue Wege zu entdecken. Sogar an Verfahren, die sie selbst entwickelt haben, halten sie sich nur ungern. Ein Options-Mensch als Verkäufer wird kaum einem vorgegebenen Skript folgen. Wenn Sie Alternativen zu bestehenden Arbeitsverfahren suchen, ist er der Richtige, um sie zu entwickeln.

Beide Verhaltensmuster haben ihre Bedeutung. In bestimmten Phasen einer Unternehmung wird es angezeigt sein, Verfahren zu entwickeln. Verfahren vereinfachen und automatisieren komplexe Aufgaben und erleichtern das Lernen. Buchhalter und Archivare müssen verfahrensorientiert sein. In vielen Aufgabenbereichen kommt es auf präzise Befolgung der Regeln an, und Kreativität wäre hier fehl am Platz. Stellen Sie keine Options-Menschen ein, um ihnen dann stark verfahrensorientierte Aufgaben zu übertragen.

Verfahren/Optionen

Verfahrens-Menschen folgen am liebsten festgelegten Prozeduren, die eine Aufgabe in eine bestimmte Sequenz von Schritten zerlegt.

Innere und äußere Bestätigung

Woher wissen Sie, wenn Sie eine Arbeit gut gemacht haben? Es gibt zwei Arten von Antworten. Die erste lautet etwa: „Ich weiß es eben." Wer so antwortet, besitzt eine ausgeprägte *Innenreferenz*. Er hat seine eigenen Standards, nach denen er entscheidet, was zu tun ist, und nach denen er seinen Erfolg beurteilt. Stark innenorientierte Personen bestehen darauf, ihre Entscheidungen selbst zu treffen, und widersetzen sich den Versuchen anderer, etwas für sie zu entscheiden. Als Vorgesetzter sollte man derartige Mitarbeiter nicht zu eng führen. Sie werden oft als „stur" bezeichnet, brauchen dafür aber nur wenig Kontrolle.

Die zweite Art von Antworten geht in die Richtung: „Wenn andere dieser Ansicht sind." Hier sprechen wir von einer *Außenreferenz*. Außenorientierte Menschen erwarten, daß andere die Maßstäbe setzen. Arbeiten Sie hier mit einem Managementstil mit reichlich Lob und Anleitung. Derartige Mitarbeiter brauchen ständiges Feedback, oder sie werden unsicher. Eine Vorgesetzte mit Innenreferenz kann den Rapport zu einem extern orientierten Mitarbeiter verlieren, wenn sie unterstellt, er lege auf Lob und Anerkennung genausowenig Wert wie sie selbst, und entsprechend sparsam damit umgeht. Intern orientierte Manager neigen zu einer Art von Vater- oder Mutterrolle und üben einen eher direkten Führungsstil aus. Extern orientierte Manager sorgen sich mehr um Harmonie und Konsens. Die meisten Menschen verhalten sich in einer Mischform: Sie besitzen innere Maßstäbe und suchen auch das Feedback von außen.

Innenreferenz/Außenreferenz

Ein Mensch mit *Innenorientierung* möchte selbst entscheiden. Er besitzt seine eigenen Maßstäbe. Es kann ihm schwerfallen, Lob zu akzeptieren. Er arbeitet am besten mit möglichst wenig oder gar keiner Überwachung.

Ein Mensch mit *Außenorientierung* erwartet, daß andere die Maßstäbe setzen. Er muß deutlicher geführt werden und erwartet Feedback über seine Leistung. Beziehen Sie das Feedback vor allem auf seine positiven Ergebnisse.

Die praktische Anwendung der Metaprogramme

Wir haben hier nur eine kurze Zusammenfassung der hauptsächlichen Muster von Metaprogrammen geliefert, wobei wir uns auf diejenigen konzentriert haben, die für den Managementalltag die größte Bedeutung haben. Wir haben keine tiefergehende Erklärung dieser Muster versucht, sondern sie nur so beschrieben, wie Sie selbst sie möglicherweise schon einmal wahrgenommen haben. Bei jedem der genannten Muster neigen wir meistens zu einem der beiden Pole. Was folgt daraus nun für unsere Praxis?

Erkennen Sie Ihre eigenen Muster

Es besteht ständig die Gefahr, daß wir andere in der Weise führen, wie wir selbst gerne geführt würden. Sie sollten Ihre eigenen Muster aufdecken, damit Sie andere so führen können, wie es für sie am besten ist. Sie müssen die Realität der anderen pacen. Diese werden darauf mit besserer Arbeitsleistung reagieren. Außerdem können Sie dadurch Ihre eigenen Aufgaben entsprechend Ihren natürlichen Stärken besser organisieren.

Berücksichtigen Sie die Metaprogramme der anderen

Zunächst müssen Sie die Metaprogramme Ihrer Mitarbeiter erkennen, um herauszufinden, unter welchen Umständen sie besonders leistungsfähig sind und wie Sie sie in dieser Richtung beeinflussen können. So können Sie ihnen Aufgaben und Herausforderungen entsprechend ihren natürlichen Stärken zuweisen. Speziell im zweiten Fall müssen Sie den betreffenden Mitarbeiter pacen, indem Sie ihm erklären, daß eine anstehende Aufgabe zugleich als Herausforderung für ihn gedacht ist. Auch das Delegieren wird leichter, wenn man die Metaprogramme kennt.

Sie werden bemerken, wie Sie plötzlich hinter die Oberfläche von Meinungsunterschieden zwischen Ihren Teammitgliedern blicken können. Alle Metaprogramme haben ihren Nutzen und balancieren sich gegenseitig aus. Viele Streitigkeiten sind überflüssig. Ist ein Glas Wasser halbvoll oder halbleer? Wer hat recht? Beide. Ein Matcher wird es für halbvoll, ein Mismatcher für halbleer halten. (Ein Polaritäts-Reagierer wird versuchen zu beweisen, daß sich beide irren.) Versuchen Sie vor allem, die Metaprogramme Ihres unmittelbaren Vorgesetzten zu verstehen. So können Sie ihm oder ihr Ihre Ideen auf bestmögliche Weise präsentieren. Erkennen Sie die Präferenzen und Prioritäten Ihres Chefs.

Die Metaprogramme sind ein wirkungsvolles Instrument, um Verhalten verstehen und Differenzen klären zu können. Was oberflächlich wie ein Streit über Unternehmenspolitik aussieht, kann sich als persönlicher Konflikt zwischen zwei Managern entpuppen. Ian hatte einmal ein Unternehmen zu beraten, dessen Direktoren in ständigem Meinungsstreit lagen. Es gab zwei, die kaum miteinander sprachen. Der Zustand des Unternehmens reflektierte diesen Konflikt. Es gab jede Menge politischer Spiele, verborgener Themen und persönlicher Konflikte. Ein Teil von Ians Aufgabe bestand darin, mit jedem der Direktoren ein Interview zu führen, um ihre Metaprogramme herauszufinden. Es stellte sich heraus, daß der Senior Director sehr hin-zu, allgemein und Optionen-orientiert war; er haßte es, sich an Verfahren zu halten. Er war innenorientiert und mismatchte den Rest seines Leitungsteams. Drei andere leitende Mitarbeiter, darunter der Direktor für Verwaltung und Finanzen, waren sehr stark an Verfahren und Details orientiert. Flexiblere Manager, die zwischen den beiden Parteien hätten vermitteln können, waren zu jung, um einen entscheidenden Einfluß auszuüben. Doch waren alle Beteiligten leidenschaftlich daran interessiert, den Konflikt zu lösen.

Achten Sie bei der Verteilung von Aufgaben auf die Metaprogramme Ihrer Mitarbeiter

Proaktive Menschen initiieren Aktionen. Mit einer gewissen Wahrscheinlichkeit liegen ihre Stärken im Außenverkauf, im Management neuer Projekte und im aktiven Networking. Ein reaktiver Mitarbeiter kommt besser zurecht mit Aufgaben, die einen Input verlangen, z.B. als Innenverkäufer oder Bankkassierer. Außenorientierte Mitarbeiter können sich z.B. gut auf die Bedürfnisse von Kunden einstellen. Korrekturlesen als die Suche nach kleinen Fehlern ist eine ideale Aufgabe für einen Mismatcher mit Detailorientierung.

Bilden Sie Teams aus einer Mischung von Metaprogrammen

Jedes Teammitglied leistet mit seiner Art von Input etwas Wertvolles. Eine Mannschaft aus allgemein orientierten, proaktiven Matchern mit interner Referenz wird hervorragend zusammenarbeiten, aber möglicherweise nichts irgendwie Brauchbares zustande bringen. (Mit Ausnahme einiger toller Ideen!)

Achten Sie auf die Metaprogramme Ihrer Organisation

Interessant ist die Frage nach den Metaprogrammen von Organisationen und Unternehmen. Welche Muster werden in Ihrer Firma unterstützt? Welche Patterns werden durch die Struktur des Unternehmens bestärkt und welche behindert? Jeder Managementansatz impliziert bestimmte Metaprogramme. Viele Firmen gewährleisten beispielsweise Qualität durch Inspektion, d.h. Mismatching. Man filtert die Produkte heraus, die den Anforderungen nicht entsprechen. TQM verfolgt hier einen anderen Ansatz. Es zielt darauf ab, Kontrolle über die Variabilität der Prozesse zu gewinnen, so daß man dauerhaft Ergebnisse gleicher Qualität erhält. Das ist Matching.

Manche Manager verhalten sich als Vorgesetzte nicht besonders kongruent. Sie fordern von ihren Mitarbeitern eine Hin-zu-Orientierung, die Ausrichtung an Zielen, machen aber durch ihr eigenes Verhalten klar, daß keine Fehler toleriert werden. So motivieren sie ihre Mitarbeiter, Fehler zu vermeiden, um den unangenehmen Konsequenzen aus dem Wege zu gehen, was dann insgesamt zu einer Weg-von-Kultur führt. Um dem Ganzen die Spitze aufzusetzen, beschweren sie sich dann, ihre Mitarbeiter seien für die selbständige Erarbeitung von Ergebnissen nicht genügend motiviert.

Manche Organisationen sind ausgesprochen innenorientiert, was dazu führen kann, daß sie zuwenig von anderen Unternehmen lernen. Xerox dagegen ging bei einem international operierenden Versandhaus für Sportartikel in die Lehre, der seine Bestellungen dreimal schneller bearbeitete als sie selbst. Statt nach innen zu blicken, um die eigene Performance um einige Prozentpunkte zu verbessern, schaut man besser nach außen und orientiert sich an den Maßstäben des Marktes. Vielleicht muß man grundlegende Veränderungen vornehmen, um mit dem Wettbewerb Schritt halten zu können. Es kann sein, daß einzelne Abteilungen mit unterschiedlichen Metaprogrammen operieren – und so sollte es auch sein. Mitarbeiter mit einem Optionen-Mismatching-Metaprogramm finden wahrscheinlich ein geeignetes Betätigungsfeld in der Abteilung Forschung und Entwicklung. Die Buchhaltung hingegen braucht eine genügende Anzahl von Leuten mit einem starken Hang zu Verfahren und Details.

Zeit zu handeln

Sprechen wir von der Zeit, dem wichtigsten Rohstoff. Man scheint nie genug davon zu haben. Die Menge der zu erledigenden Arbeit übersteigt stets die Menge der zur

Verfügung stehenden Zeit. Ein Großteil unserer Zeit geht für Wartungsaufgaben drauf; wir müssen einfach unsere Abteilung in Schuß halten. Dann kommen Krisen, auf die man reagieren muß. Zwischen all diesen Anforderungen liegen die kleinen Stückchen Zeit, die wir für uns haben, jene Oasen in der Wüste, in denen wir mit unserer eigentlichen Arbeit vorankommen können. Das Problem besteht darin, daß diese frei zur Verfügung stehende Zeit so zerstückelt liegt zwischen Routineaufgaben und Notoperationen, kaum jemals in einem genügend großen Chunk, um wirklich etwas erledigen zu können.

Es gibt zahlreiche Bücher über Zeitmanagement, so daß wir uns hier nicht lange mit diesem Thema befassen wollen. Das NLP liefert hierzu jedoch einen bedeutsamen Beitrag. Die verschiedenen Systeme des Zeitmanagements gehen sämtlich davon aus, daß alle Menschen Zeit auf dieselbe Weise wahrnehmen. Das ist jedoch nicht der Fall. Die Wahrnehmung von Zeit ist ein subjektiver Vorgang und fällt damit in das Reich des NLP. Das Problem vieler Zeitmanagement-Systeme ist, daß sie auf Leute zugeschnitten sind, die genauso denken wie der Erfinder des Systems – und dies sind genau die Leute, die derartige Systeme nicht brauchen.

Zeit messen wir extern über die Wahrnehmung von Entfernung und Bewegung, beispielsweise die Bewegung des Zeigers auf dem Zifferblatt. Doch wie stellen wir uns Zeit intern vor? Wir müssen über irgendeine Methode verfügen, Zeit gedanklich zu repräsentieren. Wenn es nicht so wäre, hätten wir keine Möglichkeit zu erkennen, ob ein Gedanke eine Erinnerung oder ein Plan für die Zukunft ist. Woher wissen wir das? Wie geschieht die mentale Repräsentation von Zeit?

Wie erleben Sie die Zeit?

Erinnern Sie sich bitte an etwas, das Sie gestern gesehen oder gehört haben. Denken Sie nun an ein Ereignis aus der vergangenen Woche. Und nun etwas, das ein Jahr zurückliegt.

Aus welcher Richtung tauchen diese Erinnerungen innerlich auf? Antworten Sie ganz intuitiv. Kommen die Erinnerungen von links oder von rechts? Von vorne oder von hinten?

Antizipieren Sie nun ein Ereignis aus der Zukunft. Aus welcher Richtung scheint dieses zu kommen?

Wenn Sie festgestellt haben, aus welcher Richtung Ihre Erinnerungen an die Vergangenheit und Ihre Erwartungen an die Zukunft kommen, achten Sie darauf, wie diese durch eine Linie verbunden werden können. Dies ist Ihre Time-Line (siehe Abbildung 10.1).

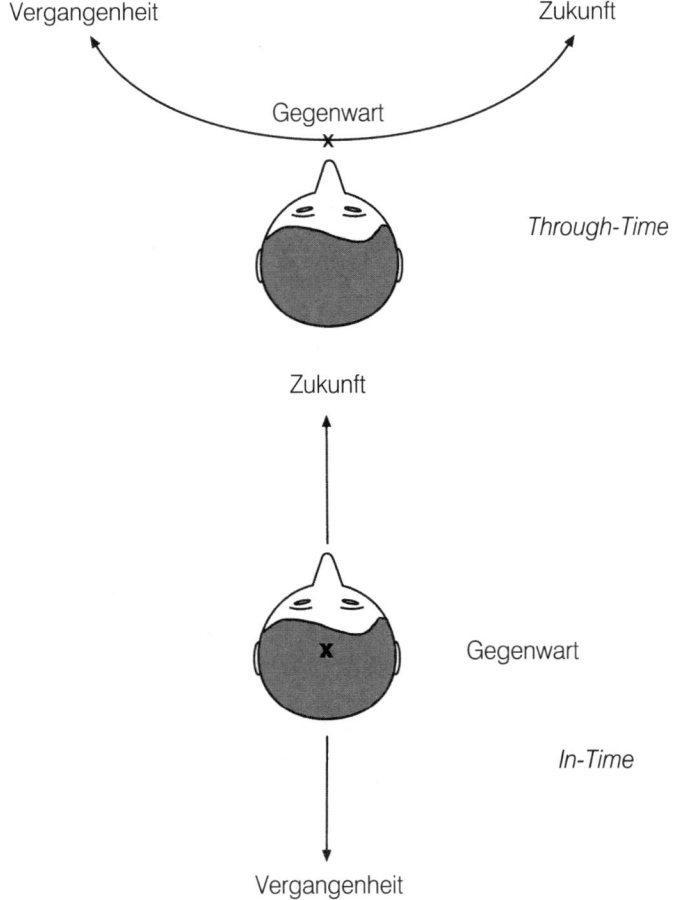

Vergangenheit   Zukunft

Gegenwart

Through-Time

Zukunft

Gegenwart

In-Time

Vergangenheit

Abb. 10.1: Die Time-Lines „Through-Time" und „In-Time"

Die meisten Menschen repräsentieren Zeit innerlich mit Hilfe von Raum und Richtung. Für einige scheint die Vergangenheit von links zu kommen. Je weiter links,
desto weiter liegt das erinnerte Ereignis in der Vergangenheit. Die Zukunft erstreckt sich nach rechts, und je weiter weg von uns sie dort liegt, desto weiter in der
Zukunft befindet sich das erwartete Ereignis. Das Jetzt liegt normalerweise direkt
vor ihnen. Diese Time-Line wird im NLP als „Through-Time" bezeichnet.

Die zweite Art von Time-Line wird „In-Time" genannt. Hier liegt die Vergangenheit hinter einem und die Zukunft vor einem. Das Jetzt befindet sich innerhalb
von einem, so daß man in der Time-Line steht. Das Konzept der Time-Lines ist im
NLP gründlich untersucht worden, denn die Art und Weise, wie wir Zeit geistig

organisieren, hat tiefgreifende Konsequenzen für die Art und Weise, wie wir unser Leben managen. Hier werden wir uns jedoch auf die praktischen Implikationen für das Geschäftsleben beschränken.

Die meisten Zeitmanagement-Systeme werden von Through-Time-Menschen für andere Through-Time-Menschen geschaffen. Ihnen fällt die Zeitplanung vergleichsweise leicht: Vergangenheit, Gegenwart und Zukunft liegen ausgebreitet vor ihnen, und man kann unschwer die Verbindung erkennen zwischen dem, was geschehen ist, dem, was jetzt getan werden muß, und dem, was in der Zukunft eintreffen sollte. Eine Through-Time-Zeitlinie ist eine wichtige Voraussetzung für langfristiges Planen. Through-Time-Menschen haben keine Probleme damit, Termine festzulegen und sich daran zu halten, und sie erwarten, daß andere das auch tun. Through-Time ist das vorherrschende Zeitkonzept in der westlichen Geschäftswelt: Zeit ist Geld.

In-Time-Menschen konzentrieren sich stärker auf den gegenwärtigen Augenblick. Dadurch fällt es ihnen schwerer, die Zukunft zu planen, Termine zu setzen und Aufgaben in Sequenzen von Schritten zu ordnen. Falls Sie zu diesem Typ von Time-Line keine Beziehung haben, können Sie sich vorstellen, wie es wäre, niemals einen Kalender aufzublättern oder zu entfalten, um etwas für die Zukunft zu planen, sondern den Kalender stets so aufgerollt zu haben, daß Sie immer nur das sehen, was heute passiert. In-Time-Menschen scheinen weniger zuverlässig zu sein, weil sie Termine und Verabredungen eher flexibel interpretieren. Nicht, daß sie weniger Energie oder Intelligenz besäßen; das, was sie gerade tun, verbinden sie einfach nicht mit dem, was in der Zukunft passieren wird. Sie sind die Leute, die in ihren Terminkalender sehen und überrascht ausrufen: „Wie, um Himmels willen, ist er nur so voll geworden?"

Drei Dinge sind für ein gutes Zeitmanagement erforderlich:
➤ Legen Sie Ziele fest und durchdenken Sie sie gründlich.
➤ Ordnen Sie die Ziele in Prioritäten.
➤ Planen Sie Ihre Zeit mit der Time-Line „Through-Time".

Planung mit Through-Time

Beide Arten von Time-Line sind nützlich, keine ist der anderen von vornherein überlegen. Alles hängt davon ab, was Sie vorhaben. Sie brauchen Ihre persönliche

Time-Line nicht zu verändern. Wenn Sie jedoch etwas planen, sollten Sie dies unbedingt aus der Through-Time-Perspektive tun.

Stellen Sie sich eine Time-Line vor in Form eines Jahresplaners, der von links nach rechts vor Ihnen ausgebreitet liegt. Normalerweise ist es am einfachsten, wenn man die Vergangenheit links und die Zukunft rechts anordnet; überdies korrespondiert dies mit unseren normalen Augenzugangshinweisen (die Augen blicken nach links bei erinnerten, nach rechts bei konstruierten Bildern und Tönen). Vielleicht hilft es Ihnen, die Pläne auf dem Fußboden auszubreiten. Sie notieren die verschiedenen Aufgaben auf einzelnen Bögen Papier, welche Sie dann in der richtigen Reihenfolge vor sich ausbreiten. Markieren Sie die einzelnen Aufgaben mit ihren Deadlines schriftlich auf der vor Ihnen ausgebreiteten Time-Line. Arbeiten Sie auf dem Bogen von links nach rechts; weniger gut ist es, von oben nach unten vorzugehen. Betrachten Sie den Plan und stellen Sie sich vor, daß er direkt vor Ihnen steht. Studieren Sie, was schon erledigt ist, was noch getan werden muß und wo etwa Sie sich innerhalb des gesamten Ablaufs befinden.

Und schließlich noch folgende Fragen: Welche Art von Time-Line hat Ihr Unternehmen? Wie weit sieht es sich selbst in die Zukunft hinein? Ist man so stark mit Problemen der Gegenwart beschäftigt, daß man versäumt, die Zukunft zu planen? Wie weit reicht das Unternehmensbewußtsein in die Vergangenheit zurück, und steht diese Geschichte zur Verfügung, um daraus zu lernen? Vor uns liegt immer die Zukunft, aber sehen wir darin eine Zukunft für uns selbst?

Das Modellieren von Exzellenz im Unternehmenskontext

Die von uns vorgestellten Persönlichkeitsmuster haben Einfluß darauf, wie leicht uns unsere Arbeit fällt und wie gut wir darin sind. Manche Menschen zeigen ganz außerordentliche Leistungen bei dem, was sie tun; anderen fehlt dieses Talent. Eine der Wurzeln des NLP liegt im Modelling – der Untersuchung, wie außerordentliche Menschen arbeiten, mit dem Ziel, dies anderen beibringen zu können. Im Unternehmensbereich kann das Modelling in zwei Weisen eingesetzt werden:

➤ Erstellen Sie ein Profil der besten Mitarbeiter Ihres Unternehmens und stellen Sie neue Mitarbeiter entsprechend diesem Profil ein.

➤ Modellieren Sie die Top-Performer aus dem Geschäftsbereich, für den Sie sich interessieren, beispielsweise: Verkauf, Projektmanagement, Verhandlung, Interview oder Coaching.

Ein erfahrener NLP-Modellierer kann die mentalen Strategien von Top-Performern herausfinden, ihre Überzeugungen, Werte und Metaprogramme. Mit diesem Material läßt sich dann ein Trainingskurs gestalten, um die entsprechenden Muster neuen Mitarbeitern oder anderen Interessierten zu vermitteln. (Wenn Sie an einem Modelling-Projekt interessiert sind, finden Sie entsprechende Hinweise im Abschnitt ITS Consultancy auf Seite 248f. dieses Buches.)

Modelling läßt sich sowohl für sehr spezielle wie für recht allgemeine Fähigkeiten einsetzen. Der NLP-Trainer und -Mitentwickler Robert Dilts hat z.B. mit Hilfe des Modelling die wichtigsten Führungseigenschaften für ein bedeutendes italienisches multinationales Unternehmen identifiziert. Mit Hilfe von NLP kann man das Können der Besten auch für andere verfügbar machen. Selbst ein kleiner Zuwachs bei einigen individuellen Fertigkeiten kann für die Effektivität eines Unternehmens einen großen Unterschied machen.

Die Entwicklung Ihrer Fähigkeiten

1. Betrachten Sie die gewohnheitsmäßigen Muster, mit denen Sie Informationen sortieren. Mit welchen Metaprogrammen arbeiten Sie vorzugsweise? In welchen Bereichen wirken sich diese Metaprogramme vorteilhaft aus?

2. Sammeln Sie Situationen, die Ihnen regelmäßig Probleme bereiten. Mit welchen Metaprogrammen versuchen Sie, die Probleme zu lösen? Könnten andere Muster hilfreicher sein?

3. Achten Sie auf die Metaprogramme der anderen. Stellen Sie deren Gewohnheiten fest und bieten Sie ihnen, wo dies angemessen ist, Informationen in der Form an, die sie bevorzugen.

4. Sie möchten eine Aufgabe delegieren. Mit welchen Metaprogrammen ließe sie sich besonders effektiv erledigen? Übertragen Sie diese Aufgabe nach Möglichkeit einem Mitarbeiter, der mit dem entsprechenden Muster arbeitet.

5. Vergegenwärtigen Sie sich die Metaprogramme Ihres Unternehmens. Studieren Sie beispielsweise dessen Werbung. An welche Metaprogramme wird damit appelliert?

Weiterführende Lektüre

Charvet, Shelle Rose: *Wort sei Dank. Von der Anwendung und Wirkung effektiver Sprachmuster*, Paderborn: Junfermann 1998

Dilts, Robert: *Skills for the Future*, Meta Publications 1993

James, Tad & Woodsmall, Wyatt: *Time Line. NLP-Konzepte*, Paderborn. Junfermann [4]1998

Kelley, Robert & Kaplan, Janet: „How Bell labs creates star performers" in: *Harvard Business Review*, July 1993

O'Connor, Joseph & McDermott, Ian: *NLP. Was Sie wirklich darüber wissen müssen,* München: Goldmann 1997

O'Connor, Joseph & Prior, Robin: *Fair verkauft (sich) gut*, Freiburg: VAK 1996

Anmerkungen

1. Roddick, Anita & Miller, Russell: *Body and Soul*, Ebury Press 1991
2. Schlender, Brenton: „How Sony keeps the magic going" in: *Fortune*, June 1993

11. Finale

„Akzeptiere die Realität. Dadurch gewinnst du an Macht."
— Chinesisches Sprichwort

In diesem Kapitel wollen wir die Fäden der vorangegangenen Kapitel miteinander verknüpfen und uns auf die Beziehung zwischen Ihnen und dem Unternehmen, in dem Sie tätig sind, konzentrieren. Sie müssen auf viele Menschen Einfluß nehmen, damit bestimmte Ergebnisse erreicht werden. In den vorigen beiden Kapiteln hatten wir uns damit beschäftigt, wie unterschiedlich die Menschen sind: in bezug auf die Aufmerksamkeit, die sie verschiedenen Elementen der Realität widmen, in bezug auf ihre verschiedenen Werte sowie hinsichtlich ihrer unterschiedlichen Denkweisen. Wir hatten unsere Überzeugung vorgetragen, daß die beste Art der Beeinflussung darin besteht, daß man selbst zur Führungsperson wird und auch aus seinen Mitarbeitern Führungspersönlichkeiten macht. Verschiedene Menschen haben verschiedene Erwartungen an ihre Arbeit. Der Wandel in unseren Unternehmen hat auch die Kunst des Managements in fundamentaler Weise verändert. Und Managen ist eine Kunst: die Kunst, das Beste in sich und anderen zum Vorschein zu bringen und die Macht unserer Vorstellungskraft zu entfalten.

Mit Geld kann man normalerweise die harten Themen in den Griff bekommen. Somit liegt es an Ihnen, sich mit den weichen Themen auseinanderzusetzen, mit Beziehungen, Motivation und der Entfaltung der Leistungsbereitschaft. Die Qualität Ihrer Ergebnisse wird davon bestimmt werden, wie gut Sie dies können. Gehen Sie sorgfältig mit Ihren Mitarbeitern um, und Sie werden aus ihnen und sich selbst mehr herausholen können, als Sie für möglich halten. Behandeln Sie sie schlecht, werden Unzufriedenheit und Probleme zunehmen.

Manager sind verantwortlich für den Ausgleich und die Zuweisung knapper Ressourcen wie Geld, Fähigkeiten, Ausrüstung, Training und vor allen Dingen Zeit. Die Nachfrage scheint stets größer als das Angebot. Der Theorie nach beschäftigt sich Management mit Planung und Koordination; in der Praxis, wie wir alle wissen, sieht die Sache nicht so einfach aus. Als Henry Mintzberg im Jahre 1989 mit der Stoppuhr untersuchte, womit Manager ihre Zeit verbringen[1], fand er heraus, daß sie einer Aufgabe im Schnitt ganze neun Minuten widmen konnten, bevor sie unterbrochen wurden.

Ein erfolgreicher Manager muß nicht nur in der Lage sein, den Status quo zu managen, sondern auch Veränderung zu initiieren und zu steuern. Hierarchische Strukturen und funktionale Abteilungen werden aufgelöst zugunsten von Netzwerken und zielorientierten Teams. Niemand ist unersetzlich. Im Zeitalter von Massenentlassungen und Reengineering sind Manager wesentlich stärker verunsichert als früher. Das NLP kann einige der entscheidenden Werkzeuge zur Verfügung stellen, die der Manager braucht, um jetzt zu überleben und in Zukunft sogar noch mehr Erfolg zu haben.

Unklare Entwicklungen

Veränderungen gehen selten glatt über die Bühne. Unternehmen sind komplexe Systeme, und die gleichen Verfahren und Strukturen, welche sie effektiv sein lassen, widersetzen sich auch der Veränderung. Auch die Mitarbeiter widersetzen sich dem Wandel, wenn sie Angst haben oder keinen Grund dafür sehen. Viele Programme zur organisatorischen Entwicklung von Unternehmen sind gescheitert, weil sie die Betroffenen im Dunkeln stehen ließen und die Logik der Veränderungen nicht einsichtig machten. Oberstes Gebot bei allen Veränderungsmaßnahmen lautet daher: Beteiligen Sie die Menschen, die betroffen sind. Sagen Sie ihnen, was passieren wird. Und vor allem: *Berücksichtigen Sie die positiven Nebenwirkungen der bestehenden Struktur und nehmen Sie sie in die geplanten Veränderungen mit auf.*

Vier wichtige Überzeugungen für *ineffektives* Change-Management

➤ Veränderungen müssen an der Spitze beginnen.

➤ Manager handeln und führen, Mitarbeiter reagieren und folgen.

➤ Manager prüfen und argumentieren, Mitarbeiter widersetzen sich und machen Einwände.

➤ Manager hören sich Einwände an, damit sie bessere Argumente schmieden können, um sie zu überwinden.

228

Fünf wichtige Überzeugungen für *effektives* Change-Management

➤ Veränderungen können überall beginnen.

➤ Die treibenden Kräfte der Veränderung sind möglicherweise nicht offen ersichtlich und können auf jeder Ebene der Organisation angesiedelt sein.

➤ Die Mitarbeiter kooperieren, wenn sie gute Gründe dafür haben.

➤ Es gibt in der gegenwärtigen Situation positive Elemente, die durch den Veränderungsprozeß hindurch erhalten bleiben müssen.

➤ Erst Einwände pacen, dann die Richtung vorgeben (Leading). Einwände enthalten wichtige Informationen über die gegenwärtige Situation, die uns weiterbringen können.

Die meisten Menschen halten es für ausgesprochen schwierig, substantielle und dauerhafte Veränderungen an den grundsätzlichen Charakterzügen oder Stilmerkmalen von sich selbst und anderen vorzunehmen. Wieviel Zeit verwenden Vorgesetzte nicht darauf, manchen Mitarbeitern klarzumachen, daß es überhaupt ein Problem gibt. Je besser Sie die „Voreinstellungen" Ihrer Mitarbeiter kennen – also ihre grundlegenden Metaprogramme sowie ihre bevorzugten Repräsentationssysteme, Wahrnehmungspositionen und Werte –, desto leichter werden Sie sie zu hervorragenden Leistungen inspirieren können. Dazu brauchen Ihre Mitarbeiter ihre grundlegenden Arbeitsweisen gar nicht zu verändern. Je mehr Ihre Leute über NLP wissen, desto besser werden sie in der Lage sein, ihre eigenen Stärken auszuspielen.

Wenn Sie möchten, daß jemand sein Verhalten ändert, müssen Sie ihm klar sagen, was Sie wollen. Rechnen Sie nicht mit einer augenblicklichen Transformation, sondern verabreden Sie miteinander ein Monitor-Verfahren, um die Veränderungen über eine Zeitspanne hinweg zu begleiten. Machen Sie sich stets klar, auf welcher logischen Ebene Sie operieren. Überzeugungen und Werte sind sehr widerstandsfähig. Sofern Sie nicht ein besonderes Geschick dafür besitzen oder ein Training in NLP mitgemacht haben, werden Sie sie kaum kurzfristig beeinflussen können. Auch Veränderungen auf der Ebene der Fähigkeiten brauchen Zeit und Training. Verlangen Sie keine Entwicklung der Fähigkeiten, ohne auch die Mittel und Möglichkeiten dafür bereitzustellen. Die meisten Änderungen werden auf der Ebene des Verhaltens stattfinden. Übertragen Sie dem Mitarbeiter die Verantwortung für die Veränderung. Respektieren Sie ihn als das, was er ist. Bestätigen Sie seine Identität und seine Werte und stellen Sie klar, daß Sie eine Änderung auf der

Ebene des Verhaltens verlangen. Sie werden auf starken Widerstand stoßen, wenn jemand glaubt, Sie verlangten von ihm, seine Werte, Überzeugungen oder Identität zu wechseln.

Ich habe hart dafür gearbeitet, um dahin zu kommen, wo ich jetzt bin. Aber wo bin ich jetzt?

NLP bietet Managern ein nützliches Instrumentarium; man muß nichts aufgeben, wenn man es verwenden möchte. NLP ist in erster Linie für die praktische Nutzanwendung konstruiert. Wenn es funktioniert, nützen Sie es. Wenn Sie nichts damit anfangen können, nehmen Sie etwas anderes. Die meisten seiner Instrumente sind recht einfach und wirkungsvoll: Pacing und Leading, die logischen Ebenen und die Wahrnehmungspositionen. Ein geschickter Handwerker mag nur wenige Werkzeuge in seiner Werkzeugkiste haben, doch wenn es die besten Werkzeuge sind, kann er damit mehr anfangen als andere mit einer wesentlich größeren Auswahl an Werkzeugen. Werkzeuge sind nur so gut wie derjenige, der sie benutzt – und das gleiche gilt für Managementsysteme.

Ganz gleich, um welches Instrument es geht: Sie müssen es handhaben wollen und können. Damit kommen wir zum Thema Ihrer Stimmungen und Gefühle. An manchen Tagen platzen Sie vor Energie; Sie haben das Gefühl, Wunder bewirken zu können. An anderen Tagen kostet es schon Mühe, überhaupt mit der Arbeit anzufangen. Doch Sie sind für sich selbst ebenso verantwortlich wie für Ihre Mitarbeiter. Bei all der Beschäftigung mit anderen vergessen wir leicht, daß wir selbst ebenfalls ein wichtiger Teil der Organisation sind. Und wenn wir uns nicht gut fühlen, wird auch unsere Arbeit leiden. Im NLP studieren wir die Struktur des subjektiven Erlebens. Es geht um emotionale Zustände, wie wir in sie hineinkommen, welche Wahlmöglichkeiten wir in ihnen haben und wie wir sie verändern können. Solange man in guter Verfassung ist, fällt die Arbeit leicht. Unser Können läßt sich gut umsetzen, und es ist nicht schwer, etwas Neues zu lernen. Fühlt man sich nicht so gut, dann erscheint einem die Arbeit schwer, und es wird schwierig, sich beim Umgang mit anderen aus dem vollen Reichtum der eigenen Ressourcen zu bedienen. Die Außenwelt hat sich nicht verändert, sondern es ist unser Zustand, der sie anders erscheinen läßt.

Ständige Unterbrechungen und Leistungsdruck können Ihre emotionalen Zustände beeinträchtigen. Sie fühlen sich gestreßt, die Batterien sind leer. Streß entsteht aus einem Zusammenprall zwischen dem, was wir glauben bewältigen zu können, und dem, womit uns die Welt überfällt. Umgebungsbedingungen erzeugen keinen Streß aus sich selbst heraus. Streß wird verursacht durch unsere Interpretation dessen, was uns gerade zustößt. Denn unsere emotionalen Reaktionen beziehen sich auf die Bedeutung, die wir Ereignissen geben, nicht auf die Ereignisse selbst. Deshalb können zwei Menschen völlig unterschiedlich auf dieselbe Situation reagieren. Unser internes Modell der Welt löst unsere Erwartungen aus. Je flexibler unser Modell, desto mehr Perspektiven stehen uns offen, desto bessere Werkzeuge haben wir, desto geringer die Wahrscheinlichkeit eines Zusammenpralls von Anspruch und Wirklichkeit und desto größer unsere Zuversicht, mit derartigen Konflikten umgehen zu können. Streß ist dann am größten, wenn wir glauben, keinerlei Kontrolle mehr über eine Situation zu haben. Mit anderen Worten: Je heftiger Sie versuchen, eine Situation zu kontrollieren, und dabei scheitern, desto mehr Streß werden Sie vermutlich erleben.

Es gibt nur ein Element in einer Situation, das Sie kontrollieren können – Sie selbst. Indem Sie Ihre Reaktionen verändern, können Sie die Reaktionen anderer Menschen und die äußeren Ereignisse beeinflussen. Kontrolle wäre hier vielleicht das falsche Wort. Es klingt zu mechanistisch, und wir sind keine Maschinen. Freiheit der Wahl ist ein besserer Begriff. Mit Hilfe von NLP entwickeln Sie mehr Wahlmöglichkeiten hinsichtlich dessen, wie Sie sich fühlen, wie Sie reagieren und somit Einfluß auf alle möglichen Situationen nehmen. Ganz zu schweigen davon, daß Sie sich dadurch vielleicht sogar ein Magengeschwür ersparen.

Anker

Während Sie auf Ihre Umwelt reagieren, verändern sich laufend Ihre inneren Zustände. Um bezüglich dieser Zustände mehr Wahlfreiheit zu bekommen, müssen Sie herausfinden, was sie auslöst. Dies können der Anblick bestimmter Dinge oder bestimmte Geräusche sein: eine Fotografie, die Atmosphäre Ihres Büros, das Hören des Feueralarms, ein besonderes Musikstück, ein Lieblingsessen oder der Geruch von Kaffee. Im NLP nennen wir jeden Reiz, der unseren Zustand verändert, einen Anker. Es gibt visuelle Anker: der Anblick unseres Schreibtischs oder unserer Urlaubsfotos. Es gibt auditive Anker: die Melodie eines Werbespots oder der Klang der Stimme einer Kollegin. Ein Händedruck kann zum kinästhetischen Anker werden. Anker können extern in der Umgebung, oder intern in unserem Geist plaziert sein. Und sie operieren auf jeder logischen Ebene. Ihr Name stellt zum Beispiel einen Anker für Ihre Identität dar. Die Werbung versucht, bestimmte Bilder oder Töne durch Wiederholung mit einem Produkt zu verbinden und dieses zum Anker werden zu lassen für erstrebenswerte Zustände wie Entspannung, sexuelle Attraktivität oder Freiheit.

Aufgrund unserer Fähigkeit, einen Reiz mit einer Reaktion zu verbinden, lassen sich Anker in vielfältiger Weise verwenden. Viele Anker sind gesellschaftlich konditioniert; hinzu kommen diejenigen, die wir selbst programmieren, weil wir nicht ständig über alle Umgebungsbedingungen nachdenken wollen. Sie brauchen nicht jedesmal zu überlegen, ob Sie anhalten wollen, wenn Sie eine rote Ampel sehen. Sie tun es einfach. Viele Anker sind neutral, andere lösen eher problematische Zustände aus. Nur sehr wenige Anker wählen wir bewußt aus; die meisten sammeln sich im Laufe unseres Lebens zufällig an.

Mental-Management

Es gibt hauptsächlich zwei praktische Anwendungen der Anker-Technik:

➤ Man entwickelt eigene Anker für ressourcenreiche emotionale Zustände, die man gerne auslösen möchte.

➤ Man entdeckt die Anker, die problematische Zustände auslösen. Einmal aufgedeckt, kann man sein Verhalten bewußt wählen, statt blind zu reagieren.

Vielleicht kennen Sie das: Ihnen fällt eine tolle Idee ein, Sie möchten sich unbedingt daran erinnern, doch wenige Tage später haben Sie sie vergessen. Sie hätten für diese Idee eben einen Anker programmieren müssen. Jeder Kontakt mit diesem Anker würde Sie wieder an die Idee erinnern. Wir kennen einen Manager, der in seinem Büro verschiedene Bilder und Fotos hängen hat. Eines hat er absichtlich auf den Kopf gestellt, um sich daran zu erinnern, bei allen Themen auch ungewöhnliche Perspektiven zu berücksichtigen. Ein anderer Kollege hat auf seinem Tisch einen kleinen Globus stehen, der ihn daran erinnern soll, daß jeder Mensch ein anderes Modell der Welt besitzt.

Ein Kalender an der Wand kann zum Anker werden und uns daran erinnern, Planungen auf der Through-Time-Zeitlinie statt In-Time vorzunehmen. Zum gleichen Zweck hat eine Freundin ein Foto von Tardis, der Zeitmaschine von Doctor Who, auf ihrem Schreibtisch stehen.

Für viele von uns ist ein Foto unserer Familie auf dem Schreibtisch ein Anker für positive Gefühlszustände. Als weitere visuelle Anker können fungieren: Bilder, eine Blumenvase, Fotos oder die Aussicht aus dem Fenster (wenn Sie sich dabei gut fühlen). Unsere Lieblingsmusik eignet sich gut als auditiver Anker. Doch es brauchen nicht unbedingt externe Anker zu sein. Wir alle können in uns gute Gefühle hervorrufen oder unseren Gemütszustand verändern, indem wir an bestimmte Menschen oder Ereignisse denken. Erinnern Sie sich an ein Ereignis in Ihrem Leben, wo es Ihnen wirklich hervorragend ging, und stellen Sie so eine Verbindung zu den damit assoziierten guten Gefühlen wieder her.

Veränderung von Gefühlen

Denken Sie zurück an ein besonders schönes Erlebnis. Es ist egal, wie lange es zurückliegt und ob es beruflich oder privat bedingt war. Lösen Sie dieses Erlebnis wieder aus, indem Sie vor Ihrem inneren Auge die gleichen Menschen und Dinge sehen wie damals. Hören Sie wieder die Geräusche und Stimmen und genießen Sie die positiven Gefühle, die Sie mit dieser Erfahrung verbinden.

Das fragliche Ereignis liegt in der Vergangenheit, doch die Erinnerung findet in der Gegenwart statt, und Sie können sie jetzt in beliebiger Form umgestalten. Vielleicht möchten Sie mit dem mentalen Bild spielen: Machen Sie es größer und/oder heller und sehen Sie, ob dadurch die Gefühle intensiver werden. Machen Sie auch die Geräusche lauter und deutlicher und beobachten Sie, ob das Ihr Erlebnis verbessert. Sie haben jetzt Ihren Gefühlszustand mit Hilfe eigener Ressourcen verändert und können dies immer wieder tun, wenn Sie möchten.

Unsere Erinnerungen sind kein altes Poesiealbum voll plattgedrückter getrockneter Blümchen. Die Ereignisse leben weiter. Indem wir sie wieder erleben, erleben wir auch die dazugehörigen Gefühle wieder – die positiven wie die negativen.

Der Aufbau eines ressourcevollen Zustandes

Wenn man aus vergangenen Erlebnissen Ressourcen für die Gegenwart gewinnen will, muß man sich mit ihnen assoziieren. Wir erleben eine Erinnerung assoziiert, wenn wir sie vom Standpunkt der eigenen Person aus erleben. Das Gegenteil von Assoziation ist Dissoziation: Man sieht sich selbst innerhalb der erinnerten Situation, vom Standpunkt eines Zuschauers aus. Dissoziierte Zustände sind die, in denen wir *über* etwas nachdenken und nicht innerlich beteiligt sind. Dissoziation ist wichtig, wenn man etwas plant.

Auch beim Lernen aus vergangenen Erfahrungen spielt Dissoziation eine nützliche Rolle. Statt das Erlebnis noch einmal durch die eigenen Augen zu sehen (assoziiert), tritt man mental einen Schritt zur Seite und beobachtet, wie man sich in jener Situation verhalten hat. Die Dissoziation hält alle unangenehmen Gefühle auf Abstand. Dann fragt man sich: „Was möchte ich in dieser Situation erreichen?" Sobald Sie wissen, welchen Fortgang das Erlebnis Ihrem Wunsch nach hätte haben sollen, fragen Sie weiter: „Was würde ich, vom heutigen Standpunkt aus, in dieser Situation jetzt anders machen?" Mit dieser Antwort wechseln Sie in eine assoziierte Position und imaginieren sich selbst mit diesem neuen Verhalten.

Fühlt sich das richtig an? Falls nicht, dissoziieren Sie sich wieder und denken Sie sich eine bessere Reaktionsweise aus. Dann schlüpfen Sie wieder in das Bild hinein und stellen sich vor, wie Sie dieses neue Verhalten ausprobieren. Gehen Sie in die Dissoziation, während Sie über neue Reaktionsformen nachdenken, und in die Assoziation, um sich das neue Verhalten mental vorzustellen und zu prüfen, wie es sich anfühlt.

Sobald Sie eine neue Verhaltensweise gefunden haben, die sich richtig anfühlt, üben Sie sie mental in assoziierter Form. Dadurch wird sie realer und unmittelbarer, prägt sich besser ein, und es steigt die Wahrscheinlichkeit, daß Sie sich in einer ähnlichen Situation in Zukunft tatsächlich so verhalten werden. Im NLP nennt man dies Future-Pacing: Man übt mental, wie man sich gerne verhalten möchte, so daß man vorbereitet ist, wenn die Situation auftaucht. Dies ist auch die Grundlage des mentalen Trainings im Sport. Da man über seine inneren Bilder, Töne und Gefühle eine gewisse Kontrolle hat, läßt sich die Innenwelt leichter managen als die Außenwelt.

Assoziierte und dissoziierte Erinnerungen

Erinnern Sie sich an ein angenehmes Erlebnis. Seien Sie assoziiert. Erleben Sie die Situation mit Ihren eigenen Augen. Achten Sie auf die begleitenden Gefühle.

Und nun dissoziieren Sie sich von diesem Erlebnis. Sie betrachten sich bei dem, was Sie gerade tun. Achten Sie wieder auf Ihre Gefühle.

In welcher der beiden Formen haben Sie die stärkeren Gefühle? Schließen Sie die Übung ab mit der Form, die Ihnen die stärksten Gefühle vermittelt.

Welche Art von Anker sind Sie für andere?

Welche Gefühle lösen Sie bei anderen aus? Wie fühlen sich Ihre Vorgesetzten und Ihre Mitarbeiter, wenn sie Sie sehen? Was erwartet man von Ihnen? Sind Sie ein Anker für gute oder für schlechte Nachrichten? Anker bauen sich auf durch Wiederholung. Wer ständig mit schlechten Nachrichten kommt oder stets etwas zu kritisieren hat, wird für andere zu einem Anker für unangenehme Gefühlszustände. Die Menschen meiden unangenehme Anker.

Wie können Sie für Ihren Chef und Ihre Mitarbeiter zu einem positiven Anker werden, so daß sie sich in Ihrer Nähe gut fühlen? Es gibt zwei Möglichkeiten:

➤ Innere Zustände wirken ansteckend. In einem ressourcevollen Zustand ist es wahrscheinlicher, daß Sie für andere ein positiver Anker sind. Die Menschen sind eben gerne mit anderen zusammen, bei denen sie sich gut fühlen. Vielleicht wissen sie nicht, weshalb, doch sie spüren die Anziehungskraft.

➤ Die zweite Methode wirkt noch direkter. Loben Sie andere für etwas, was sie richtig gemacht haben. Erwähnen Sie dabei genau und spezifisch, worum es geht. Lob – wie auch Kritik – muß spezifisch sein, um irgendeine Wirkung zu erzeugen. Es macht Freude, für jemand zu arbeiten, der einen lobt.

Assoziation und Dissoziation im Kontext der Arbeit

Auch auf Unternehmensebene spielen Assoziation und Dissoziation eine Rolle. Die meisten Menschen verhalten sich zu ihrer Arbeit assoziiert. Sie engagieren sich dafür, selbst wenn sie ihnen zeitweilig keinen Spaß macht. Wer von seiner Arbeit dissoziiert ist, ist irgendwie „nicht bei der Sache". Von ihm hört man Äußerungen wie: „Ich sitze eben meine Zeit ab" oder: „In diesem Job sehe ich mich nicht mehr lange." Ein Unternehmen mit zu vielen dissoziierten Mitarbeitern wird mit hoher Wahrscheinlichkeit Probleme bekommen. Offenbar erhalten die Leute bei ihrer Arbeit nicht das, was sie wollen, und lenken ihre Energie und Kreativität auf andere Ziele.

10 Möglichkeiten, um Organisationsentwicklung zu verhindern

1. Begegnen Sie jedem Vorschlag von unten mit Mißtrauen und bestehen Sie darauf, daß jeder Mitarbeiter zuerst die Zustimmung mehrerer Ebenen von Vorgesetzten gewinnen muß.
2. Senden Sie widersprüchliche Botschaften aus.
3. Seien Sie freizügig mit Kritik und sparsam mit Lob.
4. Halten Sie Probleme für ein Zeichen von Versagen und benennen Sie die Schuldigen.
5. Verlangen Sie Resultate, machen Sie unmögliche Terminvorgaben, führen Sie Sanktionen ein und bestrafen Sie Fehler.
6. Geben Sie sich Mühe, alles zu kontrollieren, was andere tun.
7. Treffen Sie Entscheidungen über Umorganisationen im geheimen und überraschen Sie alle damit.
8. Kontrollieren Sie den Informationsfluß und verlangen Sie Rechtfertigung für jeden Informationsbedarf.
9. Sorgen Sie dafür, daß kurzfristige und langfristige Ziele in Konflikt miteinander geraten.
10. Stellen Sie viele schriftliche Regeln auf und halten Sie sich strikt daran.

Welche dieser Möglichkeiten nutzt Ihr Unternehmen? Wie sieht es mit Ihrem Vorgesetzten aus? Und mit Ihnen selbst?

Die Gegenmittel

Interesse und Neugier

Spaß und Freude

die Fähigkeit, Fehler in Feedback zu verwandeln

Freude am Experiment

ein Gefühl für Ambiguität

der Glaube an die Schaffenskraft der Menschen

Kongruenz und Ethik

Sind Ihre Einflußmöglichkeiten in erster Linie eine Konsequenz Ihrer Position innerhalb des Unternehmens, eine Folge dessen, was Sie tun? Falls ja, müßte Ihr Job doch eigentlich ganz einfach sein. Entscheidend ist aber, wie Sie von anderen wahrgenommen werden. Ihr stärkster Einfluß geht davon aus, wer Sie sind – nicht von dem, was Sie tun. Diese innere Stärke hat etwas mit Kongruenz zu tun, mit dem Gefühl, wer man selbst ist. Es entsteht, wenn man seinen eigenen Wert kennt und danach handelt. Das Selbstgefühl wurzelt in den eigenen Stärken und Möglichkeiten, es entwickelt sich, wenn man weiß, was man will, und wenn man sich, wo nötig, selbst pacen kann. Wenn man kongruent ist, stimmen Worte und Taten überein. Man tut, was man sagt. Und die Körpersprache unterstützt die eigenen Aussagen. Kongruenz stiftet Rapport und flößt Vertrauen ein.

Die Kongruenz eines Unternehmens erscheint im öffentlichen Raum als Unternehmensethik. Es wird zunehmend darüber diskutiert, wie Unternehmen auf Themen wie Umweltverschmutzung, öffentliche Sicherheit, Gleichberechtigung und Minderheitenrechte reagieren sollen. Aus einer Perspektive aufgeklärten Eigeninteresses müssen Unternehmen soziale Veränderungen genauso antizipieren wie Veränderungen ihres Marktes. Die Wirtschaft gehört zu den am stärksten wirkenden Kräften in unserer Gesellschaft; sie formt soziale Werte und Erwartungen ebensosehr, wie sie sie reflektiert. Das heißt, daß sich die Unternehmen den sozialen Themen öffnen müssen. Wo Unternehmen ihrer sozialen Verantwortung nicht gerecht werden, wird die Gesellschaft durch Regeln und Gesetze für Ausgleich sorgen – mit allen daraus folgenden Kosten und Problemen. Wo das Vertrauen schwindet, sprießen die Gesetze. Dies gilt innerhalb eines Unternehmens nicht anders als im Verhältnis des Unternehmens zur umgebenden Gesellschaft. Die formulierte Unternehmensvision kann nicht am Werkstor haltmachen. Sie muß die umgebende Gesellschaft mit einbeziehen und darf nicht nur für die eigenen Angestellten gelten.

Unternehmensethik bedeutet, daß die eigene Vision auch die umgebende Gesellschaft mit einbezieht.

Ethik und Management stehen in unmittelbarer Beziehung zueinander. Das Mißmanagement eines Unternehmens läßt sich nicht mit Charakterschwächen einzelner erklären. In der Regel liegt ihm eine Struktur zugrunde, welche Mißverhalten zuläßt. Bei derartigen Vorfällen mögen einzelne einen Teil der Schuld zu tragen

237

haben, doch reichen die Verantwortlichkeiten oft weit ins Unternehmen hinein und führen nicht selten zu Rücktritten und Umorganisationen bis in die Spitze der Organisation hinein. Der Zusammenbruch der Barings Bank im Jahre 1995 bietet dafür ein perfektes Beispiel.

Der Preis der Ethik – 60 Millionen Dollar

Im Jahre 1992 gab es in über 40 Staaten der USA Klagen gegen das Unternehmen Sears, Roebuck & Company wegen dessen Praktiken im Bereich der Automobil-Zulieferteile. Man warf der Firma vor, Kunden schlecht zu beraten und ihnen überflüssige Ersatzteile und Reparaturen zu verkaufen. Natürlich hatte das Management nicht die Absicht gehabt, seine Kunden zu betrügen. Seine Anweisungen hatten jedoch zum kritisierten Verkaufsverhalten beigetragen. In der Zeit davor war Sears Anteil am Markt für Automobilzubehör zurückgegangen, und das Management hatte ihn wieder vergrößern wollen durch die Einführung von Zielvorgaben und Incentives für die Mitarbeiter. Man vergrößerte die Mindesteinheiten für die Abrechnung von Arbeitszeiten, legte produktspezifische Verkaufsquoten fest und knüpfte die Zahlung von Provisionen an die Verkaufsergebnisse. Wer diese Quoten nicht einhalten konnte, wurde versetzt oder mußte mit Abzügen rechnen. Dies setzte die Mitarbeiter unter starken Druck, dazu kam, daß man ihnen wenig Anleitung gab, um zwischen notwendigen und überflüssigen Reparaturen zu unterscheiden. Von seiten des Managements gab es kaum den aktiven Versuch, fragwürdige Verkaufsmethoden im Sinne ethischer Unternehmensführung zu korrigieren. Man machte sich über den systemischen Wirkungen und Konsequenzen der Incentives keine Gedanken. Niemand ging in bezug auf die Mechaniker in die zweite Position, um zu verstehen, wie sie auf diese Situation reagieren würden.

Zur Ehrenrettung von Sears muß man sagen, daß das Unternehmen auf die Klagen sofort reagierte, die Verantwortung des Managements akzeptierten und die Praxis der Verkaufsquoten für bestimmte Ersatzteile einstellte. Man bestritt die Absicht des Betrugs am Kunden. Die ganze Angelegenheit kam Sears sehr teuer zu stehen. Die Kosten und Rückerstattungen an die geschädigten Kunden beliefen sich am Ende auf etwa 60 Millionen Dollar.

Das Unternehmen Johnson & Johnson nahm das Medikament Tylenol in den gesamten USA vom Markt, nachdem einige Packungen von unbekannter Seite manipuliert worden waren. Dies war nicht nur einfach eine Entscheidung des Top-

Managements, sondern reflektierte die gesamte Unternehmensvision. Ohne das Vorhandensein einer ethisch begründeten und praktizierten Vision hätte die Reaktion des Unternehmens nicht so schnell und so wirksam sein können.

Kongruenz zeigt sich also auch in der Übereinstimmung mit der eigenen Unternehmensvision. Das Management formt und formuliert die obersten Unternehmenswerte und stellt Bedingungen her, welche die Entwicklung von Integrität, ethischem Verhalten und gemeinsamer Verantwortung auf seiten der Mitarbeiter fördern. Widersprüche zwischen den persönlichen Werten eines Managers und den Werten des Unternehmens sind sehr unangenehm; der oder die Vorgesetzte muß kongruent sein, um anderen die Unternehmensvision vermitteln zu können. Die Unternehmensethik gehört zum Verantwortungsbereich des Managements.

Kongruenz bedeutet nicht Fügsamkeit. Letztere verstehen wir als Konformität mit extern vorgegebenen Maßstäben mit der Absicht, Strafe zu vermeiden, angetrieben von externen, weg-von-orientierten Matching-Metaprogrammen. Führung durch Fügsam-Machung geht von einer Trennung von Organisation und Einzelpersonen aus, die wiederum alle unabhängig voneinander aus materialistischem Eigeninteresse handeln. Hier bleibt wenig Raum für Gemeinsamkeit und Gemeinschaft. Kongruenz hingegen bedeutet Selbst-Steuerung nach freiwillig gewählten Maßstäben hin zu ethischem, wertorientiertem Verhalten. Die entsprechenden Metaprogramme sind intern und hin-zu-orientiert. Kongruenz setzt aufgeklärtes Eigeninteresse des Unternehmens und seiner Mitarbeiter voraus.

Die Technik hat uns alle näher zusammengebracht. Wir können immer weitere Bereiche unseres Lebens beeinflussen und verstehen immer besser, wie Systeme funktionieren und was unsere Kinder als Folgen unserer Handlungen zu ertragen haben werden. Der Wert eines Unternehmens hängt ganz eng damit zusammen, wie die Öffentlichkeit dessen Einstellung zu Fragen von Umweltverschmutzung und Gesundheit wahrnimmt. Und nicht zuletzt spielt das ethische Profil eines Unternehmens auch bei der Gewinnung neuer Mitarbeiter eine Rolle. Gilt es als attraktiver Arbeitgeber?

Manager müssen ihre Entscheidungen sowohl unter ethischen wie unter technischen Gesichtspunkten treffen. „Aufgeklärtes Eigeninteresse" bedeutet, daß sie sich in zweiter Position in die Reaktion der Öffentlichkeit hineinversetzen können. Sie müssen verschiedene Perspektiven einnehmen können. Welches Gefühl hätte ich bei einer Entscheidung, wenn ich Kunde ... Aktionär ... Lieferant ... Zeitungsleser wäre? Immer mehr Unternehmen in England treten dem „Ein-Prozent-Klub" bei. Sie verpflichten sich, mindestens ein Prozent ihres Gewinns für Initiativen zu stiften, die der Allgemeinheit dienen.

Sie können etwas dazu beitragen, um eine lernende Organisation und eine Unternehmenskultur zu schaffen, in der die Menschen respektiert und ermutigt werden, weiterzulernen und ihr Potential zu entwickeln, wo sie ermutigt werden, eigene Ideen zu entwickeln und die Verantwortung für eigene Handlungen zu übernehmen. So werden sie in ihrer Arbeit Außerordentliches leisten, und auch das Unternehmen wird mit glänzenden Ergebnissen dastehen. Beginnen Sie mit sich selbst; beteiligen Sie sich daran, eine Abteilung und ein Unternehmen zu schaffen, wo man gerne arbeitet und wo man sich kongruent und zu Hause fühlt.

Weiterführende Lektüre

Ashridge Management College: *Ethics at the Heart of Business*, 1990

O'Connor, Joseph & McDermott, Ian: *NLP. Was Sie wirklich darüber wissen müssen*, München: Goldmann 1997

Paine, Lynn: „Managing for organisational integrity" in: *Harvard Business Review*, März 1994

Anmerkung

1.   Mintzberg, Henry: *Mintzberg on Management*, Macmillan 1989

Glossar
Wichtige Begriffe des NLP

Als-ob-Frame   Die Erkundung künftiger Möglichkeiten mit Fragen wie: „Was würde passieren, wenn ..." oder: „Angenommen, dieses und jenes würde sich ereignen ..."

Anker   Jeder Reiz, der mit einer bestimmten Reaktion verbunden ist. Kann unwillkürlich funktionieren, wie z.B. eine Nationalhymne oder ein rotes Stopplicht. Kann auch absichtlich gesetzt werden, z.B. in Form eines Fotos oder Musikstücks.

Ankern   Das Bilden einer Verknüpfung zwischen einem Reiz und einer Reaktion.

Assoziiert   Eine Erfahrung von innen heraus machen, sie durch die eigenen Augen sehen, sie im vollen Sinne erleben.

Auditiv   Auf den Gehörsinn bezogen.

Augenzugangshinweise   Bewegungen der Augen, die damit korrespondieren, wie wir denken oder welches Repräsentationssystem wir benutzen: das visuelle, das auditive oder das kinästhetische.

Backtracking   Die Wiederholung der wichtigsten Gedanken des anderen, wobei man vorwiegend dessen eigene Worte verwendet. Eine Technik der Zusammenfassung, um den Rapport zu festigen und Zustimmung zu gewinnen.

Bedingter Abschluß   „Wenn dieses und jenes der Fall wäre, würden Sie dann ...?" Weiterführung des Als-ob-Frames. Wird verwendet, um die Ernsthaftigkeit einer Absicht zu testen und Lösungen anstatt Hindernissen zu erkunden.

Bevorzugtes Repräsentationssystem   Die am meisten durch Gewohnheit gefestigte und perfektionierte Denkweise eines Menschen.

Chunking   Veränderung der Wahrnehmung durch Wechsel der Informationsebene. Hochchunken (chunking up): Man wählt die Ebene, die den zu untersuchenden Gegenstand einschließt; z.B. der strategische Plan, der einem speziellen Projekt zugrunde liegt. Herunterchunken (chunking down): Man geht eine Ebene tiefer, um einzelne Elemente des zu untersuchenden Gegenstandes genauer zu betrachten; z.B. Unteraufgaben, die zur Fertigstellung eines größeren Projekts delegiert werden müssen.

Digitale Sprache   Eine Sprache ohne sinnesspezifische Prädikate. Häufig zu finden in wissenschaftlichen, juristischen oder wirtschaftsbezogenen Texten.

Dissoziation   Man nimmt sich aus einer Situation heraus; man stellt sich vor, wie man eine Erfahrung macht, statt sie direkt zu erleben. Stärkere Betonung des Denkens an ein Ereignis als dessen direktes Erleben.

Dritte Position   Betrachtung der Welt aus dem Blickwinkel eines unbeteiligten Beobachters. Eine der drei grundlegenden Wahrnehmungspositionen.

Einfluß   Unsere Wirkung auf andere durch das, was wir sagen, durch unsere Präsenz und Körpersprache. Wir können nicht nicht beeinflussen. Gegenseitige Beeinflussung kommt universell vor und wird gezielt oder spontan ausgeübt. Der Zweck jeder Arbeitsbesprechung.

Elizitieren   Eine Technik des Hervorlockens nützlicher Informationen, indem man den anderen dazu bringt, durch sein Verhalten zu zeigen oder sprachlich auszudrücken, wonach man sucht. Kann verbal oder nonverbal durchgeführt werden

Emotionaler Zustand (state)   Oder einfach Zustand bzw. innerer Zustand: der Komplex all unserer Gedanken und Gefühle. Ist uns normalerweise in Form der Dominanz einer bestimmten Emotion bewußt.

Ergebnis (outcome)   Das, was wir anstreben und planen. Wird auch als Ziel bezeichnet. Im NLP muß ein Ergebnis positiv formuliert werden; es muß der eigene Anteil zu seiner Erreichung konkret formuliert sein; es muß so konkret sein, daß sein Erreichen sinnlich überprüft werden kann, und es muß auf unvorhergesehene Konsequenzen hin überprüft sein.

Erste Position   Die Erfahrung der Welt von unserem eigenen Standpunkt aus, im Kontakt mit der eigenen Realität. Eine der drei primären Wahrnehmungspositionen neben zweiter Position und dritter Position.

Fähigkeit   Eine Technik, eine regelmäßig erfolgreiche Strategie zur Erreichung eines bestimmten Ziels. Eine der logischen Ebenen.

Future-Pacing   Mentales Training; die Vorstellung, wie man etwas in Zukunft tun möchte, um sich auf eine künftige Situation vorzubereiten.

Führung   (Leadership) Bezogen auf die einzelne Führungskraft: die Fähigkeit, andere mit Hilfe ihrer eigenen Werte zu inspirieren und zu motivieren; eine Gemeinschaft zu schaffen, zu der andere gehören möchten. Bezogen auf ein Unternehmen: die Fähigkeit, eine Vision für sich und andere in Aktionen zu übersetzen.

Identität   Das Bild oder Konzept von einem selbst. Wer man selber glaubt zu sein. Eine der logischen Ebenen.

In-Time   Mit dem Jetzt unserer Time-Line assoziiert sein.

Inkongruenz   Zustand von innerer Dissonanz oder innerem Konflikt. Kann innerhalb einer Person oder einer Organisation auftreten.

Innerer Dialog   Selbstgespräch ohne hörbares Aussprechen der Worte.

Interne Repräsentationen   Unsere sämtlichen Gedanken und Gefühle. Die mentalen Bilder, Töne und Gefühle, an die wir uns erinnern und die wir konstruieren.

Kalibrieren   Das Erkennen des inneren Zustands eines anderen durch das Lesen sich wiederholender Zeichen seiner Körpersprache. Ein Beispiel: Sie bemerken bei verschiedenen Gelegenheiten, daß jemand seine rechte Gesichtshälfte anspannt, wenn er anderer Meinung ist als Sie. Wenn er dies wieder tut, wissen Sie, auch ohne daß er etwas sagt, daß er Ihnen nicht zustimmt.

Kinästhetisch   Auf das Körpergefühl bezogen, einschließlich Berührung, Emotionen und Gleichgewichtssinn.

Kongruenz   Sämtliche Elemente unserer Kommunikation – Verhalten, Worte, Tonfall und Körpersprache – geben konsistent die gleiche Botschaften. „Walk your talk." Kongruenz bedeutet auch, daß Werte und Ziele auf einer Linie liegen.

Körpersprache   Die kommunikativen Signale unseres Körpers, einschließlich Kleidung, Schmuck, Haltung und Gesten.

Kriterien-Äquivalente   Die Ereignisse oder Verhaltensweisen, die eintreten müssen, damit bestimmte Kriterien erfüllt sind; die Regeln für ihre Erfüllung.

Kriterium   Das, was in einem Kontext wichtig ist.

Leading   Nachdem durch Pacing ein ausreichend stabiler Rapport etabliert ist, modifiziert man sein Verhalten, was den anderen dahingehend beeinflußt, einem dabei zu folgen.

Logische Ebenen   Die fünf grundlegenden Betrachtungsebenen für Menschen und Organisationen: Umgebung, Verhalten, Fähigkeiten, Überzeugungen und Identität.

Manipulation   Der Versuch, jemanden zu etwas zu bringen, was er – während oder nach der Interaktion – als für sich unvorteilhaft erachtet.

Matching   Die Übernahme eines Aspekts des Kommunikationsstils des anderen (z.B. der Körperhaltung), um Rapport herzustellen. Unterscheidet sich vom Nachäffen, das das Verhalten des anderen nur kopiert.

Meta-Modell   Eine Reihe von Sprachmustern und Fragen, die zuerst 1975 von Richard Bandler und John Grinder in ihrem Buch *Die Struktur der Magie* zusammengestellt wurden. Die Fragen stellen eine Verbindung zwischen Sprache und Erfahrung her. Eine Sammlung von Schlüsselfragen zur tiefergehenden Hinterfragung von Aussagen.

Metapher   Eine Geschichte oder Sprachfigur, die auf einem Vergleich aufgebaut ist.

Metaprogramme   Gewohnheitsmäßige, systematische und typische Filter, durch die wir unbewußt unsere Erfahrungen modifizieren. Beispiel: Manche Menschen finden es einfacher, mit Details (Herunterchunken) als mit Verallgemeinerungen (Hochchunken) umzugehen.

Mismatchen   Das absichtliche Einnehmen eines vom Verhalten der anderen abweichenden Verhaltensmusters, um ein Meeting oder Gespräch in eine andere Richtung zu lenken.

Modelling   Im NLP der Prozeß, diejenigen Gedanken und Handlungen zu identifizieren, durch die andere zu hervorragenden Leistungen in der Lage sind. Eine der Grundlagen von NLP und beschleunigtem Lernen.

Neurolinguistisches Programmieren (NLP)   Die Untersuchung herausragender Leistungen und ein Modell der Struktur des subjektiven Erlebens.

Nominalisierung   Ein Verb, welches in ein abstraktes Substantiv verwandelt wurde, wie z.B. Management, Motivation, Erziehung.

Pacing   Die Anerkennung der Realität des anderen und der Aufbau von Rapport, bevor man versucht, den anderen in eine neue Richtung zu lenken (Leading). Man kann Verhalten, Werte, Überzeugungen und Identität pacen.

Positive Intention   Absicht eines Verhaltens, die für die betreffende Person von Bedeutung ist.

Prädikate   Sinnesspezifische Ausdrücke, die auf die Aktivität eines bestimmten Repräsentationssystems hinweisen.

Rapport   Der Prozeß des Aufbaus und Erhaltens einer Beziehung, die durch gegenseitiges Vertrauen und Verständnis gekennzeichnet ist; entsteht durch Matching von Worten, Körpersprache und Tonfall sowie durch Pacing von Werten und Überzeugungen. Grundlage jeder Einflußmöglichkeit.

Reframing   Veränderung des Kontextes einer Äußerung oder eines Verhaltens, um dessen Bedeutung zu ändern.

Repräsentationssysteme   Interner Gebrauch der Sinne, unsere Art zu denken. Im NLP sprechen wir von fünf elementaren Repräsentationssystemen: dem visuellen (Sehen), dem auditiven (Hören), dem kinästhetischen (Fühlen), dem olfaktorischen (Riechen) und dem gustatorischen (Schmecken).

Strategie   Sequenz von Gedanken und Verhalten zur Erreichung eines Ergebnisses.

Systemdenken   Ein Denken in Kategorien von gegenseitigem Einfluß, Beziehungen sowie Ursachen und Wirkungen, die räumlich und zeitlich weit auseinanderliegen. Das Erkennen von Wechselbeziehungen zwischen Erfahrungen oder Ereignissen, die nichts miteinander zu tun zu haben scheinen. Der Umgang mit Komplexen von Ereignissen statt dem Abarbeiten einzelner Aktionen in linearer Reihenfolge.

Through-Time   Die Positionen außerhalb des Jetzt auf unserer Time-Line. Eine dissoziierte Repräsentation der Zeit, bei der normalerweise die Vergangenheit links und die Zukunft rechts angeordnet ist.

Time-Line   Unsere subjektive Repräsentation der Zeit als einer Linie von der Vergangenheit in die Zukunft. Jemand ist In-Time, wenn er sich im Jetzt befindet und die Linie durch seinen Körper verläuft, oder Through-Time, wenn das Jetzt als außerhalb des Körpers erfahren wird.

Überkreuz-Spiegeln   Das Spiegeln der Körpersprache des anderen mit einer anderen Art von Bewegung. Beispiel: Man bewegt seine Hand im Sprechrhythmus des anderen.

Überzeugungen (Beliefs)   Verallgemeinerte Annahmen oder Glaubenssätze über uns selbst, andere Menschen und die Welt. Sie wirken als sich selbst erfüllende Prophezeiungen und beeinflussen unser gesamtes Verhalten. Bilden zusammen mit den Werten eine der logischen Ebenen.

Umgebung   Der Raum, die Menschen und die Objekte außerhalb von uns. Eine der logische Ebenen.

Verhandlung   Das Finden von Kompromissen zur Erzielung einer Übereinkunft, die beiden Seiten nützt.

Verhalten   Alles, was wir tun, einschließlich des Denkens. Eine der logischen Ebenen.

Visuell   Auf den Sehsinn bezogen.

Wahrnehmungsposition   Unser jeweiliger Blickwinkel. Im NLP gibt es drei prinzipielle Wahrnehmungspositionen: unsere eigene (erste Position), die Position des Gegenübers (zweite Position) und die Position des neutralen Beobachters (dritte Position).

Weltmodell   Wie jemand seine Welt sieht, hört und fühlt. Eine Kombination von Überzeugungen, Werten, emotionalen Zuständen und Repräsentationssystemen. Das, wodurch wir unseren Erfahrungen Bedeutung geben können.

Werte   Zustände oder Erfahrungen, die uns wichtig sind. Eine der logischen Ebenen.

Zustand   siehe Emotionaler Zustand

Zweite Position   Das Betrachten der Welt aus der Perspektive des anderen, um seine Realität zu verstehen. Eine der drei grundlegenden Wahrnehmungspositionen.

Zugangshinweise   Physiologische Merkmale wie Haltung, Atem oder Augenbewegungen, die den Einstieg in bestimmte Denkweisen erleichtern. Man ist sich der eigenen Zugangshinweise meistens nicht bewußt.

Training und Ressourcen

Immer mehr Unternehmen möchten NLP bei ihren Trainings und der Personalentwicklung einsetzen. Eine solide Ausbildung in NLP ist unabdingbar, wenn man den substantiellen Nutzen aus dem Zuwachs an Fähigkeiten und gesteigertem Wohlergehen, die es bietet, ernten will. NLP ist Erfahrungslernen. Wir raten zur Teilnahme an qualifizierten Trainingsveranstaltungen, bei denen Sie NLP anschließend tatsächlich praktizieren (und nicht nur darüber reden) können.

International Teaching Seminars leisten Pionierarbeit bei der Entwicklung praktischer, zielorientierter NLP-Anwendungen. Sie können von dort auch entsprechende Software und Kassetten beziehen. Weitere Informationen über die folgenden Trainings, Software und Kassetten erhalten Sie unter:

International Teaching Seminars (ITS)
27 Maury Road, London N16 7BP, England
Tel.: GB-0181-442 4133
Fax: GB-0181-442 4155

ITS-Trainings

Offene Abendveranstaltungen, bei denen es um praktische Anwendungen von NLP geht

Fundamentals of NLP
Eine dreitägige Einführung in NLP und wie man es sofort anwenden kann.

NLP-Practitioner-Training
Ein umfassendes Training mit Schwerpunkt auf der praktischen Anwendung von NLP und dem anerkannten Abschluß als Practitioner (mit Zertifikat). Kein vorhergehendes Training erforderlich.

NLP-Master-Practitioner-Training

Ein komplettes und anerkanntes Trainingsprogramm (mit Zertifikat) mit einem Team von internationalen NLP-Trainern.

Leadership- und Training-Programme

Wie man NLP einsetzt, um effektiv zu führen, sich selbst und seine Ideen wirkungsvoll zu präsentieren und seine Beziehungen zu managen.

NLP-Audiotapes

Leadership-Programme

Sechs Kassetten mit fortgeschrittenen NLP-Techniken, die dafür eingesetzt werden können, die eigenen Führungsqualitäten zu steigern, Mitarbeiter besser zu managen und sich selbst wirkungsvoll zu präsentieren.

Zusätzlich sind weitere Kassetten zu verwandten NLP-Themen erhältlich. Erkundigen Sie sich bei International Teaching Seminars nach weiteren Einzelheiten.

Modelling-Projekte

Identifikation und Modelling von Spitzenleistungen für jeden Wirtschaftsbereich. Entwicklung entsprechender Trainingsprogramme zur Weitervermittlung der entdeckten Leistungspatterns.

ITS-Consultancy

Die professionelle Anwendung von NLP auf die praktischen Bedürfnisse großer und kleiner Unternehmen.

Modelling-Projekte und Beratungen bestehen typischerweise aus:

➤ einem ersten Meeting, in dem die von Ihnen gewünschten Ergebnisse, die Merkmale des erreichten Erfolgs und die benötigten Ressourcen definiert werden

➤ einer Bedarfsanalyse auf der Grundlage von Beobachtungen und Gesprächen mit beteiligten Managern

➤ der gemeinsamen Entwicklung eines maßgeschneiderten Programms, welches Bausteine eines Modelling von strategischen Fertigkeiten, Trainingsseminare, eine Reihe von Workshops oder individuellen Coaching-Gesprächen umfassen kann

➤ Review und Auswertung

NLP-Software

NLP Personal Development-Software: Goal Wizard

Das erste einer Reise von Windows-basierten Programmen, welches kein vorhergehendes NLP-Training erfordert. Hilft Ihnen beim Sortieren der Ziele für einzelne Mitarbeiter, Teams und das gesamte Unternehmen. Ziele können nach Kategorien zusammengefaßt und daraufhin überprüft werden, ob sie realistisch, motivierend und erreichbar sind. Die Wechselwirkungen der einzelnen Ziele untereinander können untersucht werden. Geeignet für private oder Unternehmenszwecke.

Alle Programme sind geeignet für IBM-kompatible PC mit Windows 3.1. Weitere Informationen erhalten Sie bei ITS Software, GB-0181-442 4133

Psychological Software Development

Viele Unternehmen setzen Software im Training von Kommunikations-, Verhandlungs- und Coaching-Techniken ein. Joseph O´Connor und Ian McDermott haben Erfahrungen mit dem Design von Software, die NLP- und Kommunikations-Techniken in einer Weise vermittelt, die von den Möglichkeiten des Mediums maximalen Gebrauch macht. Alle Anwendungen können auf spezifische Unternehmensprobleme und Entwicklungsziele zugeschnitten werden.

Nachspann

Wir haben unser Möglichstes getan, um sämtliche Quellen für das von uns verwendete Material gewissenhaft anzugeben. Bitte teilen Sie uns schriftlich mit, wenn wir unbeabsichtigterweise eine wichtige Quelle übersehen haben oder wenn Sie den Eindruck haben, jemand sei nicht gebührend gewürdigt worden. Wir werden uns in diesem Falle darum bemühen, dies bei weiteren Auflagen zu berücksichtigen.

Feedback

Wenn Ihnen dieses Buch gefallen hat oder Sie Kommentare und Anregungen für uns haben, würden wir uns freuen, von Ihnen zu hören. Wir interessieren uns auch dafür, wie die Anwendung von NLP Ihre Arbeit verbessert hat. Bitte schreiben Sie uns unter der Adresse von International Teaching Seminars.

Index